中國一覽

中國一覽

상하이 주재 상무영사의 비즈니스 에세이 64

중국
일람

정경록
지음

VIA비T기
ViaBook Publisher

머리말

　　중국 관련 책자가 넘쳐 나는 시점에 사람들의 눈과 귀를 어지럽힐 졸
저(拙著)를 내놓으려니 부끄러움과 두려움이 앞선다. 중국 생활을 오래
한 이들은 중국에 있는 기간이 길어질수록 중국은 알 수 없는 나라라는
생각을 하게 된다는데, 중국에서 이제 3년 근무를 마치고 돌아가는 사
람이 도대체 중국을 얼마나 알기에 글을 쓴 것이냐고 묻는다면, 거기에
자신 있게 답하기는 힘들 것 같다. 다만 이런 생각을 해본다. 중국이라
는 나라는 너무 크고 다양해서 한 사람이 중국 전체를 이해하기는 불가
능하다. 모든 사람이 장님 코끼리 만지듯 부분 부분 중국을 이해할 수밖
에 없다. 개개인이 처한 입장과 경험이 다르기에 각자가 이해하는 중국
의 모습을 공유하다 보면 중국이라는 나라 전체가 좀 더 분명하게 그려
지지 않을까? 그래서 다음 사람은 앞 사람이 그린 '중국'이라는 그림 위
에 또 하나의 자기 그림을 보탤 수 있을 것이다.

공무원이 보는 중국의 그림은 조금 다를 것이다. 운이 좋아 상하이라는 지역에서 상무영사로 3년을 근무했다. 상무영사의 역할은 기본적으로 한중 경제 교류와 진흥을 보조하는 것이다. 중국에 투자하고 내수 시장을 개척하는 한국 기업을 돕고 어려움에 처한 기업이 있으면 함께 그 어려움을 풀어 나간다. 우리 기업의 경영 활동에 영향을 끼치는 중국 정부의 정책 변화나 제도 변경 사항이 있으면 그 내용을 분석해 한국 유관 기관에 안내하고 우리 기업에게 설명할 수 있는 자리를 마련한다. 반대로 중국 기업의 한국 투자 유치도 중요한 업무다. 중국 기업에게 한국 투자를 위한 입지, 세제 등의 정보를 제공하고 필요하면 업무 파트너 기업을 찾아 주기도 한다. 한중 자유무역협정(FTA)이 체결된 이후에는 양국 기업이 한중 FTA를 더욱 잘 활용할 수 있도록 설명회를 개최하고 전문가를 소개해 주는 일도 하고 있다. 정부 대 정부 교류에 있어서는 한국의 중앙정부 및 지방정부의 중국 방문을 지원하고, 중국 지방정부의 한국 기업 방문 및 지방자치단체 방문을 지원한다. 지원 업무는 제조업에 한정되지 않고 농수산, 건설, 정보 기술(IT), 과학기술, 특허 등 지식재산권, 시험인증, 제품 허가에 이르기까지 다양하다. 그 밖에 외국의 상하이 주재 상무영사들과 교류하면서 외국 정부 및 기업이 바라보는 중국에 대한 시각을 배우고 정보를 교류한다.

상하이 총영사관의 관할 범위인 장쑤 성, 저장 성, 안후이 성 및 상하이는 중국 전체 GDP의 35퍼센트를 생산하는 지역으로, 한중 교역량의 40퍼센트 이상은 이곳에서 발생한다. 그 수치는 한국과 미국 간 교역량과 비슷하다. 이곳에는 한국 기업 5,600여 개와 포천 500(Fortune 500, 경제주간지 『포천Fortune』이 매년 매출을 기준으로 발표하는 미국 기업 목록)에 들어가는 글로벌 대기업이 전부 진출해 있다. 나는 상하이 상무영사로서 매일 중국 및 외국, 한국의 공무원과 기업, 인재를 만나며 3년의 시간을 보냈다. 한국에서 일할 때에 비해 만나는 사람의 범위와 담당하는 업무, 지식이 급격히 확장되었고, 단지 외교관이라는 신분 하나로 대우와 대접을 받으며 많은 정보를 접촉할 수 있었다. 쏟아지는 지식과 지혜, 여러 문제와 마주치며 나의 고민과 인식은 폭발적으로 성장했고, 그 무게를 다 감당하지 못해 수많은 밤을 잠 못 이루고 지새웠다. 공무원 신분의 상무영사에 집중된 정보는 보고서를 통해 정책 건의 형식으로 숱하게 보고했고, 이제 나에게는 정보를 제공한 많은 분에게 내가 되돌려 주고 싶은 경험과 정보가 남아 있다. 국가와 사회와 기업이 나에게 지위를 주고 정보를 주었기에 나도 되돌려 주고 싶은 것이다. 이게 이 글을 쓰게 된 동기다. 내가 그린 코끼리의 그림도 분명히 한국 사회가 중국을 이해하는 데 조금이라도 보탬이 될 것이다.

한국이라는 나라의 과거와 현재, 미래에서 중국이 차지하는 중요성은 아무리 강조해도 지나치지 않다. 중국은 생각보다 우리 삶에 매우 깊숙이 들어와 있다. 정치, 안보, 외교는 말할 것도 없고 경제, 경영 및 우리 일상생활도 중국을 빼고 생각하기는 힘들 지경이 되었다. 문화적으로도 양국은 깊이 있게 교류하며 서로 많은 영향을 주고받는다. 교류는 일방향이 아닌 쌍방향이다. 그런데 우리나라 사람의 중국에 대한 이해도는 상당히 얕다. 이 중요한 국가를 너무 모른다. 처음에는 우리 기업들이 반복해서 저지르는 실수를 미연에 방지하기 위해 실무적인 이야기를 기록해야 한다고 생각했다. 하지만 1년, 2년 겪다 보니 우리가 중국의 문화, 역사, 정치체제에 무지하기 때문에 실수를 반복한다는 결론을 내리게 되었다. 예를 들면 중국 문화와 사회를 규정하는 체면(미엔즈)과 관계(꽌시)에 대해 우리는 아는 게 없다. 중국을 움직이는 중국 공산당에 대해서, 중국 공무원의 생각, 인센티브 시스템에 대해서 우리는 아무것도 모른다. 아주 당연하게 한국식으로 중국을 예견하고 재단하고 판단하고 비난한다. 그래서 이 글에서는 직접 경험한 사례를 통해 중국에 대한 이해를 최대한 돕고자 하였다.

내가 쓴 글을 다시 읽으며 스스로 두 가지 질문을 던져 본다. 첫째, 나 스스로는 중국을 어떻게 인식하는가? 중국은 우리에게 기회인가, 위협인가? '정답은 없다'가 내 대답이다. 동일한 사례를 보면서 어떤 때는 위협을 느꼈고, 동시에 기회를 보았다. 우리가 중국과 중국인과 중국 문화와 중국 경제를 잘 이해하고 그에 따라 치밀하게 준비하면 중국은 우리에게 기회가 될 것이고, 얕잡아 보고 무시하는 통에 진짜 실력을 보지 못하고 중국 음식, 중국 백주, 중국 마사지에 빠져 그것만이 중국의 전부라고 생각하면 중국은 분명 위협인 것이다. 둘째, 이 글의 아이디어는 어디서 얻었는가? 본인의 생각인가? 아니다. 지난 3년간 받은 명함 중 나에게 의미 있고 이후 또 만날 가능성이 높은 사람들 명함을 정리해 보았다. 4,500장이 넘었다. 3년간 만난 4,500여 명의 인재가 내게 교훈과 영감을 주었다. 영사관, 대한무역투자진흥공사(KOTRA), 한국무역협회, 한국농수산식품유통공사(aT), 한국수출입은행, 수산업협동조합 등 같이 일하는 공공기관, 한국의 기업가, 변호사, 교민, 학자 등 숱한 인재와 전문가가 경험과 혜안을 전해 주었다. 중국 정부, 중국 기업에 일하는 중국 인재들, 외국의 외교관, 외국 기업 역시 나에게 전해 준 이야기가 많다. 나는 단지 그걸 정리했을 뿐이다. 내 이해 수준에서 내 언어로 적어 본 것뿐이다.

이 글은 크게 5장으로 구성된다. 1장에서는 세계 속 중국의 위상을 전한다. 지난 3년간 중국이 굴기하면서 G2로 확실히 자리매김하는 과정을 직접 목도한 만큼 중국의 부상이 세계 경제 지평을 뒤흔드는 모습을 볼 수 있을 것이다. 2장에서는 중국이라는 거대 국가가 움직이는 작동 원리와 구조를 소개한다. 중앙정부와 지방정부가 어떻게 유기적으로 결합되어 중국이라는 다민족, 거대 영토의 사회가 운영되는지, 어떻게 인재가 양성되어 지도자로 성장하는지, 그 시스템을 사례 안에서 보여 주고자 하였다. 3장에서는 한중의 경제 논리를 비교했다. 중국의 영향을 받을 수밖에 없는 한국의 경제 이야기다. 금융, 제조, 자동차 등 업종별 동향과 미래 좌표를 언급하고, 대중국 수출 위기에 대한 해법도 소개하고자 노력했다. 4장은 중국에 진출한 우리 기업들의 비즈니스 전략에 대한 이야기다. 상무영사의 업무는 대부분 중국에 진출한 한국 기업을 돕는 것이다. 그중에는 성공한 기업도 많지만 실패한 기업도 많다. 그 이유를 분석하고 정리해 보았다. 한국 기업이 미래 전략을 수립하는데 도움이 되길 바란다. 5장은 중국에서 바라본 한국에 대한 이야기다.

정치, 경제, 문화, 일상생활에서 한중 차이를 비교해 보았다. 한국인이 '중국'이라는 렌즈를 통해 한국을 다시 들여다보기를 희망한다. 장과 장 사이의 Cultural ep. 코너에서는 중국인의 문화와 현상 인식에 대한 일화를 소개한다. 1장에서 5장에 이르는 사회과학적 내용에 비하면 다소 가볍고 부담 없이 읽을 수 있는 내용이지만 그 중요성이 덜한 것은 절대 아니다. 평소 이를 인지하지 못한 것이 일부 기업의 중국 진출을 실패로 이끌고, 한중 외교 관계를 긴장 국면으로 몰고 간 이유가 되기 때문이다. 이와 같이 이 책은 형식적으로 여섯 개 장으로 구성되지만, 장에 관계없이 전체를 관통하는 주제, 즉 핵심 내용은 한 마디로 '중국을 제대로 이해하고, 중국이라는 프리즘을 통해 한국 사회를 되돌아보고, 산업·기업별로 미래 대응 전략을 마련해야 한다'는 것이다.

또한 이 책의 내용은 대부분 2016년 하반기에 작성되었다. 최근 한중 관계가 급변한 탓에 비즈니스 협력 관련 에세이가 시의적절하지 않아 보이는 면이 있다. 그러나 양국의 긴장 관계에도 여전히 중국은 한국의 가장 큰 비즈니스 파트너이고, 제품 허가 및 통관 지연 등의 비관세 장벽에도 불구하고 중간 부품재 및 일부 소비재는 여전히 중국에서 성장세를 구현하고 있다. 비즈니스 협력이라는 잔뿌리가 흔들리지 않고 착근되어 있어야 한중 관계라는 거대한 나무가 넘어지지 않고 현재의 긴장 관계가 해소되는 시점에 더 큰 성장을 위한 밑거름이 될 것이다. 양국의 정치·외교 관계에 대한 현황과 전망, 해법은 이 글이 다루는 내용이 아니어서 의식적으로 거리를 유지하였지만 정치·외교 관계는 비즈

ㅣ스에도 큰 영향을 끼치기에 4장에서 우리 기업이 잠시 '소나기를 피하는 방법'에 대한 아이디어를 제시해 보았다.

엄중한 국제 정치 현실에서 우리나라의 미래는 미, 중, 러, 일 등 주변국가와의 관계 속에서 설정될 것이다. 한 개 나라에 대한 분석만으로는 종합적인 시각을 가질 수 없고, 한 개 나라를 '친구 아니면 적'이라는 단순 이분법 시각으로 바라보면 마주한 문제를 해결할 수 없다. 나는 중국 근무 경험을 바탕으로 중국이라는 나라에 대한 생각을 기초 벽돌로 삼았다. 다음 사람이 이 글 위에 본인의 경험과 아이디어를 더하고, 그다음 사람도 벽돌을 더 쌓아서 언젠가는 우리가 중국을 100퍼센트 이해할 수 있는 집이 지어지기를 기대해 본다. 더불어 누군가는 미국에서, 또 다른 누군가는 일본에서 이러한 작업을 수행해 주기를 바란다. 그런 노력이 모이다 보면 21세기 동북아 국제 정치·경제 질서 속에서 우리나라가 나아갈 방향을 더 잘 모색할 수 있게 될 것이다.

자랑인지 변명인지 근무 시간에 글을 쓴 적은 없다. 중국 발령을 받고는 매일 아침에 한 시간 동안 중국어 수업을 받고 출근했다. 중국어 실력이 업무에 도움이 된다고 생각했기 때문이다. 2년 6개월이 지난 2016년 8월 31일에 중국어 선생님이 개인 사정으로 그만두게 되었다. 그래서 2016년 9월 1일부터는 중국어 수업 시간에 대신 글을 쓰고 출근했다. 업무 외 시간이지만 내가 글을 쓰고 생각하고 자료를 찾아보며 보낸 시간은 상무영사로서의 내 업무에 도움이 되면 되었지, 조그마한 차

질도 가져오지 않았다고 감히 말하고 싶다.

감사하고 싶은 사람이 많다. 익숙한 한국을 떠나 맞이하게 된 새로운 환경에 크게 불평하지 않고 적응해 주고, 업무와 행사로 늦게 귀가하는 가장을 이해해 준 가족에게 감사하다. 직장 내에서 편안한 업무 환경을 제공해 주고 상무영사의 업무를 이해하고 지지해 준 총영사님, 부총영사님과 동료들, 그리고 직원 여러분에게 감사하다. 성실하고 능력 있는 최연희, 호효분, 이소영, 김수영 행정원과 같이 일할 수 있었던 것은 큰 행운이었다. 3년간 만난 4,500여 명의 사람, 같이 현장을 누비고 침 튀기며 중국에 대한 이야기를 나누고 중국에서 발생하는 여러 현상에 대해 의견을 교환해 준 모든 사람이 이 글의 공동 집필자다. 그들에게 가장 감사하다는 말을 전하고 싶다.

2017년 4월
세종시 호수공원에서
정경록

목 차

머리말

3장   한중의 경제 논리, 무엇이 같고 무엇이 다른가

4장 중국과의 비즈니스, 해답을 찾자

5장 중국에서 바라본 한국

맺음말

中國一覽

1장

굴기하는 중국,
세계를 흔들다

01 중국을 예측해 드립니다

이전 한국의 대통령 중 한 분은 개각을 준비하다가 인사 정보가 언론에 유출된 사실을 알고 실제 개각에서는 한두 명의 인사를 바꿈으로써 외부의 예측을 고의로 틀리게 만들었다고 한다. 2016년 초, 위안화 평가절하를 놓고 중국 인민은행과 외국 헤지펀드의 치열한 대결이 있었다. 헤지펀드는 중국 기업의 부채 급증, 은행의 부실채권 증가를 예로 들면서 중국의 경착륙 가능성을 제기했고, 위안화에 대한 투매, 달러화에 대한 수요 증가를 예측하고 베팅했다. 그러나 중국의 인민은행은 외환 보유고를 바탕으로 환율 시장에 개입하면서 환율 전쟁에서 일단 승리했다는 평가를 받고 있다. 지금까지 중국 및 중국 경제에 대한 전 세계의 기대와 예측에 중국은 지금껏 어떻게 반응해 왔을까?

시계를 돌려 1978년 덩샤오핑 중앙군사위 서기가 개혁·개방을 대외에 천명한 시점으로 가보자. 중국의 개혁에 대한 외부의 시선은 줄곧 불안하기만 했다. 대약진운동, 문화대혁명, 4인방 권력투쟁 등 대표적인 사회주의 정책의 실패 사례에 사로잡혀 있던 중국이 자본주의 체제를 받아들이기가 어려울 것이라고 생각했다. 사회주의 시장경제라는 단어도 마찬가지였다. 시장경제의 발전을 위해서는 필연적으로 정치적 민주주의가 동반될 수밖에 없고, 정치체제의 변혁 없이는 중국 경제가 성장하기 어려울 것으로 보았다. 현재 시점에서 이런 시선에 대해 평가를 내려 본다면 어떨까? 여러 가지 산적한 과제에도 불구하고 아직까지는 개혁·개방에도 성공했고, 사회주의 체제도 유지하면서 시장경제를 잘 도입해 왔다는 평가가 대세일 것이다.

1997년의 홍콩 반환 협정을 떠올려 보자. 영국과 중국은 당시 홍콩의 주권 반환을 놓고 협상 테이블에 앉았다. 잠시 옆길로 새면, 영국은 중국에 아편전쟁 이후 체결된 1842년 난징협약을 연장하자고 제안했고, 중국은 당시 협약을 맺었던 사람과 재협상해야 할 것이라고 맞받아쳤다. 영국이 홍콩의 운명을 홍콩인의 자유 투표에 맡기자고 다시 제안하자 중국은 이해 당사자인 홍콩, 영국, 중국인이 같이 투표할 것을 제안했다. 주권 환수가 열리기 직전까지만 해도 서양 언론은 중국이 어떻게 홍콩을 접수할 것인지에 대해 다양한 추측 보도를 쏟아 냈다. 가장 많은 우려와 추측 중의 하나는 중국 인민해방군의 진주였다. 그러나 결과는, 적어도 군대를 통한 무력 점령은 아니었다. 오히려 홍콩을 다스리게 될 행정장관을 선출했다.

세계 경제위기 당시 세계는 어떤 예측을 했고, 중국은 어떻게 반응했던가. 1997년 외환위기가 발생하자 시장경제 체제를 받아들이기 시작한 중국 역시 크게 흔들릴 것이라는 예측이 많았다. 외환위기의 영향을 차단하기 위해 위안화를 평가절하할 것이라는 의견도 있었다. 그러나 중국은 외환위기 영향을 전혀 받지 않으면서 세계 시장의 중국 제품 점유율을 높여 갔다. 급격한 위안화 평가절하를 단행하지도 않았다.

2007년 미국발 경제위기가 전 세계를 휩쓸 때 많은 이가 중국이 책임 있는 역할을 수행하지 않을 것이라고 예측했다. 최소한도의 정책 공조만 할 것이라고 분석했다. 하지만 중국은 4조 위안에 가까운 돈을 풀어 전 세계 경제를 지탱했다. 이에 미국도 중국의 수요 창출 및 경제위기 극복 노력에 감사를 표했을 정도였다. 물론 그 당시 과잉 공급 여파로 지금 전 세계 경제가 위기에 처해 있기는 하다.

지금까지 세계 언론은 정치, 경제 모든 분야에서 중국에 대한 예측을 끊임없이 내놓았고, 그 예측은 대부분 빗나갔다. 중국이 개혁·개방 후퇴 이후 급진 공산주의로 회귀할 것이라는 예측, 덩샤오핑 이후 안정적

"

이쯤 되면 한번 질문해 보아야 한다.
세계의 석학, 전문가의 견해가 틀린 것인가,
아니면 한국의 전직 대통령처럼 예측을 읽고 난 후
일부러 그 반대로 행동한 것인가?

"

으로 정착된 권력 이양 체제가 권력투쟁으로 인해 깨질 것이라는 예측, 대만 및 홍콩 문제에 중국이 직접적인 무력을 행사할 것이라는 예측, 경제 경착륙에 대한 끊임없는 경고를 무시하고 다양한 국내 문제를 해결하지 못해 사회적 혼란을 겪을 것이라는 예측, 이 밖에도 심지어 경제 발전에 따라 공산당 일당 체제가 붕괴할 것이라는 예측이 있었지만 중국은 모든 예측을 비웃듯 지금 이 모습을 유지해 오고 있다.

이쯤 되면 한번 질문해 보아야 한다. 세계의 석학, 전문가의 견해가 틀린 것인가, 아니면 한국의 전직 대통령처럼 예측을 읽고 난 후 일부러 그 반대로 행동한 것인가? 굳이 이야기하자면 후자에 가깝다고 본다. 아니, 중국 정부와 중국을 움직이는 공산당은 진지하게 외부의 목소리와 우려를 듣고 있는 것으로 생각된다. 중국 공산당이라는 조직 자체가 엘리트 조직이며 학습 조직이기도 하고, 외부의 지적을 포용하여 새로운 노선을 수립할 수 있는 유연한 조직이기도 하기 때문이다. 그리하여 전임 지도자의 노선을 버리지 않고 계승, 발전시키면서 새로운 조류와 외부의 견해를 합리적으로 반영하고 있다. 대표적인 예가 공산당 지도 이념에 자본주의 및 자본가의 사상을 반영해 가고 있다는 사실이다.

어쨌든 세계의 예측에 중국은 귀 기울여 듣고 반응하는 모습이다. 체면을 중시하는 중국 문화를 바탕으로 외국과의 체면도 끊임없이 고려하는 것이 아닌가 싶다.

지금 중국 경제가 부상하면서 세계 경제에 끼치는 영향이 커지고 있다. 이 시점에서 중국에 대해 가장 많이 나오는 예측은 무엇일까? 제일 대표적인 것은 아무래도 중국 경제 경착륙론이다. 그 원인으로 급격히 증가하는 GDP 대비 부채, 높은 부동산 공실률, 지방재정 및 국유 기업의 부채, 지방 간 격차를 꼽는다. 그런데 이 예측은 중국 경제가 두 자릿수 성장률에서 내려왔을 때도, 8퍼센트 성상을 이루지 못했을 때, 7퍼센트 성장을 이루지 못했을 때도 나온 만큼 아마 다가올 2~3년 내 6퍼센트 성장선이 무너질 때도 끊임없이 제기될 것이다.

현재까지는 '예측대로' 중국에 대한 예측은 전부 빗나갔다. 중국 정부는 다양한 정책 수단을 통해 중국이라는 나라를 통제하는 모습을 보여주고, 외국의 합리적인 비판을 수용하면서 유연하게 정책을 조정하는 모습을 유지하고 있다.

이제 우리에게 필요한 것은 중국에 대해 가장 합리적이면서 전 세계 경제 질서와 경제 번영에 부합하는 예측을 던지는 일이다. 가령 이렇게 예측해 보자. '합리적 구조조정에 실패함으로써 중국 경제는 경착륙할 것이고, 세계 경제를 위기로 내몰 것이다.' 이런 예측도 좋다. '중국은 G2로서 미국과의 기 싸움에 매몰되어 근시안적으로 세계무역기구(WTO) 등 모든 국제 경제 질서를 부인하고 자국의 국익을 극대화하는 전략을 취할 것이다.' 이때 중국 정부는 어떻게 반응할까? 과연 우리 예측대로 그 예측은 다시 한 번 빗나가고 말까?

02
중국의
굴기를
보았습니다

2015년 1월 상하이에 있는 프리미엄 아웃렛 올레(Ole)에서 재미있는 행사가 진행되었다. 올레 구매부장과 여덟 개 국가의 총영사관이 참가한 가운데 올레와 8개국 정부 기관의 양해각서(MOU) 체결식이 거행되었다. MOU 내용은 별것 없었다. 입점을 희망하는 국가 기관과 올레가 협력한다는 내용이었고, 중요한 것은 행사 의식이었다. 구매부장이 중앙에 앉아 있는 가운데 미국, 영국, 칠레 등 각국 영사가 차례로 불려 들어가 부장과 MOU에 서명을 했다. 매장 안을 안내하고 사진을 찍어 주는 행사장 도우미가 전부 백인 미녀라는 것도 재미있는 사실이었다.

이런 모습은 이제 낯설지 않다. 중앙 유력자의 친인척이나 인연을 맺은 지방정부 지도자가 투자설명회 등의 행사에 참석하는 날이면 외교

사절들이 줄을 서 인사를 하고 말 한 번 붙이기 위해 기다림을 불사한다. 물론 냉정한 현실 국제 정치·경제 질서에서 국가의 경제 이익을 위해 유력 지도자와 인연을 맺는 것은 당연히 중요한 일이다. 특히 기업 간 분쟁에 있어 사법적 해결보다 행정부의 의사결정이 더 중요한 중국에서는 지방정부 지도자와의 인연이 무엇보다 중요하다. 한국의 경우를 생각해 보았다. 한국의 지자체가 서울에서 해당 지자체의 투자설명회나 신년회를 개최하면서 이 자리에 외교사절단을 다 부르면 사람이 어느 정도나 모일까?

2014년 2월 상하이에 도착한 이후, 나는 경제 분야에서 중국의 굴기를 보았다. 중국의 GDP 및 무역에서의 굴기는 더 말할 것도 없으니 이는 제외하고 이야기해 보자. 가장 대표적인 사건은 아시아인프라투자은행(AIIB)의 설립이 아닐까 생각한다. 중국은 미국과 일본이 주도하는 세계은행과 아시아개발은행이라는 국제 금융 질서에 정면으로 도전장을 던지고, 중국이 주도하는 아시아태평양 지역의 인프라 개발 프로젝트를 출범시켰다. 미국의 집중적인 견제에도 불구하고 영국 등의 서구 국가와 한국 등의 주변 국가가 가입함으로써 중국 주도의 국제 금융 질서가 출범한 것이었다.

그런데 중국 정부가 의도했든 안 했든 자산운용시장도 눈부시게 굴기했다. 현재 세계 GDP가 75조 달러 수준이고, 자산운용시장 규모가 80조 달러다. 전 세계는 자본주의 체제를 받아들인 이후 수백 년을 걸쳐 GDP 규모를 초월했는데, 중국은 개방 이후 불과 20~30년 만에 중국 GDP 11조 달러를 넘어서는 자산운용시장 규모 15.5조 달러 수준을 구현했다. 중국 자산운용시장의 규모는 2012년 이후 매년 50퍼센트 이상 증가하였다. 그리고 이 자금의 일부가 세계로 나가 해외 부동산, 에너지 기업, 광산, 핵심 기술 기업, 유통점, 유명 브랜드 구매에 이용되면서 세계는 가격 상승의 몸살을 앓고 있다. 하물며 본격적으로 굴기하면 세계 자본시장은 얼마나 영향을 받을 것인가.

박람회도 마찬가지다. 미국에서 개최되는 세계 최대 가전 박람회인 CES(Consumer Electronics Show)는 2015년 이후 상하이에서 아시아 버전 CES를 출범했다. 스페인에서 개최되는 세계 최대 이동통신산업 박람회인 MWC(Mobile World Congress) 역시 2015년부터 아시아 버전 MWC를 상하이에서 개최하고 있다. 중국은 이를 지원하기 위해 상하이에 세계 최대 규모의 국제회의중심이라는 박람회장을 건설하였다. 40만 제곱미터, 사무 공간까지 포함하면 100만 제곱미터에 이르는 규모다.

산업 분야는 더 말할 것도 없다. 전 세계 제조업 생산량의 25퍼센트를 중국이 차지하고 있는 현실에서 경공업 분야의 생산은 물론이고 주요 제조업 분야에서도 중국의 굴기는 눈이 부실 정도다. 내려올 줄 모르

"

변화는 오고, 중국은 굴기하고, 우리는 대체적인 방향을
알고 있다. 확실히 말할 수 있는 것은 그 변화는
더욱 빠를 것이고, 규모는 더 클 것이고, 정도는 더욱 깊을
것이라는 사실이다.

"

던 한국의 조선업이 위기를 겪는 틈을 타 2012년부터 중국은 수주량 기준 시장점유율 1위를 기록하고 있다. 2016년 8월의 수주 잔량도 중국이 세계 1위다. 원전 분야도 마찬가지다. 불과 10년 전만 해도 전 세계 원전 기술을 배워 오기 바빴던 중국은 막대한 자본력을 바탕으로 2016년 9월 영국의 힝클리포인트 원전 2기를 수주하는 등 원전 시장에서도 이미 일본, 한국을 제치고 아시아 선두 주자로 나아가고 있다. 2020년까지 90여 기의 원전을 운영하면서 세계 최대의 원전 국가로 올라설 계획이고, 이와 별도로 관할지인 안후이 성 허페이에서 진행하고 있는 핵융합 발전 연구에서 5000만 도에 이르는 핵융합 에너지를 만들고 102초간 유지하는 성과를 얻은 만큼 향후 30년 뒤 인공 태양을 상업화하려는 시도에서도 가장 앞서간다는 평가를 받은 바 있다.

반도체도 빠질 수 없다. 현재 한국과 미국이 독점하고 있는 메모리 반도체 분야에서도 중국은 제조 2025 정책 등을 통해 이미 굴기를 선언했다. 2025년에 세계 경제 및 산업 관련 글을 쓰는 이들에게는 불과 10년 전인 2016년에 이 분야에서 한국과 미국이 선전하고 있었다는 사실 자체가 놀라운 역사가 될 것이다.

휴대폰은 또 어떤가. 2014년까지만 해도 스마트폰은 전부 애플, 삼성, LG 제품이었다. 그런데 2016년이 끝나 가는 시점에 중국 스마트폰 시장에는 오포, 비보, 화웨이, 샤오미 등 중국 기업의 제품만 있을 뿐, 애플이나 삼성, LG의 자리는 없다. 백색 가전, 전자상거래, 해운산업 등 더 이야기할 것도 없다. 말하는 입만 아프고, 타자를 치는 손가락만 아플 뿐이다.

하지만 아직 끝이 아니다. 중국은 선물 시장에서도 굴기하려 하고 있다. 중국이 정저우, 다롄, 상하이에 선물거래소를 개설하고, 중국 금융선물거래소를 설립하여 거래를 시작하자 국제 원자재 가격이 반응을 보인 것이다. 거래의 원활화와 시장의 다양화 자체가 국제 원자재 가격 상승 요인으로 작용했다. 중국은 한 걸음 더 나아가 원유선물거래소도 출범시키려고 하고 있다. 이를 통해 중국의 원유 수입 의존도가 60퍼센트가 넘는 현실에서 세계 유가가 미국과 석유수출국기구(OPEC)의 영향력에 따라 결정되는 구조를 깨는 계기가 될 수 있고, 위안화의 국제화에도 이바지할 것으로 예상되기 때문이다.

표준 분야는 어떨까? 중국 전문가가 국제표준화기구(ISO)의 책임자로 선임되는 비율이 높아지고 있다. 표준이라고 하면 미국과 유럽을 쳐다보는 한국에게 던져지는 함의가 크다. 중국이라는 거대한 소비 시장을 두드리기를 희망하는 전 세계 기업을 향한 중국의 목소리가 커지는 것으로 보아야 한다. 2016년 중국 국가질량감독검사검역총국은 중국 표준을 전 세계 표준화에 접목시킨 기업이나 전문가에게 수여하는 '중국 국가표준혁신 대상'에 '장백산 인삼 표준'을 선정하고 이에 기여한 전문가를 표창하였다. 한국의 대표적인 상품으로 인정되는 인삼에 대한 표준도 중국이 주도하고 있는 것으로 보아야 한다. 표준의 굴기다.

축구를 비롯한 스포츠산업의 굴기도 놀랍다. 중국의 쑤닝그룹은 이탈리아의 인터밀란을 인수했고, 중국 컨소시엄은 이탈리아의 AC 밀란을 사들였으며, 중국 미디어캐피털은 영국 맨체스터시티의 지분 13퍼센트를, 중국계 IDG캐피털은 프랑스 리옹의 지분 20퍼센트를, 부동산

그룹 완다는 스페인 아틀레티코 마드리드의 지분 28퍼센트를 인수했다. 지난 3년간 벌어진 일이다.

이 밖에도 장쑤 쑤닝은 첼시의 하미레스를 430억 원에 영입하고, 상하이 상강은 700억 원의 이적료를 지불하고 러시아의 헐크를 데려왔다. 잉글랜드와 스페인 1부 리그 팀과 비교해도 손색이 없다. 류현진, 박병호 등 우수 프로야구 선수가 메이저리그에 진출하듯 현재 중국 프로축구 슈퍼리그에서는 홍명보, 최용수 등 국가대표급 감독 다섯 명과 국가대표 중앙수비수인 김영권, 공격수 윤빛가람 등 한국인 선수 열한 명이 활약하고 있다. 연봉은 한국의 네다섯 배 수준이다.

길게 보면 전 세계 3대 축구 리그가 중국 슈퍼리그, 영국 프리미어리그, 스페인 라리가로 바뀔 날이 올 수 있다. 마찬가지로 미국의 대학 졸업 농구 선수들이 NBA 대신 중국 리그로 진출하는 것이 꿈이 되는 시점도 올 수 있다고 본다.

지난 3년간 보아 온 중국의 굴기가 이러할진대, 향후 3년간 다가올 굴기는 또 어디에서 일어날까. 비즈니스 기회는 미래 예측 여부에 따라 달라진다. 변화는 오고, 중국은 굴기하고, 우리는 대체적인 방향을 알고 있다. 확실히 말할 수 있는 것은 그 변화는 더욱 빠를 것이고, 규모는 더 클 것이고, 정도는 더욱 깊을 것이라는 사실이다.

03
글로벌
쩐의 전쟁

드디어 G2 간 '쩐'의 전쟁이 시작되었다. 총성 없는 제3차 세계대전이라고도 부를 만하다. 중국의 무역 분야에서의 급격한 성장이 세계 무역 질서를 바꾼 이후 이제 전쟁의 무대가 무역에서 자본시장으로 옮겨가고 있다. 중국이 30년간 축적한 막대한 무역수지가 자본으로 축적되었지만 중국 내에서 출구(투자처)를 찾지 못하다 세계로 눈을 돌리자 그 여파로 세계 부동산 시장, 실물 시장이 들썩이고 있는 것이다.

우리나라 제주도는 말할 것도 없고, 중국인은 끊임없는 외국 부동산 쇼핑으로 호주, 캐나다 등 각국 부동산 시장의 판도를 좌우한다. 이들 나라에는 중국 지방도시에서나 볼 수 있는 유령 도시가 속출하고 있다. 캐나다 밴쿠버 부동산 전체 매매액의 3분의 일 이상이 중국 자금으로 추정되자 캐나다 정부는 과열된 주택 시장 안정을 위해 세제 개편, 외국인(중국인)의 주택 보유 규모를 세한하고자 한다. 호주 역시 실수요가 동반되지 않은 중국인의 부동산 구매로 빈집이 속출하고 있다.

부동산을 넘어 실물 분야 우량 기업도 마찬가지다. 미국, 호주의 에너지 기업을 사들이고, 남미 및 아프리카의 광산을 구매하고, 독일의 반도체, 로봇 등 우수 기술 기업을 인수하는 전략은 해당 국가와의 정치적 마찰까지 일으킬 수 있는 이슈로 부상하고 있다. 이 모든 것은, 바로 글로벌 쩐의 전쟁의 전초전에 불과하다. 단지 전초전일 뿐이다.

전 세계 GDP는 약 75조 달러 규모고, 자산운용시장 규모는 약 80조 달러다. 자본주의가 시작된 지 수백 년 만에 GDP 규모보다 자산운용시장의 규모가 커진 것이다. 중국의 경우는 1980년대 개방 이후 20∼30년 만에 자산운용시장 규모가 GDP 규모를 초월하고야 말았다. 불과 10년 전만 해도 1조 달러 규모에 불과하던 자산운용시장이 열다섯 배 넘게 성장한 것이다. 한국의 GDP가 1.2조 달러, 자산운용시장 규모가 1조 달러 수준임을 고려하면 중국의 자산운용시장 규모가 얼마나 빨리 성장했는지 가늠할 수 있다. 물론 미국은 GDP가 약 17조 달러인데 자산운용시장 규모는 40조 달러다. 압도적인 1위를 달리고 있다. 미국의 자본은 전 세계를 돌아다니며 수익률을 높일 수 있는 부동산, 주식, 채권, 외환을 구매했고 그 수익률은 다시 미국 국민의 해외 물품 구매를 도왔다. 이제 플레이어가 한 명 더 생긴 것이다. 시장은 더욱 복잡해질 것이다. 중국의 경제성장률 등을 고려할 때 2020년에는 자산운용시장 규모가 26조 달러에 이를 것으로 예측된다.

중국 자본의 결집은 무엇을 의미할까? 미국의 40조 달러는 전 세계에 퍼져 있어 쏠림 현상이 적고 포트폴리오 투자로 인해 어느 정도 안정성이 있는 것으로 볼 수 있다. 이에 반해 중국 자산운용시장 규모 15.5조 달러는 지금 중국 내에 갇혀 있는 돈이라는 면에 주목해야 한다. 그 속성상 급격히 축적되고 있는 자본이 중국 내에서 공급과잉 및 실물 경기 둔화로 투자처를 찾지 못하고 있는 규모가 미국의 GDP에 맞먹는다는 점이 신경 쓰이는 것이다.

중국 정부의 외화 유출 통제 등의 규제로 현재 해외투자되는 자산운용시장 비율은 1.6퍼센트에 불과하다. 이 중에서 90퍼센트 이상은 홍콩, 미국으로 가는 돈이고 나머지 10퍼센트가 캐나다, 호주, 유럽 등에서 반중국 자본 정서를 불러일으키는 그 돈인 것이다.

한국에서도 중국인의 제주도 이민 투자 및 부동산 구매 행태는 어제오늘 일이 아니다. 지금은 서울의 재건축 시장도 중국 자본에 의해 들썩이는 실정이다. 2016년 3/4분기 한국 GDP 성장률 0.7퍼센트를 견인한

"

대학 다닐 때도 중국의 시대가 올 것은 알고 있었다.
다만 그 규모가 이렇게 크고, 속도가 이렇게 빠르고,
일상에 미치는 영향이 이렇게 심대할지 몰랐을 뿐이다.
한 번 더 과거로 돌아간다면 더 크게 '중국'이라는
나라에 내 인생을 투자할 것이다.

"

것이 부동산 건설 투자라고 하니 중국 자본은 한국 경제에 우리가 생각하는 것보다 더 깊숙이 들어와 있는지도 모르겠다.

하지만 중국 자산운용시장의 성장을 경계만 할 일은 아니다. 미국 일방의 자산운용시장에서 찾지 못했던 새로운 비즈니스 기회를 얻을 수도 있기 때문이다. 한국 자산운용시장 규모가 비록 중국과 비교할 수 없을 정도이기는 하나 한국에는 우수한 인력과 운용 노하우가 있다. 중국의 자산운용시장 개방에 맞추어 중국에 진출함으로써 자산 운용에 필요한 노하우를 제공할 수 있다. 한국의 우수 인재가 중국 자산운용사에 취직하여 고수익을 올리고 거대 자산 운용 노하우를 축적해서 한국 기업으로 역스카우트될 수도 있을 것이다. 중국인에게는 아무래도 미국인보다 한국인이 더 가깝지 않을까. 통근 자산운용사 간 합자 투자 등 더 큰 기회가 열릴지도 모를 일이다.

1960년대 한국의 대학에서 중문학을 전공한 중국 진출 1세대 교민 기업인이 항상 하는 얘기가 있다. "대학 다닐 때도 중국의 시대가 올 것은 알고 있었다. 다만 그 규모가 이렇게 크고, 속도가 이렇게 빠르고, 일상에 미치는 영향이 이렇게 심대할지 몰랐을 뿐이다. 한 번 더 과거로 돌아간다면 더 크게 '중국'이라는 나라에 내 인생을 투자할 것이다."

제조업을 하는 기업이 현재의 시각으로 1992년 한중 수교를 바라보았다면 진출 형태, 투자 규모, 투자 업종 등 모든 것이 달라졌을 것이다. 15년 전 알리바바에게 투자 자금을 제공하지 않았던 한국 기업들이 지금 땅을 치고 있지 않은가. 그런 시장이 다시 열린다. 그런 기회가 다시 오고 있다. 제조업 실물 투자가 아니라 전 세계 자본시장이 열릴 것이다. 잠시 눈을 감고 20년 후를 생각해 보자. 미국 자산운용시장 규모는 40~50조 달러, 중국 자산운용시장의 규모도 40~50조 달러에 이를 것이다. 지금 한국 기업과 정부와 인재는 무엇을 준비하고, 어디에 투자해야 할까? 눈에 보이는 그것이 바로 정답이다.

04

우버,
누구에게 백기를
던졌나?

　세계 최고의 스타트업으로 꼽히던 우버가 중국 시장에서 백기 투항했다. 중국 최대 차량호출서비스업체인 디디추싱에 지분, 사업, 데이터를 모두 인도한 것이다. 대도시를 위주로 차량 공유 서비스를 제공하며 글로벌 대기업으로 성장했을 뿐 아니라 '공유경제'라는 경제학의 새로운 영역을 개척한 우버의 중국 시장 철수 소식은 글로벌 IT 기업의 중국 진출 잔혹사를 대변한다. 아마존, MS, 구글에 이어 비교적 몸집이 가벼운 것으로 알려진 우버마저도 실패하자 세계 언론은 연일 중국 IT 기업의 경쟁력을 노래한다. 중국 소비자들은 시장점유율이 90퍼센트가 넘는 디디추싱에 익숙해져 있어 우버가 소비자의 마음을 사로잡지 못한 것으로 분석한다. 과연 그럴까?

정부 보호

바이두, 텐센트 등 중국을 대표하는 IT서비스 기업의 성공을 이끈 가장 중요한 요인은 중국 정부의 일방적인 보호다. 중국 정부가 구글을 사용할 수 없게 하고 유사한 서비스를 제공하는 자국 기업을 허용한 순간 바이두 같은 글로벌 대기업이 탄생하는 것이다. MSN 메신저를 차단하고 유사한 QQ 메신저를 제공하는 중국 기업을 허용한 순간 텐센트가 탄생했고, 유튜브 대신 유쿠가 그 자리를 지켰다. 다 그런 것은 아니지만 중국 정부의 보호는 중국의 IT 기업을 성장시키는 데 분명 일조를 했다.

우버 관련자는 중국 정부가 차량호출서비스 수준을 개선하기 위한 규제를 우버에게만 일방적으로 적용했다며 분개했다. 오래된 차량은 사용할 수 없고, 특정 지역 호구자 운전기사만 고용할 수 있다는 등의 규제를 우버에게만 적용했다는 것이다. 유치산업보호론이 그대로 적용된 사례다.

사회주의 시장경제 체제와 세계 체제

서구 국가들은 제1, 2차 세계대전을 경험한 후 전쟁을 방지하기 위해 세계 체제를 설계했다. 경제 분야에서는 국제통화기금(IMF)으로 대변되는 금융 세계 질서와 WTO로 대변되는 무역 투자 체계가 잡혀 있다. 중국은 이런 체제 내에서 성장했다. 그런데 중국은 독특하게 사회주의 시장경제 체제를 따른다. 정경 일체 시스템을 가진 국가는 중국뿐만이 아니다. 베트남, 쿠바, 북한 등 사회주의 국가가 이에 해당된다. 그러나 중국은 유일하게 내수 '시장'을 가진 국가다. 내수 시장을 가진 국가는 투자, 수출이 아닌 화폐 발행, 내수 소비 진작만으로도 경제를 성장시킬 수 있다.

제2차 세계대전 이후 세계의 큰 시장은 미국과 유럽이 주도하고 있었다. 그런데 지금은 14억 인구의 중국이 시장을 지렛대 삼아 세계 질서를 흔들고 있다. 중국 정부의 IT 지원 정책은 WTO 체제와 상충되는 면이 있다. 과거의 이야기지만 희토류 수출 금지는 말할 것도 없고, 조선 및 철강 분야에서의 공급과잉 및 보조금 지원, 반도체 원조 등은 WTO의 보조금 정책과 상충되는 면이 있어 검토가 필요한 부분이다. 외국 기업에 대한 최혜국 대우, 내국민 대우도 보장되지 않는다. 이는 사회주의 시장경제 국가, 세계 최대 시장을 가진 국가가 세계 경제 체제에 도전장을 던지는 것으로도 볼 수 있다.

전 세계는 다시 한 번 카르텔을 결성해서
중국 정부에게 물어야 하지 않을까? 세계 체제 내에서
공정 경쟁을 하자고, 중국 시장 내에서 독점적 지위를
버려야 하지 않느냐고.

디디추싱 서비스와 경쟁법

현재 디디추싱은 중국 차량호출서비스 시장의 85퍼센트 이상을 차지하고 있다. 시계를 돌려 보자. 2015년 2월, 중국 차량호출서비스의 양대 축이던 디디다처와 콰이디다처가 시장 합병을 선언한다. 디디다처는 텐센트, 콰이디다처는 알리바바가 제공하던 차량호출서비스 업체였다. 텐센트, 알리바바와 같은 거대 공룡 기업의 사업 영역에는 제한이 없다.

당시 디디다처는 시장의 50퍼센트 이상, 콰이디다처는 45퍼센트가량을 차지하고 있었다. 따라서 두 회사의 합병은 시장의 95퍼센트를 차지하는 디디추싱이라는 거대 기업을 탄생시켰다. 이 시점에서 누구라도 "공정거래법 위반 아닙니까?" 하고 물어야 했다. 시장경제 역사가 짧고, 국·공유 기업의 비중이 높은 사회주의 체제의 중국에는 공정 경쟁의 개념이 얕게 깔려 있을 뿐이었다.

그런데 최근 중국 정부는 부당 경쟁 방지라는 이름으로 중국 진출 외국 기업을 조사한 바 있다. 반독점법을 무기로 주류, 의약, 자동차, 분유 등 각 분야에서 독점적 시장 지위를 누리는 외국 기업에 칼날을 겨누었다. 그런데 당연히 디디추싱은 이와 상관이 없었다. 전 세계는 다시 한번 카르텔을 결성해서 중국 정부에게 물어야 하지 않을까? 세계 체제 내에서 공정 경쟁을 하자고, 중국 시장 내에서 독점적 지위를 버려야 하지 않느냐고.

소비자의 편익

우버차이나는 막대한 자금을 투입하여 디디추싱이 독점적 지위를 누리고 있는 중국 시장에 발을 들였다. 2014년에는 바이두에서 6억 달러 이상의 자금을 투자받았고, 2015년에는 광저우자동차, 중국생명, HNA그룹이 투자금을 내놓았으며, 2016년 5월에는 애플에서 10억 달러를 투자받았다. 1년 세계 매출이 100억 달러에 불과한 우버로서는 매년 10억 달러 이상을 중국에 투자하는 형국이었으니 현명한 투자가라면 중국 시장을 포기했을지도 모를 일이었다.

우버차이나를 인수한 디디추싱은 다시 한 번 90퍼센트 이상의 시장 지배력을 갖게 되었고, 시장에서 경쟁은 완전히 사라졌다. 경제학 교과서는 독점적 시장 지배가 소비자 만족을 위한 제품 및 서비스 개발에 소홀하여 소비자의 편익을 떨어뜨린다고 가르쳐 주었지만, 중국에서는 통하지 않는 얘기였다.

한국과 세계의 IT서비스 기업이 중국 시장에서 공정히 경쟁하고 중국 시장을 개척하는 사례가 탄생하기를 기대해 본다. 그래야 중국의 IT서비스 기업도 중국 시장만으로 글로벌 대기업 행세를 할 것이 아니라 전 세계 소비자를 대상으로 한 진정한 글로벌 대기업으로 성장할 수 있을 것이다.

05
마윈을
만나 보았습니다

알리바바 그룹의 마윈 회장을 아는지. 1964년 저장 성 항저우에서 '흙수저'로 태어난 마윈은 영어를 배우겠다는 일념으로 자전거를 타고 다니며 외국인만 만나면 말을 걸었다고 한다. 수차례 대학에 낙방했지만 사범대를 졸업한 이후에는 영어 교사로 근무했고, 통역 회사 시작으로 수차례의 사업 실패를 거쳤다. 한국에서도 수차례 투자를 유치를 꾀했지만 매번 실패했다고 한다. 그러다 이 사람의 열정에 감복한 일본 소프트뱅크의 손정의 회장이 투자함으로써 결국 회사를 창업할 수 있었다. 키는 160센티미터도 되지 않으나 열정과 불굴의 도전 정신으로 세계 최고 기업을 이룬 사람이다.

저장 성 항저우를 관할하는 상하이 총영사관에 근무하는 동안 이런

저런 기회로 마윈 회장을 만날 기회가 네 번 있었다. 둘이서 찍은 사진도 있어 자랑하고 싶은 생각이 든다. 마윈 회장은 다음 세 가지에 대한 이야기를 자주 했다.

e-WTO 설립

마윈 회장의 말 중 제일 기억에 남는 것은 바로 e-WTO다. "상품과 서비스 분야의 국제 무역 및 거래 관련 규범을 설립하고 분쟁 해결 절차를 규정하는 것이 WTO다. 그런데 지금 젊은이들은 다 휴대폰, 컴퓨터 속 전자상 세계를 살아간다. 이제 전자상 세계 속의 거래 관행, 규범, 분쟁 해결 절차를 규율할 국제기구가 필요하다. 나는 그것을 e-WTO(전자상 세계무역기구)라 명명하고 싶다."

창업 후 성공하기까지 15년이 채 되지 않은 기업의 CEO가 제2차 세계대전 이후 전승국이 만든 국제 경제 질서 규범을 대체할 국제기구를 떠올리다니, 참으로 대단한 생각이다. 또 마윈은 "e-WTO는 여성들에게 더욱 개방될 것이고, 많은 중소·중견기업을 연결시킬 것이며, 환경에 더욱 친화적일 것이고, 더욱 많은 젊은이에게 취직과 창업 기회를 제공할 것이다"라고 말했다.

우리가 안고 있는 지구상의 문제, 풀어야 할 과제가 바로 여성, 중소기업, 청년 창업, 환경 문제인 만큼 마윈 회장은 본인의 구상이 지구상의 문제를 해결하는 데 좋은 플랫폼이 될 것임을 자신하고 있었다. (최근 마윈 회장은 e-WTO라는 표현을 더는 쓰지 않고 전자상 세계 무역 플랫폼, 즉 e- World Trade Platform을 뜻하는 e-WTP라는 표현을 사용하기 시작했다.) UN 사무총장 출마자의 출마사를 듣는 것만 같았다.

17~18세기 이후 국제 정치 질서를 규정하는 가장 중요한 단어는 아마 민족국가(nation state)일 것이다. 21세기 민족국가 체제를 대신할 수 있는 주체는 다국적기업과 국제기구다. 다국적기업 CEO의 국제기구 설립 발언은 민족국가 체제를 뒤흔드는 새로운 행위 주체의 등장을 알리는 듯했다.

비자 발급과 신용 문제

마윈 회장의 구상과 발언 중에 이런 것이 있었다. "많은 중국인이 한국에 가고 싶어 한다. 한국 비자를 받기가 어렵다고 들었다. 한국 비자를 신청하려면 은행 잔고를 가져오라고 한다더라. (한국 정부가 한국 비자를 신청하는 중국인의 통장 잔고를 요구하는 것은 아니다. 비자 신청을 대행하는 여행사가 신용 체크를 위해 요구하는 부분이다.) 현시대에 은행 잔고가 무슨 신용의 척도인가? 우리 알리바바는 알리바바 전자상거래 플랫폼에서 이루어지는 모든 거래 기록을 빅데이터로 저장한다. 몇 번이나 거래했는지, 정해진 기일 내 정해진 대금을 지불했는지, 믿을 만한 제품을 공급했는지 이런 기록이 더욱 중요한 신용 평가의 척도 아닌가? 우리 알리바바가 이런 전자상거래상의 빅데이터를 바탕으로 추천하는 믿을 수 있는 중국인에 대해서는 한국 정부가 그냥 비자를 내달라."

비자는 외국인이 자국 영토에 들어오는 것을 국가가 허가해 준다는 증명서다. 이는 보안, 노동력 이동, 이민 제한 등 다양한 목적으로 활용되는 국가의 고유 권한이다. 마윈 회장은 다시 국가권력을 넘어서는 다국적기업의 영향력, 다국적기업의 빅데이터를 이야기한다. 국가 권한에 대한 도전을 떠나, 많은 사람이 전자상거래 세계 속에서 살아가는 시대에 은행 잔고가 신용 평가의 척도가 되지 못한다는 지적은 일단 일리 있어 보인다.

마윈이 빅데이터를 활용해 만든 알리바바 신용평가회사가 중국 3대 신용평가회사로 올라섰다고 한다. 가령 한국의 지마켓이 신용평가회사를 만들어 기존 신용평가회사를 다 밀어내 버린 형국이다.

재밌다. 자유롭다. 아무도 일하라고 하지 않는데
다들 늦게까지 즐겁게 일한다.
어떤 이야기든 할 수 있고, 모두 그 이야기를 경청한다.
한국 기업도 이런가?

인터넷전문은행

마윈 회장은 창업 시 한국 투자를 유치하려 뛰어다녔지만 끝내 거절당했다고 했다. 지금 그 제안을 받았던 사람은 땅을 치고 있을지 모른다. 10여 년이 흐른 2014년 마윈 회장은 본인의 전자상거래 플랫폼을 기반으로 결제 시스템, 금융, 물류, 신용 평가 등 다양한 사업군을 가진 거대 기업을 탄생시킨 후 한국을 향해 이렇게 말했다. "우리 알리바바가 중국에서 인터넷은행 사업을 개시하여 많은 서민에게 대출 등 도움을 주고 있습니다. 그런데 한국에서 이런 사업을 하려고 하니 원천적으로 불가능하게 되어 있더군요."

2015년 말, 한국은 인터넷전문은행 설립을 허용하고 K뱅크와 카카오뱅크를 사업자로 선정했다. K뱅크에는 알리바바가, 카카오뱅크에는 텐센트가 자금을 투자했다. 10년 전 알리바바의 제안은 거절하고 지금 다국적기업 CEO의 제안은 받아들여서 국내 핀테크의 첫걸음을 뗀 모양새다.

마윈 회장의 강연 및 사업 구상안을 듣다 보면 눈을 번쩍 뜨게 하는 발언이 한두 개가 아니다. 기억에 남는 비즈니스 철학을 소개하자면 첫째, 불편이 있는 곳에 비즈니스가 있다. 교통, 식사, 결제, 생활, 의료 등 어느 한 곳에라도 불편이 존재하면 반드시 돈 벌 기회가 있다는 뜻이다. 둘째, 신용은 돈이다. 알리바바는 전자상거래 구매자가 물품에 대해 만족할 때까지 수금을 늦추는 등의 방법으로 신용을 활용했다. 신용평가

회사도 마찬가지다

마윈 회장의 이야기를 듣고 있으면 한국 기업인 중 그의 적수가 될 만한 사람이 없는지 생각해 보게 된다. 자유로운 상상력과 열정을 바탕으로 무에서 유를 창조하고 창업 기업을 단숨에 글로벌 기업으로 성장시킬 수 있는 능력자가 우리 사회에는 없을까? 혹시 사회 시스템 및 규제가 이런 기업인의 성장을 막고 있는 것은 아닐까? 고 정주영 회장, 고 이병철 회장 등 한국 경제의 토대를 구축했던 기업인이라면 지금의 마윈 회장과 멋진 승부를 펼칠 수 있었을까?

알리바바그룹에서 한국 대학생 인턴을 받았다. 6주간 알리바바에서 일한 그들의 평가는 모두 이렇게 모아진다. 재밌다. 자유롭다. 아무도 일하라고 하지 않는데 다들 늦게까지 즐겁게 일한다. 어떤 이야기든 말할 수 있고, 모두 그 이야기를 경청한다. 한국 기업도 이런가?

이들의 소중한 경험이 한국 기업과 한국 사회에 전해져 개인의 창의적 아이디어가 존중되고 회사의 발전과 서비스 개선을 위해 자유롭게 토론하는 문화가 정착되며 한국의 기업이 기본적으로 정부 규제에 의해 창의력을 제약받지 않을 때가 되면 우리 사회에서도 마윈이 탄생하게 될 것이다.

06

세계 금융시장의 시계

전 세계가 사용하는 시간대가 다르고, 주가에 영향을 미치는 소식은 국내 시장이 폐장한 이후에도 세계 곳곳에서 발생하다 보니 증권가 애널리스트와 브로커는 아침 일찍 출근하게 마련이다. 밤새 미국 및 유럽에서 발생한 정보를 분석하여 국내 금융시장이 열리자마자 대응해야 하기 때문이다. 아직은 세계 금융시장의 시계가 미국에 맞춰져 있다. 10년 후에는 어떨까? 20년 후에는? 세계 실물경제의 중심이 아시아로 옮겨져 아시아가 세계 금융시장의 중심이 되면 유럽 및 미국의 브로커, 애널리스트는 아시아 시장에 반응하기 위해 밤잠을 설치고 아침에 출근하게 될까?

우선 GDP 규모를 보면 한·중·일을 포함한 아시아 국가의 GDP 규모는 전 세계 GDP의 30퍼센트를 초과한다. 중국이 WTO에 가입한 이후 아시아 국가의 GDP 비중은 더욱 높아지고 있다. 아시아 국가의 경제성장 모델은 금융 모델이라기보다 산업화 모델이나. 아시아 국가는 전통적으로 외자를 도입하여 제조업 경쟁력을 확보하고 수출을 통해 외화를 획득하고자 하였다. 금융 부분에 있어서는 자본시장이 발달하지 못하고, 은행 대출을 통해 기업이 필요로 하는 자본을 확보하는 형태였다. 따라서 아시아 국가의 경제성장 속도와 규모에도 기업금융 및 자본시장은 영미를 중심으로 발달한 만큼 그에 따라 움직이는 실정이다.

일본은 일찍부터 미국이 기축통화의 힘을 이용하여 세계 경제의 지배권을 유지해 가리라는 사실을 간파했다. 이에 전후 30년 만에 세계 2위의 경제 대국으로 성장한 자신감을 바탕으로 엔화를 결제 수단으로 하는 아시아 통화권 창설을 주장했다. 일본이 주도한 아시아개발은행(ADB)이 대표적인 예다. 하지만 당시에는 아직 중국이 외부 세계에 개방을 하지 않았고, 아시아 국가는 일본에 대한 역사적 적대감을 지니고 있었으며, 한국은 일본에 대해 라이벌 의식을 느낀 탓에 일본 주도의 아

"

세계 금융 전문가 중에는 중국의 금융 분야 자유화가
불완전하고 제도적으로 완전히 안정되지 못하기 때문에
중국의 급격한 세계 금융시장 통합을 막아야 한다고
주장하는 이도 있다.

"

시아 금융시장이 크게 성공하지는 못했다.

앞으로 세계 화폐시장, 금융시장은 어떤 모형으로 전개될까? 한·중·일 3국의 외환 보유고 규모는 전 세계 1~3위를 차지하고, 미국 국채는 중국과 일본이 1, 2위를 다투어 보유하고 있으며, 세계 10대 은행 중 네 개가 중국 은행이다. 2050년에는 전 세계 금융시장의 3분의 1을 중국이 차지하고 아시아 전체가 전 세계 금융의 50~60퍼센트 이상을 차지할 전망이다. 중국은 이미 AIIB를 출범시켰고, GDP 11조 달러에 자산운용시장 규모는 15.5조 달러인 나라로 성장하였다. 상하이는 홍콩을 대신해 아시아의 금융 중심지로 성장하고 있다.

이런 추세가 지속되고, 중국의 금융 개방으로 중국 증시와 채권시장이 전 세계 금융과 연결되기 시작하면, 그때는 틀림없이 서구의 애널리스트와 브로커는 아시아 금융시장의 개장과 폐장에 맞추어 분석 작업을 시작해야 할 것이다.

역설적으로 세계 금융 전문가 중에는 중국의 금융 분야 자유화가 불완전하고 제도적으로 완전히 안정되지 못하기 때문에 중국의 급격한 세계 금융시장 통합을 막아야 한다고 주장하는 이도 있다. 중국발 금융위기가 전 세계를 덮칠 것이 우려되니 오히려 중국의 자유화를 더디게 진행시켜야 한다는 주장인 셈이다. 아마 새벽에 출근하기 싫어서인지도 모르겠다. 이래저래 중국의 성장이 세계인의 일상을 흔들고 있다.

07

아메리칸드림 vs 중국의 꿈 (中國夢)

　미국과 중국이 세계 곳곳에서 정치, 경제, 문화, 인권 등 분야별로 G2
로서 기 싸움을 벌이고 있다. 시진핑 주석은 취임 이후 '중국의 꿈(中國
夢)'을 제창하면서 아메리칸드림에 맞불을 놓았다. 2021년 공산당 창당
100주년, 2049년 중화인민공화국 건설 100주년을 두고 중국이 나아갈
길을 제시한 것인데, 미국에서 유학하고 중국에서 근무하는 외국인(한
국인)으로서 아메리칸드림과 중국의 꿈에 대해 생각해 보았다.

　아메리칸드림은 다수 미국인이 지니고 있는 꿈이자 소망이다. 자유
주의, 인권, 민주주의 등 미국의 이상과 가치를 존중하고, 개인이 신분
상승을 위해 근면하게 노력하면 어떤 개인이라도 종교, 민족, 남녀에 관
계없이 균등한 신분 상승의 기회를 가질 수 있다는 꿈이다. 미국이라는

나라 자체가 이민자의 나라다 보니, 특히 아메리칸드림은 미국 내에서 보다 미국 바깥에서 이민자의 이상을 나타내는 표현으로 사용된다. 많은 개인이 자국의 종교적 박해, 가난, 정치적 압제, 전쟁, 남녀 차별을 벗어나 개인의 존엄과 자아실현을 구현하기 위해 미국으로 이주해 왔는데, 이런 개인의 열망과 꿈을 우리는 아메리칸드림이라고 부른다. 미국에서는 이민자들이 본인 세대에 또는 이민 2세대에 노력과 역량 발휘를 하면 창업에 성공하고, CEO가 되고, 주지사도 되고, 의사, 교수도 될 수 있다.

반면 중국의 꿈은 중국이 실현해 갈 국가 목표다. 수천 년간 전 세계 과학, 철학, 경제, 정치의 중심지였지만 아편전쟁 이후 낙후된 중국을 부흥시켜 다시 한 번 한나라, 당나라 등 과거의 찬란한 영광을 구현한다는 꿈이다. 중국의 꿈에는 인권, 기회 균등, 자유와 민주주의 등 인류의 보편적 이상과 지향점이 부족해 보인다. 또 아쉽게도 외국인을 위한 자리는 그 어디에도 없다.

중국은 인구가 많아서인지 이민을 거의 수용하지 않는다. 중국 국적

"

중국의 외국 유학생에게 주어지는 기회는 상당히 제약적이다.
외국인은 중국에서 국적을 취득하기 어렵고,
졸업 후 모국으로 돌아가 2년간 경력을 쌓아 온 사람이
아니면 취업 비자를 받을 수도 없다.

"

도 제한된 경우에 한해서만 부여한다. 외국인이 중국에서 창업해 마윈처럼 성공하고, 칭화대 학장이 되고, 상하이 시장이 되는 건 말 그대로 꿈 같은 이야기다.

이에 외국인의 시각에서 아메리칸드림과 중국의 꿈의 대결은 아메리칸드림의 판정승으로 끝이 난다. 아메리칸드림에는 인류 보편의 가치가 있고, 균등한 기회가 있기 때문이다. 실제로 중국 기업인과 아직 중국이 G2로서 미국보다 우위에 있지 못한 이유를 논의하면서 나는 아메리칸드림은 전 세계 70억 명의 꿈이지만 중국의 꿈은 14억 중국 인구, 그중에서도 한족의 꿈이기 때문이라고 답했다.

우리 유학생에게는 이 두 가지 꿈이 어떤 의미가 있을까? 먼저 재미 한국 유학생들은 아메리칸드림의 포용력 덕에 개인의 노력으로 미국 사회에서 성공할 수 있다. 미국 인재가 한국어를 배우는 확률이 낮기 때문에 한국어와 영어 두 가지 언어를 잘 사용하면 취업 기회가 보다 확대된다. 영어를 잘하는 한국 유학생은 취업 후 미국, 한국 외에도 유럽, 남미, 중국, 동남아 등 전 세계 국가에서 높은 활용도를 인정받기 때문에 이들에게는 취업 기회가 더욱 넓게 주어진다.

한편 중국에서 공부하고 있는 한국 유학생 수는 9만 명이다. 이들은 수적으로 성장한 만큼 질적으로도 많이 성장한 것으로 보인다. 한국 사회 곳곳에서 중국 전문가 10만 양병 논의가 나오는데, 가장 훌륭한 대상으로 거론되는 것이 바로 중국에 있는 한국 유학생들이다.

그런데 중국의 외국 유학생에게 주어지는 기회는 상당히 제약적이다. 외국인은 중국에서 국적을 취득하기 어렵고, 졸업 후 모국으로 돌아가 2년간 경력을 쌓아 온 사람이 아니면 취업 비자를 받을 수도 없다. 당연히 공무원도 될 수 없고 기업에 취직하더라도 CEO의 꿈을 꿀 수 없다. 일견 매년 쏟아지는 700~800만 명의 중국 대학 졸업생의 일자리를 보장하기 바빠 외국인은 취업 경쟁자로 포함시킬 수 없는 처지인 듯 보인다. 그런데 외국인뿐 아니라 소수민족도 중국에서 공무원, 정치인, 성공 기업인, 교수 등 사회적으로 인정받는 지위를 갖는 건 어려운 상황이다.

나아가 재중 유학생은 졸업 후 취업 전선에서 한국어와 중국어에 능통한 조선족 동포라는 강력한 경쟁 집단을 만난다. 최근에는 중국인 중 한국어학과를 졸업하고, 한국에서 유학을 마친 인재도 넘쳐 난다. 이들 역시 재중 한국 유학생의 강력한 경쟁자다. 게다가 중국어는 글로벌 마켓에서 활용도가 낮아 기업 채용 이후에도 미국, 유럽, 남미, 일본, 동남아 등 여타 국가로 보내질 가능성이 낮다. 이에 중국을 잊고 한국으로 눈을 돌려 보지만, 대학 4년 내내 취업을 준비한 한국 대학생의 스펙과 취업 준비 노하우를 이제 와 따라잡을 방법은 그 어디에도 없다. 중국이라는 거대한 시장을 예측하고 들어온 우리 젊은 인재의 현실은 이래저래 어렵다.

따라서 재중 한국 유학생은 중국어 외에 영어 등의 기타 외국어를 익힌다든가, 공학 등의 기술 전문성을 갖춘다든가, 양국의 경제·경영·기업에 대한 통찰력 있는 비교 역량을 기르는 등 자신만의 경쟁력을 찾기 위해 더욱 많이 노력할 필요가 있다.

동시에 국가 전체적으로도 이들을 도울 방법을 생각해 봐야 할 것이다. 가령, 재중 한국 이공계 인재를 대상으로 취업 비자 취득 전 2년 경력이라는 공백기를 메꿔 줄 인턴 프로그램을 운영하는 방법 등을 고민해 볼 수 있겠다.

현재 중국의 기술 수준은 놀라울 정도다. 매일 신문에는 세계 최장 고속도로, 세계 최장 해상 다리, 세계에서 가장 높은 도로, 장가계의 가장 높은 유리 다리, 세계 최장 고속철, 항공모함 건조, 위성 발사, 해외 원전 수주, 구이저우 성 핑탕현의 세계 최대 전파망원경, 세계 최고 수준의 핵융합발전소 등 중국의 미래를 밝힐 뉴스가 쏟아져 나온다. 재중 한국 유학생의 재능과 전문성, 네트워크가 필요한 시점이 반드시 올 것이다. 매년 쏟아지는 10만 명의 재중 유학생을 어떻게 활용할 것인지, 어떻게 도와줄 것인지 전 국민이 관심을 가질 시점이다.

더불어 '한국의 꿈'은 무엇인지도 생각해 보아야 하지 않을까?

밥, 밥, 밥, 밥을 잘 먹읍시다

화장품 기업 A 상무님은 20여 년의 중국 생활을 되돌아보며 이렇게 말씀하셨다. "제일 중요한 것은 미엔즈(체면)예요. 중국에서 어려운 일이 생겼을 때 문제 해결의 실마리를 가진 사람과 식사만 할 수 있다면 반 정도는 풀릴 가능성이 생긴 것이지요."

'일이 없어도 식사하고, 일이 있으면 (식사하면서) 처리한다(沒事吃飯有事辦事).' 이 말은 중국에서 유명한 경구다. 중국인이 식사를 얼마나 중요시하는지를 보여 준다.

식사와 관련된 재미난 사례가 많다. 한국을 대표하는 기업이 관할지 시에서 사기를 당했다. 소가가 10억 원대로 금액이 적지 않았다. 소송이 개시되었고, 당연히 승소를 했다. 그리고 얼마 후 상대방 측 항소로 2심이 시작되었다. (중국은 기본적으로 2심제다.) 그런데 2심 법원에서는 이 사건을 1심으로 환송하여 1심의 재판결을 요구했다. 1심에서 100퍼센트 승소했는데 다시 1심을 받으라니, 답답한 일이 아닐 수 없었다.

당황한 기업 관계자가 급히 영사관을 찾아왔기에, 사건 해결에 영향력을 가진 해당 시의 고위 간부에게 면담을 신청하였다. 식사 자리라면 더 좋다고 생각했다. 마냥 기다리기를 일주일, 드디어 같이 식사를 하겠다는 답이 전해져 왔다. 야호! 이제 문제의 반은 풀린 것이었다.

식사 협상은 쉽지 않았다. 부드러운 대화가 이어졌지만 중간중간 한중 관계의 역사 인식 차이가 드러나고 식은땀이 돋는 순간이 찾아왔다. 그렇게 두 시간 동안 식사를 하고 자리가 마무리될 때쯤 이 건을 다시 한 번 잘 살펴볼 테니 일단 안심하고 기다리라는 이야기를 들었다.

그로부터 4개월 후, 해당 기업 주재원이 귀국 소식을 알리며 전화를 해왔다. 그리고 그 사건에 대해서는 1심에서 승소한 원심을 다시 확인하였고, 상대 기업도 항소하지 않아 결국 모든 일이 잘 해결되었다고 알려 주었다. 그때 더없이 반가웠던 기분은 여전히 기억에 남아 있다.

또 한번은 가까운 시의 부시장님이 연락을 해왔는데, 마침 난징에 출장 중이어서 만날 수가 없었다. 저녁에 상하이로 돌아오면 같이 식사를 하기로 했는데, 난징에 저녁 행사가 생기는 바람에 갈 수가 없게 되었다. 그런데도 부시장님은 내가 돌아와 같이 식사를 할 수 있을 때까지 기다리겠노라 했다. 꼭 '식사'를 하자는 걸 보니, 분명 처리해야 할 일이 있나 싶었다.

마침내 다음 날 같이 저녁 식사를 했다. 부시장님은 시의 발전 방향을 설계하는 중인데 한국 상무영사의 의견을 듣고 싶다고 했다. 사무실에서 만나 얘기해도 될 일인데, 중국에서는 꼭 식사를 하며 분위기를 부드럽게 만든 다음 비즈니스 이야기를 시작한다. 식사 과정이 단순히 의식주라는 기본 욕구를 충족하는 데 그치지 않고, 상대방의 됨됨이나 상대방이 믿을 만한 파트너인지를 파악하는 과정이 되는 것 같다. 비즈니스는 그다음 시작된다.

사무실에 찾아온 이도 있었다. 상하이 핵심 구청의 상무국장이었다. 그런데 업무 얘기를 바로 하는 게 아니라 빙빙 돌려 하는 말이, 중국 기업 관계자와 같이 식사를 한 번 해달라는 것이었다. 상하이 중심지를 관할하는 상무국장의 요청을 거절할 이유는 없었다.

같이 식사를 한 상대는 한국 기업과 협력을 하고 싶으니 협력을 희망하는 한국 기업을 소개시켜 달라고 하였다. 이는 본래 나의 업무였기 때문에 전화상으로 얘기했어도 마땅히 도와줄 일이었다. 이메일로 얘기하거나 위챗(WeChat)으로 얘기해도 마찬가지였을 텐데, 여기 중국에서는 먼저 방문하여 식사 약속을 잡고, 식사 자리에서야 비로소 비즈니스 이야기를 꺼낸다.

기업 민원 관련 사례가 하나 더 있다. 한국 중소기업이 중국의 대기업과 계약을 맺었는데, 중국 기업에서 상황이 바뀌었다며 계약을 무효 처리할 것을 요구했다. 그리고 계약을 새로 맺지 않으면 영원히 거래 관계를 중단할 것이라고 위협했다. 중소기업 관계자가 3~4개월의 고민 끝에 영사관 사무실을 찾아왔다. 기업 간 업무 영역이라 조심스러웠지만 같이 가보게 되었다. 다행히 중국 기업의 총경리가 만나겠다는 답을 보내 왔다. 좋은 조짐이었다.

오후 5시에 시작된 면담과 협상은 7시가 되어 끝이 났다. 비즈니스 내용은 양쪽 기업이 협의할 내용이라서 함부로 끼어들 수 있는 성질의 것이 아니었다. 한국 기업의 현지 대표는 본사로부터 원 계약서 내용을 관철시키라는 지시를 받고 온 상태였다. 협상 수석대표가 재량권을 갖지 못한 상황이었기 때문에 양측의 협상이 원활히 진행될 리 없었다. 그래도 상무영사가 왔다고 두 시간은 성실히 협상에 나서 준 중국 기업이 고마울 따름이었다.

협상이 끝나고 상하이로 출발하려는데, 총경리가 나와 저녁 식사를 제안했다. 협상이 원만히 해결되지는 않았지만 두 시간 달려와 두 시간 협상하고 저녁 시간에 손님을 보내는 것은 예의가 아니라는 것이었다. 하지만 우리 기업 관계자는 중국 기업이 양보할 생각이 없는 만큼 식사를 같이 할 이유도 없다는 입장이었다. 어차피 한국 기업의 이해를 위해 참석한 자리였으니 내 의견이 중요할 수는 없었다. 미안한 마음을 전하고 상하이로 출발했다. 잘은 모르지만 같이 식사를 했다면 원만한 해결에 한 걸음 더 근접했을 것이었다. 아쉬웠다. (몇 달 후 원만히 해결되어 양쪽 기업은 새로운 계약을 체결했다.)

한국과 중국은 식사 문화가 서로 다르다. 의식주 중에서 가장 중요한 먹는 행위에 부여하는 의미가 다른 것이다. 많은 한국 기업이 중국 기업과 협상할 때 중국인의 만만디 성격을 답답해한다. 물건이 좋다는 결론이 나면 우리 기업은 바로 가격과 주문 물량을 물어보는데, 중국 기업은 천천히 식사나 하자고 한다. 이런 태도를 한국 기업은 이해하기 힘들어한다.

중국인에게는 당장 눈앞의 가격, 물량보다 장기적인 협력 파트너를 찾는 것이 더 중요하고, 우리 기업은 사람을 보기보다 물건과 가격과 물량을 본다. 중국인에게는 식사를 통해 서먹한 분위기를 깨고, 사람의 됨됨이를 파악하고, 장기적으로 신뢰할 만한 파트너인지를 파악하는 것이 비즈니스의 첫 단계다. 가격 및 물량 협상은 그다음이다. 사무실을 찾아오는 많은 중국 공무원, 중국 기업 관계자도 이 단계를 거친 후에 필요한 이야기를 꺼냈다. 손님도 많고 일이 많아 "앞으로는 이렇게 빙빙 돌지 말고 바로 이야기해 주세요", "그냥 문자 보내 주세요. 제가 해야 할 일이면 바로 도와 드릴게요"라고 종종 안내해 보았지만, 예상한 대로 몇천 년간 DNA로 전해져 온 중국인의 식사 및 비즈니스 문화가 그렇게 쉽게 변할 리는 없었다.

중국에서는 문제가 생겼을 때 급하게 뛰어다니기보다 평소에 가능한 많은 비즈니스 파트너와 자주 식사를 해둘 필요가 있다. 한국 사람끼리 모여 식사하고 회사 동료와만 식사를 하는 분위기의 기업이 있다면, 그 기업은 아직 중국을 모르는 것이다. 평소 자주 식사를 하는 비즈니스 파트너와는 문제가 발생할 확률도 훨씬 적다. 그러니 밥, 밥, 밥, 밥을 잘 먹읍시다.

中國一覽

2장

중국을 움직이는 시스템

08
13.5 규획의
의미

( )은 많은 부작용과 반대 의견에도 불구하고 산업을 부흥시켰고, 사회 간접 자본을 확충하고 일자리를 늘렸으며 경제성장의 장기적인 토대가 되었다는 데 큰 이견이 없다. 이 기간 중 농촌 인구의 급속한 도시 유입으로 도시화율이 높아지고 건설 수요, 일자리 창출이 늘어났다. 또한 외자 도입을 통해 공업 발전의 기초가 이루어지고 경공업부터 산업 경쟁력을 갖게 되었다. 해외 수요에 힘입어 수출도 확대되었고 중장기적인 무역 흑자의 기초가 탄생되었다. 다만, 외자 도입 지역과 비도입 지역, 도시와 농촌, 대기업과 중소기업의 2분화가 뚜렷해지고 경제와 사회의 불균형 성장으로 인해 부작용이 발생했으며, 외자 의존도가 심화되는 등의 부정적인 현상도 나타났다.

(   )은 어느 나라의 무슨 계획에 대한 설명일까?

① 한국의 경제개발 5개년 계획

② 중국의 ○○.5 규획

정답은 ①, ② 둘 다이다.

한국의 경제개발 5개년 계획은 전쟁 후 피폐한 한국의 산업을 부흥시키는 데 큰 역할을 했다. 인력, 외자, 제도, 금융 등 사회 각 분야의 자원을 경제 발전에 투입하여 원하던 성과를 창출했다. 제5차 5개년 계획 기간을 제외하고 제1~4차 5개년 계획은 경제성장률 목표치를 모두 초과 달성하면서 두 자릿수 경제성장률을 이끌었다. 제2차 5개년 계획은 제1차 5개년 계획을 계승하여 발전시키고, 제3차는 2차를, 제4차는 3차를 계승하여 발전시키면서 중장기적인 국가 발전의 방향을 제시할 수 있었다.

중국 역시 5년마다 경제성장 전략을 제시하고 있다. 과거 한국이 그랬던 것처럼 다음 5개년 계획은 앞의 5개년 계획을 계승하여 발전시키는 내용으로 수립된다. 이전 계획에서 10년 내 달성하겠다고 밝힌 목표가 다음 계획에서는 5년 내 달성하는 것으로 좁혀지는 것이다. 물론, 환경 및 녹색산업, 연구 개발(R&D)에 대한 투자 등 목표에 비해 결과 달

"

왜 우리는 우리나라의 경제개발계획도 아닌
이웃 나라 중국의 5개년 경제 발전 계획을 주목할까?

"

성 정도가 낮은 분야도 있다. 그러나 이런 분야도 그 방향에 있어서는 국가가 설정한 바를 따르고 있어 놀라움을 안겨 준다.

빌리까시 사시 밀꼬 최근 10년 전으로만 되돌이가 보자. 중국이 2006년부터 2010년까지의 계획인 11.5 규획은 '신형 공업화의 길'을 내세우며 장비 제조업 국산화, 제품 업그레이드, R&D 투자 확대 등을 목표로 내걸었다. 그리고 대부분의 경제 전문가와 기업인은 11.5 규획이 내건 목표를 다 달성한 것으로 분석한다.

다음 2011년부터 2015년까지의 12.5 규획에는 신성장동력산업을 육성하기 위한 '7대 신흥전략산업'이 제시되었다. ① 에너지 절약 및 환경 보호, ② 차세대 정보산업, ③ 생물산업, ④ 신에너지, ⑤ 신에너지자동차, ⑥ 첨단 장비 제조업, ⑦ 신소재 산업의 발달을 위해 이들 산업에 대한 GDP 비중 목표치를 제시한 것인데, 2010년 당시 GDP 대비 비중이 3퍼센트 수준인 이들 산업 비중을 2015년에 8퍼센트, 2020년에 15퍼센트로 높인다는 것이 그 계획이었다. 2015년 이들 7대 신흥전략산업의 GDP 비중이 8퍼센트에 이르면서 궁극적으로 목표치가 달성되었다. 또한 최근 중국 정부의 신재생에너지 지원 정책, 전기차 지원 및 IT서비스 강화, 환경 강화 정책을 고려하면 이들 산업이 중국의 GDP에서 차지하는 비중이 2020년에는 15퍼센트에 이를 것이라는 낙관적인 예측이 지배적이다. 이쯤만 해도 이미 놀랍다.

2016년부터 2020년까지의 계획인 13.5 규획은 앞선 5개년 계획을 전부 계승하여 발전시키는 것을 목표로 한다. 11.5 규획의 신형 공업화와 12.5 규획의 신흥전략산업을 결합하고, 독일의 공업 혁명 4.0을 참고

한 데다 신형 정보화 계획을 결합하여 2025년까지 중국을 제조 대국에서 제조 강국으로 발전시키는 국가 목표를 제시한 것이다. 여기에는 반도체산업 등의 전략 산업에 대한 투자 계획까지 포함되어 있다. 이 밖에 최근 급성장한 중국의 IT서비스 발전 추세를 감안하여 모바일, 클라우드 컴퓨팅, 빅데이터, 사물 인터넷을 제조업과 융합하여 전자상거래 및 인터넷 금융 발전을 도모하는 거대한 국가 비전도 제시하였다. 그 결과는 5년이나 10년이 지난 시점에서 다시 한 번 살펴보도록 하자.

그런데 왜 우리는 우리나라의 경제개발계획도 아닌 이웃 나라 중국의 5개년 경제 발전 계획을 주목할까?

무엇보다 기업 및 시장에 끼치는 영향 때문이다. 중국의 거대 경제 발전 계획이 발표되면 국영기업, 은행뿐 아니라 중국의 민간기업도 이에 호응하여 투자 계획을 수정하는데, 그러고 나면 거대한 자금 이동 현상이 발생했다. 적어도 12.5 규획 때까지는 그랬다.

중국의 거대 투자는 해당 산업 분야에 단기적으로 시장 및 수요 창출, 일자리 창출, 주가 상승 등의 긍정적인 결과를 가져왔지만 좀 지나칠 경우에는 단기간 내에 공급과잉을 불러일으켜 글로벌 치킨게임을 유발했다. 그 결과 국가의 지원과 연관된 내성을 가진 중국 기업만 살아남고, 세계 각국의 기업은 어려움을 겪게 되는 과정을 여러 번 보아 왔다.

하지만 동시에 단기적으로 비즈니스 기회가 열리는 것으로 생각할 수 있다. 실제로 2008년 국제 금융위기 극복 과정에서 중국 정부의 4조 위안에 가까운 투자가 건설 수요 증가로 이어지자, 한국 및 각국의 굴삭기 제조업체가 큰 호황을 누렸다. 물론 결국 공급과잉으로 이어져 그

여파가 지금까지 이어지고 있기는 하다. 하지만 비즈니스를 보는 기업은 여기서 이미 분명한 교훈을 얻었을 것이다. 그리하여 13.5 규획의 반도체산업 투자 및 육성 계획이 반도체 강국 한국 기업 및 정부의 정책에 큰 영향을 끼칠 것이라고 예측할 수 있다.

국가 전략 차원에서 대응할 필요가 있다. 14억이라는 인구를 가진 국가, 1년 GDP가 11조 달러가 넘는 나라의 미래가 궁금하지 않은가. 이런 계획은 그 미래를 엿볼 수 있는 단초를 제공해 준다. 한국이 1960년대부터 1980년대 초까지 경제개발계획을 통해 성장한 것처럼 중국이라는 거대한 나라가 다양한 정책 자원을 동원하여 일정 방향으로 움직이고 있다는 것은 흥미로운 사실이다. 중국에서 1953년 제1차 5개년 규획이 발표된 이후 지난 60여 년간 중국의 GDP는 400배가 늘었고, 무역 규모는 2,500배 이상 성장했다. 중간에 대약진운동 및 문화대혁명이라는 장애물이 있었다는 사실이 무색할 정도의 성과다.

경제개발계획에 따라 나라를 성장시킨 경험을 가진 나라는 아마 일본, 한국, 중국 정도가 아닐까 생각된다. 한국과 일본은 이미 일정 단계의 성장을 이룬 후 민간에 자율권을 넘겼으니, 이제 중국 차례. 경제 주도권을 민간에 넘길 단계에 아직 이르지 않았다면 중국은 향후에도 상당 시간 동안 정부의 발전 계획에 따라 움직일 가능성이 있다. 또한 가지 생각해 볼 점은, 한국과 일본은 제조업 육성 전략까지 경제개발계획이 시대적 사명을 다했다는 사실이다. 중국은 사회주의 체제하에서 경제가 이미 서비스산업 단계로 이행하고 있는 시점인데, 이때 서비스산업을 (인위적으로) 육성한다는 계획을 가지고 있으니 이는 인류사에 없던 거대한 경제 실험과도 같다.

중국은 흔히 코끼리에 비유된다. 기원전 200년경 카르타고의 한니발은 코끼리 부대를 이끌고 알프스산맥을 넘어 이탈리아의 북부로 진격했다. 트레비아 전투와 칸나이 전투에서 한니발은 부하 장병은 물론 심지어 코끼리까지 일사불란하게 지휘함으로써 로마군을 격파했다. 그로부터 400년 후 남쪽 지방을 정벌하고 북쪽의 위나라와 대결하는 것이 낫다고 판단한 촉나라의 제갈공명은 남만왕 맹획을 쫓아 오늘날의 윈난 성, 미얀마, 라오스로 진격했다. 이때 남만정벌군은 생전 처음 본 (맹획이 동원한) 코끼리 군단의 일사불란한 공격에 맞서 어려움을 겪어야 했다.

14억 인구, 11조 달러의 GDP를 내세우는 코끼리 같은 국가는 전대미문의 국가 경제 발전 계획에 따라 향후에도 일사불란하게 진격할 것이다. 그 거대한 역사의 현장을 우리는 지나고 있다.

09
호구야 호구!

중국 정부는 계획경제체제가 형성되는 중인 1958년에 호구제도를 만들었다. 이는 일종의 인구등록제도다. 모든 중국 국민은 출생지에서 발급되는 호구에 따라 호구지에 등록된다. 이에 따라 특히 '농업호구'와 '비농업호구' 간에 보이지 않는 벽이 생겨났고, 도시와 농촌이라는 이원구조가 형성되었다. 중국의 호구제도는 한국의 호적제도와 비교해서 보면 이해가 쉽다.

한국의 호적제도는 기본적으로 한국이라는 나라 내에서 지역 간 이동, 사회보장제도 이용 등에 아무 제약을 주지 않는다. 그러나 중국 호구제도의 가장 큰 특징은 자유로운 인구 이동을 금지한다는 점이다. 관리적인 측면이 훨씬 강해 보인다. 또 호구제도에는 호구자에 대한 차별

정책이 존재한다. 미국에서 연방 시민권 취득에 따라 발생하는 차별과 비슷한 것으로 볼 수 있을 텐데, 호구제도는 자기 지역 호구자에 대해서만 교육, 부동산, 사회보장에 대한 특혜를 보장하고, 일종의 신분제처럼 세습되는 개념이기 때문에 베이징, 상하이 등 대도시 호구를 취득하는 것은 한 가문의 영광이요, 한 가문이 몇 대에 걸쳐 계급 상승을 이루어 내는 첫걸음으로 취급된다. 호구제도를 비롯하여 이와 관련된 인구 관련 정책 통계는 중국의 경제정책, 중국의 미래상에 가장 큰 영향을 끼칠 것으로 예상된다.

현재 농업호구를 가졌지만 호구제의 취지에 관계없이 연안 대도시에서 생활하는 인구가 약 2.7억 명에 이른다고 한다. 엄청난 규모의 인구가 대도시에서 민권 없는 불법체류자 신분으로 임시직을 전전하며 생활하는 것이 중국의 현실이다. 중국 정부 역시 농민공이 정치·사회적 불안정을 유발하면 사회주의 체제 유지에도 위협이 될 수 있다고 분석하여 정책 수립에 만전을 기하고 있다.

호구제도 및 인구정책이 중국 경제에 끼칠 영향은 크게 두 가지로 정

"

상하이, 화둥 지역의 가정부 월급이 윈난 성 가정부 월급보다
세 배가 많은데도 상하이에서는 보모를 구하지 못하고,
윈난 성에서는 일자리를 구하지 못한다.
왜? 바로 호구제도 때문이다.

"

리할 수 있다.

인구 보너스와 경제성장률

인구 보너스(人口紅利)는 생산가능인구의 증가를 의미한다. 중국의 경제성장 경착륙 논의에서 가장 자주 거론되는 것이 바로 중국의 인구 증가율 감소 현상이다. 한 가구 한 자녀 정책을 오랫동안 시행한 중국의 인구 증가율이 낮아진 결과 생산 가능 노동력이 감소하고, 가처분소득 및 총수요가 줄어듦에 따라 중국의 경제성장률 역시 급격히 감소될 것이라는 주장이다. 중국 정부는 생산가능인구가 감소하는 데 따른 부작용과 우려를 완화하고자 2016년 공식적으로 한 가구 한 자녀 정책을 폐지했다. 일본의 잃어버린 20년, 한국의 성장 잠재율 하락의 가장 큰 원인으로도 급격한 노령화가 지적된다. 중국에서도 한 가구 한 자녀 정책에서 비롯된 수천만 노동자의 공급 감소 현상이 경제에 적지 않은 부담을 끼치리라는 분석이다.

도농 격차 확대

중국의 미래에 대해 비관론자들이 가장 자주 제기하는 문제가 중국 사회 내의 이중구조다. 도시와 농촌, 연안과 내륙, 공업과 서비스업, 국영기업과 민간기업 간의 격차를 해소하지 못하면 사회 통합이 저해되고 국가의 장기 발전에 지장을 초래한다는 내용이다. 개혁·개방 이후 중국 정부는 동부 연안 지역 도시를 중심으로 하는 불균형 성장 정책을 추진했다. 현재까지는 성공적이었다는 평가를 받지만, 사회 곳곳에서 불균형과 이중구조에 대한 시정을 요구하는 목소리가 높아지고 있다. 이제 이 문제를 정면으로 다루지 않고는 사회 통합 정책을 수행하기 힘든 지경이 되었다.

외국인들이 잘 이해하기 힘든 지역 간 이동 통제가 중국이라는 국가에게 어떤 의미인지 참고할 만한 국제 사례가 있다. 바로 유럽연합(EU)이다. 경제통합은 FTA(역내 관세 철폐) – 관세동맹(역외 공동 관세 부여) – 공동시장(역내 생산요소 자유이동) – 경제동맹(단일 화폐 사용)의 단계로 이루어진다. 다른 국가 간의 세 번째 경제통합 단계에서야 가능한 것이 생산요소의 자유이동이다. 그런데 중국의 경우 한 국가 내에서 이것이 금지되는 것이다. 상하이, 화둥 지역의 가정부 월급이 윈난 성 가정부 월급보다 세 배가 많은데도 상하이에서는 보모를 구하지 못하고, 윈난 성에서는 일자리를 구하지 못한다. 왜? 바로 호구제도 때문이다. 이 호구 정책이 중국의 이중구조를 재생산하고 있는 것이다.

이 두 문제와 관련하여 푸단대, 상하이자오퉁대 등의 경제·경영학 교수의 논의 자리에 참석한 적도 있고, 그들의 발표 자료도 직접 접해보았다. 외부의 시각에서 해결하기 어려워 보이는 노동력 부족 현상과 이중구조에 대한 중국 전문가의 해답은 간단하였다.

첫째, 호구자의 지역 이동을 일시적으로 푼다. 호구 이동을 일시적으로만 풀어도 약 1억 명에 가까운 노동력 공급 부족 문제를 해결할 수 있다. 호구 이동 제약으로 한 부모가 고향을 떠나 농민공으로 사는 탓에 편부모 슬하에서 고향을 지키고 있는 아동(유수 아동)의 수가 6000만 명이 넘는다고 한다. 따라서 일시적으로 제약을 풀면 노동 공급과잉 지역에서 노동 수요 과잉 지역으로 인구가 이동하게 되어 중국의 인구 보너스가 되살아난다.

둘째, 퇴직 연령을 조정한다. 현재 중국에서 여성 퇴직 연령은 55세, 남성의 퇴직 연령은 60세다. 여성 퇴직 연령을 가령 58세로 조정하면 어떻게 될까? 역시 1년 안에 수천만 명의 노동 공급이 늘어난다.

셋째, 위 두 가지 조치를 한꺼번에 취하면 1인당 GDP 격차라는 지역 간 불균형이 상당 부분 개선될 수 있다. 1인당 GDP = GDP/인구수로 정의된다. GDP가 높은 동부 연안 대도시에서 인구가 늘어나면 1인당 GDP는 하락하지만, 중서부 내륙 지방에서는 인구가 줄어들면 1인당 GDP가 상승한다.

역시 대국답다는 생각을 한다. 중국 경제에 대해 비관적인 자본주의 이론가 시각으로는 상상하기 어려운 독특하고 기상천외한 정책 수단이다. 그 핵심에 인구정책, 호구제도가 자리하고 있다.

10
통계 맞춤형 서비스

    중국 정부가 발표한 2016년 3분기 경제성장률은 6.7퍼센트였다. 1분기도 6.7퍼센트, 2분기도 6.7퍼센트였는데 3분기도 6.7퍼센트로 맞아떨어지자 전 세계가 시끌벅적했다. 역시 중국 통계는 믿을 것이 못 된다는 말이 여기저기서 나왔다. 남은 4분기도 6.7퍼센트일 것이며 그럼으로써 2016년 경제성장률 전망치(6.7%)에 맞춰 통계를 통제하려는 의도가 담겨 있다는 지적이었다.

    지방정부를 방문하면 반드시 지방정부의 경제 발전 상황에 대한 브리핑을 듣게 된다. 이를 듣다 보면 재미있는 점을 발견할 수 있다. 모든 소개에 "전년도 장쑤 성 전체의 경제성장률은 a퍼센트였는데, 우리 시는 이를 초월하여 플러스 2퍼센트만큼 성장하였습니다" 등의 문장이 들어 있다. 약방의 감초 같은 소개다. 평균은 평균을 밑도는 것과 웃도는 것을 합한 후 나눔으로써 만들어지는 것이기 때문에 전체 평균 성장을 밑도는 도시도 있어야 하는데, 그런 도시는 이제껏 만나 본 적이 없다. 신기하다. 중국 서른한 개 성시의 지역 GDP 합계는 중앙정부의 GDP 총합보다 7퍼센트 이상 많다. 관세율도 비슷하다. 중국 정부는 대외 관세율이 평균 8퍼센트라고 하는데, 실제 기업들은 대부분의 품목에 두 자릿수 관세율이 적용되므로 평균이 8퍼센트라는 것이 이해가 되지 않는다고 한다. 통계자료 원본을 갖고 있지 않으니 진위를 파악하기기 쉽지 않다.

GDP만 놓고 보면, GDP 작성 인원이 10만 명에 이르고, 산업 분류가 국제 분류 체계와 다른 탓에 중복 및 누락된 부분이 많다고 한다. 아직 통계 수립 능력 자체가 국제 수준에 부합하는 통계를 생산할 역량이 안 된다는 지적도 있다. 여기에 승진의 잣대가 되는 지방 지도자의 실적이 지방 경제성장률에 달려 있으니 조금씩 과장하려는 정치적 의도가 더해지기도 하는 것 같다. 성시별 GDP를 작성할 때 농민공 등 비호구 거주자를 어떤 성시의 인구로 두느냐에 따라 1인당 GDP가 크게 달라지는

> **"**
> 어느 날 중국 정부가 태극권과 광장무를 무료로
> 단련하는 것을 금지시키면 어떻게 될까?
> 그러면 무엇보다 중국의 GDP가 급격히 늘어날 것 같다.
> **"**

것은 자명한 결과다. 지방정부를 방문해 GDP 성장률 소개를 받을 때 신경 써서 봐야 하는 부분이기도 하다. 어떤 지방정부는 중앙의 보조금을 더 수령하기 위해 GDP를 축소하기도 한다.

　중국은 사회주의 경제 체제가 자본주의 경제 체제로 전환되고 비화폐경제가 화폐경제로 전환되는 과정 중에 있다. 과거 교육, 의료, 복지 등 국가가 책임지던 부분을 민간이 떠맡자 GDP는 급격한 상승률을 기록했다. 과거 사회주의 체제하에서 국가 소유였던 토지의 소유권, 사용권을 민간 부분에 양도하자 과거 GDP에 포함되지 못했던 가치가 실제 가치로 반영됨으로써 부동산 가격이 폭등하고 그에 따라 GDP도 급등한 것이다.

　역으로 중국에는 정부 입장에서 GDP를 성장시킬 수 있는 방법도 다양하게 존재한다. 태극권과 광장무를 금지시키는 방안도 그중 하나다. 매일 아침저녁으로 공원과 광장에서 볼 수 있는 중국인의 국민운동 태극권과 광장무는 긍정적인 기능이 정말 많다. 무료로 운동하면서 건강을 관리할 수 있고, 나이가 들어서도 사회 활동을 이어갈 수 있어 정신건강 측면에 크게 도움이 된다. 사회적으로도 의료비용 부담을 덜어 준다. 중국이라는 나라의 가장 큰 무형적 자산이라는 생각이 든다. 그런데 어느 날 중국 정부가 태극권과 광장무를 무료로 단련하는 것을 금지시키면 어떻게 될까? 그러면 무엇보다 중국의 GDP가 급격히 늘어날 것 같다. 유료로 태극권을 가르친다면 소득(또는 지출)이 GDP에 반영될 것이고, 태극권 참여를 포기하여 가령 감기에 걸리거나 건강이 악화되어 병원에 가게 되면 지출 행위가 발생하기 때문이다.

태극권, 광장무 그리고 기타 각종 무료 사회 활동에 참여하는 중국인의 인구를 3억 명이라고 하자. 이들 활동을 비용으로 지출시켜 보자. 1년에 500달러라고 한다면, 경제적 가치가 3억 명×500달러＝1500억 달러가 된다. 한국의 대중국 수출 물량에 해당하는 금액이 중국의 GDP로 늘어나게 되는 것이다.

또 법정 퇴직 연한을 늘려 보자. 현재 중국에서 퇴직 연령은 여성이 남성에 비해 5~10년 빠르다. 1953년 제정된 노동보험조례에 일반직 여성은 50세, 관리자 여성은 55세, 남성의 경우 60세로 규정되어 있어 남성이 여성에 비해 최장 10년까지 더 일할 수 있다. 당국은 2020년까지 퇴직 연령을 65세로 연장하는 방안을 추진하고 있다. 이런 사회정책들은 GDP에 어떤 효과를 가져올까? 생산 가능 인력의 지속적인 공급으로 GDP 역시 늘어나는 방향으로 움직일 것이다.

무역수지 부분에 대한 통계도 재미있다. 한국과 중국 각각의 통계를 비교해 보면 금액 차가 크게 나타난다. 중국 측 통계의 무역 적자 규모는 한국 측 통계에 드러나 있는 것보다 그 규모가 크다. 2015년 한국은 중국과의 무역수지 흑자가 460억 달러라고 밝혔지만 중국은 2015년 한국으로부터의 무역 적자가 730억 달러라고 발표했다. 중국 측이 한국에 대해 무역수지 불균형을 해소할 것을 주장하는 이유가 된다. 또 미국과 중국의 무역수지 통계에서는 반대 현상이 나타난다. 중국은 대미 무역 흑자가 크지 않다고 주장하고, 미국은 대중국 무역 적자가 더 크다고 주장한다. 이는 수입국과 수출국의 물품 대금 집계 방식의 차이 때문이기도 하고, 홍콩 포함 여부에 따라 통계 차이가 발생하기 때문이기도 하다. 홍콩을 중국에 포함시키는 경우와 분리하는 경우 금액 차이가 크게 난다.

이래저래 재미있는 나라 중국이다.

11
내가
주인이요

비가 오니 집에 물이 샌다. 페인트칠이 벗겨지고 담장에 금이 간다. 방충망이 찢어지고 수도관이 누수된다. 임대 기간이 1개월 남은 세입자는 굳이 수고해서 고칠 생각이 없다. 집 주인에게 전화해서 고쳐 달라 하기도 귀찮다. 좀 불편하지만 그냥 이대로 살고 1개월 후 이사 갈 생각 뿐이다. 하지만 그 집에 오래 살아야 할 집주인이라면 방충망을 수리하고 수도관을 교체하고 물이 새는 곳을 수리하여 집의 상태를 최선으로 유지할 것이다. 주인과 세입자의 차이다. 자기 소유 물건에 대한 책임감과 주인 의식은 주인만이 가질 수 있다.

중국 엘리트 관료와의 만남은 늘 신선한 기쁨을 준다. 국영기업도 그렇지만 특히 지방정부 엘리트 중 'ㅇㅇ시 당 선전부', 'ㅇㅇ현 당공위 주임'등과 같이 명함에 공산당 직책을 달고 있는 간부들을 만날 때 특히 그렇다. 중국 공무원과 한국 공무원을 한번씩 비교해 보는데, 중국 공무원은 첫째, 외교 활동비라서 그런지도 모르겠는데 식사비용 등의 예산 집행력이 크다. 식사를 중요시하는 중국 문화, 외교 활동 및 외자 유치 활동에 대한 지원 등의 이유에서인지 좀 더 편하게 예산을 집행하는 것처럼 보인다. 둘째, 민간에 끼치는 영향력의 범위가 크다. 기업 관련 문제가 생겨 지방정부에 도움을 청했을 때, 의사결정력이 있고 합리적인 엘리트를 만나면 기업, 언론, 법원 등 다양한 방면과 교류한 이후 해결책을 제시해 준다. 셋째, 의리와 온정이 있다. 그래서 친구가 되고 나면 공적인 분야의 업무도 훨씬 수월하게 처리할 수 있다. 공무원에게는 드문 모습이다.

가장 놀랍고 배우고 싶은 것은 공산당 간부들의 주인 의식과 책임감이다. 중국 공산당은 1921년에 창당되었다. 당시 상하이에서 개최된 창당 모임에 참가한 당원 수는 열세 명이었다. 창당 대회 당시 가입자 수가 50명에 이르지 않은 미니 정당이 당시 공산당이었다. 창당 100주년

"

중국 공산당원의 수는 8000만 명이다.
한국의 인구는 5000만 명이다. 치열한 국제 경제 질서,
특히 글로벌 경기 둔화로 제한된 시장에서 우리나라는 중국과
치열하게 경쟁도 하고 협력 전략도 짜야 한다.

"

을 앞둔 오늘날 중국 공산당에 가입한 당원 수는 8000만 명이 넘는다. 이들은 정부, 기업, 학계 등에서 지도자로 맹활약하고 있다.

공산당 가입을 위해서는 긴 시간에 걸쳐 시험, 면접, 주변 평가 등 까다로운 절차를 거쳐야 한다. 그래서 당의 결정에 대한 일반인들의 심리적 수용성이 높다. 당원들은 조직 내에서 나이에 관계없이 중요한 의사 결정 토론에 참여하고, 인사, 조직 관리, 홍보 등 핵심 업무에도 종사하다 보면 입당 이후에 더욱 빠르게 성장한다. 가입할 당시에도 인재였고 이후 조직적 차원에서 인재로 양성되다 보니 이들에게는 주인 의식이 강하게 형성된다. 공통적으로 본인의 직접적인 업무가 아니더라도 국제 관계, 역사 문화, 과학 발전 등에 대해 의견과 주관이 강하고, 중국의 국익에 관련되는 일이라면 자기 일처럼 흥분하며 적극적으로 방어한다. 중국이라는 나라를 우리 당이 이끌어 간다는 엘리트 의식과 주인 의식이 강해서 그런 것 같다. 대화를 하다 보면 이들의 머릿속에는 '부국강병'밖에 없다는 생각이 든다.

중국 공산당은 당 이름이 바뀌지 않고 거의 100년간 이어져 오고 있다. 긴 생명력을 자랑하는 정당으로, 가입자 수 증가가 가장 빨랐던 정당이며, 가장 오랫동안 집권하고 있는 정당이자, 전 세계에서 가장 많은 당원을 가진 정당이고, 중국의 입법, 사법, 행정, 군사를 총괄한다는 의미에서 세계에서 가장 큰 영향력을 가진 정당이다. 무엇보다 주목할 점은 그 규모와 덩치에도 불구하고, 그 오랜 역사와 전통에도 불구하고, 유연하게 변화를 잘 받아들이는 포용력 큰 정당이다.

중국 공산당의 지도 이념인 '1개 사상, 2개 이론, 1개 관점'을 보면 알 수 있다. 1개 사상은 마오쩌둥의 사상이 당의 유일한 기본 사상이라는 의미이고, 2개 이론은 이후 지도자인 덩샤오핑 이론과 장쩌민의 '3개 대표론'을 의미한다. 1개 관점은 후진타오가 앞선 사상과 이론을 재해석해 발전시킨 '과학적 발전관'을 의미한다. 각 지도자를 모두 포용하다니 놀라운 일이다. 전임자를 배제하고 자기를 세운 사람이 없고, 뒤에 온 지도자를 전부 당이 기억할 국가 지도자의 위치로 승격시켰다. 내용을 들여다보면 역시 유연성과 포용력에 감탄을 금할 수 없다. 마오쩌둥 사상은 서구 유럽 자본주의 발전 과정에서 발생한 폐해를 지적한 마르크스레닌주의를 포함한다. 덩샤오핑은 여기에 경제 발전 이론을 더했다. 장쩌민의 3개 대표론에서는 중국 공산당이 선진생산력(자본가), 선진문화발전(지식인)의 이익도 대변한다면서 포용력을 더 넓혔고 후진타오의 과학적 발전관에서는 사회 조화 문제를 내세워 소외 계층을 포용하려 하였다.

장쑤 성 화이안 시는 현대 중국을 있게 한 숨은 실력자 저우언라이 전 총리의 고향이다. 이곳 기념관에 방문했을 때, 젊은 당원의 입당식을 보게 되었다. 오성홍기를 들고 저우언라이 동상 앞에서 진지하게 맹세를 하고 선언을 하는 모습이었다. 다른 사람 눈에도 신기한 광경이었던지 관광 중이던 외국인이 연신 셔터를 눌러 대고 있었다. 사회주의 혁명이라든가 선언에 사용되는 단어는 지금 시대에 적합하지 않고 생경했지만 잘 보이지 않는 중국의 속내인가 싶어 나도 관심이 갔다. 젊은 사람들의 열정이 놀라웠다.

주인 의식이 굳이 국가에만 해당되는 단어는 아닐 것이다. 기업 민원

중 주인 의식과 관련된 안타까운 사례가 있었다. 한국의 모기업이 법정 관리에 들어갔다. 중국 현지 법인은 문서조작 사기를 당해 중국 파트너에게 넘어가고 있었다. 한국 본사에서는 전화 한두 통으로 문의를 해왔다. 얼른 중국으로 들어와서 문제를 해결하자고 했더니, 법정관리 중이라 해외 출장 허락을 담당 판사에게 받아야 한다고 했다. 시간이 오래 걸린다고 했지만 관심도 떨어져 보였다. 거대 조직 속의 월급쟁이 신분 부장에게 기업의 손실에 어떻게 그렇게 무관심하냐고 질책할 수는 없었다. 법정관리인도, 담당 판사도, 채권 은행인 국책은행도 도대체 누가 이 기업의 주인인지 모르겠다는 생각을 했다. 주인이면 기업이 이렇게 넘어가는데 방치할 리 없었다.

중국 공산당원의 수는 8000만 명이다. 한국의 인구는 5000만 명이다. 치열한 국제 경제 질서, 특히 글로벌 경기 둔화로 제한된 시장에서 우리나라는 중국과 치열하게 경쟁도 하고 협력 전략도 짜야 한다. 주인 의식을 가진 8000만 중국인과 전체 5000만 중 일부 주인 의식을 지닌 몇 퍼센트 한국인이 지략 대결을 벌인다면, 그 결과는 불 보듯 뻔하다.

12
순시관(巡視官)을 아시나요?

　현대사회에서는 낯선 이름인 순시관은 중국의 한나라 시대에 근간이 완성된 지방 조직을 관리 감독하는 중앙의 직급으로 볼 수 있다. 중국의 암행어사라고 하면 감이 올 것이다. 삼국지에서 장비는 중앙정부에서 내려온 순시관이 뇌물을 요구하자 그를 나무에 묶어 놓고 매질을 하여 유비를 곤란하게 한다. 중국에 근무하면서 순시관을 여러 번 마주쳤다. 과거 역사책에 나오는 이미지와는 사뭇 달랐다. 현대의 순시관은 행사에 와서 축사도 하고 미팅도 하고 기업을 방문하기도 한다.

　한중의 민간협회가 한국 산업통상자원부(산업부)와 중국 상무부의 후원 아래 개최한 행사에서 중국 상무부의 순시관을 만난 적이 있다. 중앙부처의 행사라 상무부에서 축사를 해야 했는데, 그날 순시관이 와서 축사를 했던 것이다. 일정을 물어보니 상하이 상무위원회와 미팅이 있고, 지방 기업들을 방문한다고 했다.

하위 조직에도 순시관이 있다. 상하이의 구정들이 행사를 개최할 때 상하이 상무위원회 순시관들이 와서 축사를 하고 구청 간부들과 미팅을 가지는 경우를 보았다. 해당 구청 상무 담당자들과 미팅을 하고 소재 기업들을 말 그대로 순시하는 것이다. 구청 아래 하위 단위 행정 조직인 진(鎭)에는 구청의 상무위원회 순시관이 내려간다. 한국으로 따지면 감사관이라고도 할 수 있어 보이는데, 한국의 감사관은 축사를 하거나 경제정책 관련 미팅을 하거나 기업을 찾아다니면서 건의 사항을 발굴하는 업무는 하지 않는다.

중국 지방정부 행사에서 가장 많이 만나는 조직은 ○○시 상무위원회 또는 상무국, 초상국, 개발구 관리위원회 등이다. 상무위원회에서 나를 소개할 때 중국의 상무부에 해당하는 한국의 산업부에서 파견 온 상무영사라고 하면 지방정부 상무위원회 간부들이 그렇게 반가워할 수가 없다. 자기도 상무부에 해당하는 상무위원회 소속이며, 우리가 같은 조직이라는 것이다. 중앙 부처에 근무하면서 지방정부를 방문할 기회가 많이 있었는데 가령 지자체 경제통상국 직원을 만나 산업부에서 왔다고 나를 소개했을 때 "저도 같은 조직에서 일합니다. 반갑습니다"라는 대답은 들어본 적이 없다.

이런 사례는 몇 가지 시사점을 제공한다. 첫째, 한국 지방정부도 순환 보직을 일상화하다 보니 경제통상국에서 평생을 근무하는 직원은 아예 없는 것으로 생각할 수 있다. 이에 반해 중국은 전문성을 중시하기 때문에 상무위원회 소속 직원들은 상무위원회에서 평생 근무를 하는 경우가 많다. 둘째, 중앙과 지방의 심리적인 거리다. 가령 중국에서는 농무(農務)를 담당하는 모든 공무원은 같은 일을 하고 있다는 인식을 갖기 때문에 그 거리가 가깝다. 중국이라는 거대한 국토, 거대한 인구를 가진 국가에서 중앙과 지방이 유기적으로 밀착되어 움직일 수 있는 이유가 바로 이 심리적인 거리에 있지 않나 생각한다. 반면 한국은 중앙과 지방의 거리가 멀다. 지방자치제 실시 이후 중앙과 지방정부의 지도자가 당적이 다르고, 인사 교류라든지 인센티브가 결부되어 있지 않아 각자 독자적으로 일하는 것이 아닌가 싶다.

물론 한국에도 지자체에 영향을 끼치는 중앙 부처가 있다. 행정자치부, 기획재정부와 가장 밀접하다. 기획재정부의 예산 배분과 행정자치부의 조직, 지방 교부금 정책에 영향을 크게 받는다.

중국의 사례를 한국에 적용시키면 이런 모습이 될 것이다. 한국의 문화체육관광부에 문화체육관광 지방협력관(순시관)이 있다고 치자. 이 지방협력관은 열일곱 개 광역 자치단체의 문화체육관광 담당 조직과 수

> **"**
> 중국이라는 큰 나라에는 중앙정부와 지방정부의
> 동일 업무를 담당하는 조직 간의 유기적 결합,
> 심리적 동질성이 있어 이 큰 나라가 일사불란하고 효율적으로
> 한 방향으로 나아가는 것처럼 보인다.
> **"**

시로 연락하고, 이들에게 중앙의 정책을 설명하며 협조를 구하고, 현장을 방문한다. 필요하면 열일곱 개 광역 지자체의 문화체육관광국장 등과 수시로 회의를 한다. 문화체육관광부 등 중앙 부처와 지자체의 협력 정도는 기획재정부나 행정자치부의 지방 교부금 의사결정에 반영되어 지자체에 영향을 미친다. 경제산업정책, 보건복지정책 등에서도 중앙과 지방의 유기적인 조화를 중요시하여 각 부처가 지자체의 유사 조직과 교류하고 그 결과가 교부금 및 재정 보조 정책과 연계된다면 업무 효율성이 높아질 수 있다.

상하이에는 많은 지자체의 대표처가 있다. 대표처 파견 직원들은 중국어에 능통하고 중국 지방정부와 탄탄한 네트워크를 형성해 간다. 해당 지방을 위한 투자 유치, 지방정부 기업의 해외 진출 등을 돕다 보니 기업 관련 정보도 많이 확보하고 있다. 가끔 아쉬운 것은 지방정부와 중앙정부의 심리적 거리가 먼 탓에 중앙정부의 도움이 필요한 분야에서 열일곱 개 자치단체가 각자 개별적으로 업무를 추진하는 경우다. 중앙정부가 인적 교류, 투자 유치 등의 정책에서 지방정부보다 정보력을 발휘하지 못하는 현상을 발견하기도 한다. 중앙과 지방의 유기적인 결합이 아쉬운 장면이다.

한국에서 중앙정부와 지방정부 간 유기적 결합을 강조하는 제도를 도입하자고 하면, 정치적 논란이 일어날 것이다. 그 저의가 무엇이냐는 비난부터 지방자치라는 시대의 흐름에 역행하는 것이 아니냐는 비판도 받을 수 있다. 다만, 중국이라는 큰 나라에는 중앙정부와 지방정부의 동일 업무를 담당하는 조직 간의 유기적 결합, 심리적 동질성이 있어 이 큰 나라가 일사불란하고 효율적으로 한 방향으로 나아가는 것처럼 보인다.

13
옌청 시를
이야기하다

　내 컴퓨터의 파일 중 이름이 도시 단위인 폴더는 딱 하나다. 옌청(鹽城)이라는 이름의 폴더다. 옌청은 한중 FTA가 체결될 때 한중 산업단지 시범 도시로 선정된 곳이니 그 이유를 충분히 지닌 것으로 볼 수 있다. 또 다른 이유로 이 도시와 이 도시 공무원의 경쟁력이 상상을 초월할 정도였다. 중국 생활에서 가장 큰 감동을 준 도시였다.

　장쑤 성 옌청 시는 장쑤 성 동부에 위치해 있고, 면적은 1만 7,000제곱킬로미터로 강원도와 같다. 인구는 공식적으로 722만 명이지만 실 거주자는 850만 명 수준이다. 예로부터 소금 생산지로 유명하여 소금의 도시라 명명되었으며, 우리에게 친숙한 고전소설 『수호지』의 저자 시내암의 고향이기도 하다. 한국과는 1,000여 년 전부터 인적 및 물적 교류가 매우 활발했던 지역이다. 신라 시대에 신라의 견당사(遣唐使)들이 출입했던 도시 중 하나였고, 서기 816년에는 신라 왕자 김사신이 중국으로 오던 중 배가 난파됐을 때 옌청 관료의 도움으로 구조된 적이 있다. 이 미담은 역사책인 『구당서(舊唐書)』에 기록되어 있다.

고대 한중 교류의 도시가 1,000년이 지나 다시 한중 관계의 중심 도시로 떠오른 것은 2002년 기아자동차가 옌청에 진출한 때부터다. 사실 기아자동차의 진출 단계에도 전설처럼 전해 오는 옌청 공무원의 유치 노력이 있었다. 원래 기아자동차는 장쑤 성 A시로 진출하려고 준비하고 있었다. 지금도 A에는 한국 자동차 부품 기업이 많다. 그런데 기아자동차의 투자 유치 결정을 앞두고 옌청 고위 공무원들이 6개월을 한국에서 살았다. 매일 기아자동차를 방문하고 기아자동차 행사에 참가하고 기아자동차가 요구하는 자료를 즉시 제공했다. 자동차 관련 수출입 통관의 어려움을 이야기하자 바로 다펑항을 개발하여 자동차 전용 부두로 만들었고, 한국인 출장이 불편하다는 지적에 대해서는 직항 노선 신설로 답했다. 당시 현대자동차그룹이 이미 베이징현대의 형태로 베이징에 진출해 있었기 때문에, 기아자동차의 옌청 투자에는 행정절차상 어려움이 있었다. 당연히 옌청이 행정적 문제를 해결했고, 기아자동차는 옌청으로 진출했다.

기아자동차의 옌청 진출은 옌청이라는 농업 중심 도시를 근대화시키는 역할을 했다. 기아자동차 진출 이후 옌청은 난징, 쑤저우 등 거대 경제도시가 즐비한 장쑤 성에서 2015년 GDP 700억 달러를 기록하여 경제도시 3위 자리에 올라섰고, 1인당 GDP는 장쑤 성 내 2위를 기록하게 되었다.

　현재도 옌청은 장쑤 성 내에서 한국 기업이 많이 밀집한 도시 중 하나다. 이곳에 기아자동차, 현대모비스, 경신전자 등 약 800여 개의 한국 기업이 진출해 있다. 2015년 한 해 동안 신규 등록한 한국 기업이 50여 개가 넘는다. 최근에는 금융기관, 언론사 특파원, KOTRA 이동 무역관 등 공공기관 대표처, 시험인증기관 사무실, 한국의 창업지원기관, 개인 창업자, 식당 등도 줄지어 옌청으로 몰려들고 있다. 진출하는 한국 기업 및 공공기관의 옌청에 대한 평가는 일관된다. 옌청 공무원들은 진취적이고 개방적이고 건의 사항을 바로바로 해결해 준다는 것이다. 그래서 큰 감동을 받았고, 진출을 결정하게 됐다는 것이다.

　나 또한 직접 목격한 사례가 있다. 2014년 겨울, 총영사관과 옌청 시가 참여하는 간담회가 열렸다. 이 자리에서 한국 측은 한국인이 많이 진출하기 위해서는 거주 및 교육 환경이 좋아야 하므로 한국인이 다닐 수 있는 국제학교가 있으면 좋겠다고 건의했다. 그런데 1년이 채 안 된 2015년 9월, 옌청에 한국 학생이 다닐 수 있는 국제학교가 문을 열었다.

"

옌청 공무원들은 스스로 "星期六一定工作, 星期天不一定休息"이라고
말하고 다닌다. '토요일은 반드시 일한다.
일요일이라고 꼭 쉬는 것은 아니다'라는 말이다.
이렇게 말할 때 그들의 눈에서는 반짝반짝 빛이 난다.

"

이쯤 되면 그 추진력에 경의를 표하지 않을 수 없다.

부시장 등 옌청의 최고위 공무원도 한국 기관들을 찾아다니면서 옌청의 발전에 대한 의견을 청한다. 옌청을 방문하면 나와서 직접 면담하고 안내해 준다. 옌청 공무원에게 감동을 받은 사례는 이외에도 많다. 옌청 공무원들은 스스로 "星期六一定工作, 星期天不一定休息"이라고 말하고 다닌다. '토요일은 반드시 일한다. 일요일이라고 꼭 쉬는 것은 아니다'라는 말이다. 이렇게 말할 때 그들의 눈에서는 반짝반짝 빛이 난다.

마지막으로 옌청이 한중 산업단지 시범 도시로 지정되고 이후 과정이 순조롭게 진행되자, 옌청은 2016년 5월 한국 「중앙일보」에 옌청 한중 산업단지를 소개하는 전면광고를 게재하였다. 옌청의 적극성과 한중 관계의 연관성이 이 정도임을 보여 주는 사례가 아닐 수 없다.

최근 한국 경제가 어렵다. 제조업이 흔들리고, 수출도 줄었다. 소비 시장 회복도 더딘 상태다. 바이오산업, 고부가가치 서비스 업종이 기대만큼 빨리 성장하지도 않는다. 일자리 역시 줄어들고 있다. 한국 경제의 재도약이 필요한 시점이라는 분석이 대부분이다. 혹시 한국 내에서 옌청 같은 추진력과 개방적인 사고방식을 발휘하여 지역 경제 발전을 이끄는 일이 일어날 가능성은 없을까?

14
더 큰 공동체
이익과
개인 인센티브

앞서 〈밥, 밥, 밥, 밥을 잘 먹읍시다〉에서 언급한 사례 하나를 좀 더 자세히 소개하려 한다. 난징 출장 중에 총영사님의 전화를 받았다. 인구 850만의 지방도시인 B시의 부시장님이 방문했는데, 혹시 당일 저녁 식사를 같이 할 수 있냐고 묻는 내용이었다. 난징 출장 역시 중요한 행사였기 때문에 시간에 맞춰 상하이로 돌아가는 것은 불가능한 상황이었다. 그런데 B시의 부시장님은 나를 꼭 만나야 하니 다음 날 B시로 돌아갈 예정이었던 일정을 변경하면서까지 나를 기다리겠다는 것이 아닌가. 상하이로 돌아가면서 고맙기도 하고 미안하기도 해서 나도 다른 약속을 연기하고 부시장님과 먼저 저녁 식사를 하기로 했다.

인구가 850만에 이르는 도시의 부시장이니, 단순 인구 규모로 따진다면 한국의 경기도 부지사 정도 될 것이었다. 부시장님은 식사 자리에서 더 많은 한국 기업을 유치하는 데 도움이 될 만한 자문을 구했다. 나이 50이 넘은 부시장님은 식사 좌석을 배치하는 것에서부터 우리 직원들을 먼저 배려해 주고 대화 내내 존중하는 자세를 잃지 않았다. 경청하고, 열심히 메모하고 질문을 했다. 한국 기업의 중국 진출을 도와야 하는 입장에서 한국 기업이 마주치는 애로 사항과 중국 정부에 바라는 바를 편하게 전달할 수 있는 좋은 기회였다. 이후 B시를 방문했을 때도 부시장님은 일정을 비우고 직접 한국 기업 시찰을 도와주었다.

나이도 많고, 계급도 높은 분이 이웃 나라 젊은 영사의 이야기를 경청하고 메모한 이유는 무엇이었을까? 이 내륙 도시는 한국 기업을 포함한 외자 유치를 통해서 산업을 발전시키고 일자리를 창출하여 도시 전체를 발전시키고자 하는 계획을 세우고 있었다. 화둥 지역의 한국 기업 진출을 돕고 여러 지역을 돌아다니면서 지방도시의 경쟁력과 외국 기업에 대한 서비스를 비교해 본 한국 상무영사의 의견이 도시의 발전에 도움이 된다고 판단했던 것이다.

한국을 비롯한 일본, 싱가포르 등의 영사를 만나고 이들에게 얻은 많은 아이디어를 활용하여 이 도시의 발전에 기여하는 것이 이분에게 무슨 도움이 될까 생각해 보았다. 일반적으로 중국은 도시별로 다르기는 하지만 시장이 한 명, 부시장은 보통 대여섯 명 이상이다. 부시장 다음 승진 자리는 당연히 시장이다. B시의 발전이라는 더 큰 공동체 이익을 위해 자기 일정을 바꾸고 나이 어린 외국 영사의 말을 일일이 경청하는 사람이라면 승진 경쟁에서 당연히 유리한 위치에 서게 된다. 더 큰 공동

체이 이익과 개인의 승진이라는 인센티브가 완벽히 결합되는 장면이다.

똑같은 질문을 한국 사회에 던져 보자. 한국에도 미국, 일본, 독일 등의 대사관 및 영사관이 있고, 이 공관에는 한국의 지역 발진에 기여할 수 있는 전문성을 가진 직원들이 근무한다. 예를 들면 일본 경제산업성의 젊은 상무관이 있을 수 있다. 이 젊은 일본 상무관의 말을 경청하기 위해 서울에 상경하여 일정을 변경하면서까지 노력하는 지자체의 부단체장 또는 경제산업실장을 우리나라에서 과연 볼 수 있을까? 해당 지자체의 경제를 발전시키기 위해 이렇게 노력하는 일이 본인의 승진에 도움이 될까? 안타깝게도 우리나라에 던져진 이 질문의 답은 부정적일 수밖에 없다.

더 큰 공동체 이익을 위한 공헌이 개인 인센티브와 결합되는 시스템에 대해서는 생각할 점이 많다. 3년간 중국의 지방정부를 도와주고, 도움을 받았다. 그러면서 신뢰가 쌓이고 문제 해결 노하우와 경험이 생겼다. 임기 시작 때는 기업 민원 열 개 중 한두 개를 해결하는 수준이었는데, 지금은 열 개의 민원이 오면 네다섯 개는 해결할 수 있게 되었다. 지방정부와 쌓은 인연 덕에 가능한 부분이 많다. 후임이 오면 다시 처음부

> "
> 한국 대기업 마케팅 주재원 중에는 회사를 그만두고
> 상하이에서 본인 사업을 시작하는 경우가 많다.
> 마케팅과 세일즈를 잘해도 월급이 변하지 않기 때문이다.
> "

터 시작이다. 그렇다고 여기서 계속 근무할 수도 없는 일이다. 개인 인센티브와 결부되지 지점이 없기 때문이다. 해외 주재관은 승진 우선순위에 들지 않는다. 여기서 지속적으로 근무한다고 해서 현 소속 부처에서 승진이나 기회를 제공해 주는 것도 아니다.

승진만이 아니다. 예산 신청도 마찬가지다. 예산을 신청해서 확보하고 지원 활동에 투자하면 투자할수록 연말에 영수증을 붙이거나 결산을 준비하는 데 많은 시간을 보내야 하고, 사업 꼭지가 많을수록 감사 위험성에는 더 크게 노출된다. 하나라도 문제가 되면 공공기관 직원으로서 불명예를 입고 만다. 이때 개인의 가장 합리적인 전략은 무엇일까? 예산 신청을 통한 교민 및 기업 지원이라는 대의보다 감사 노출이라는 불이익을 먼저 고민하게 된다. 이 역시 전형적으로 더 큰 공동체 이익과 개인 인센티브의 연결 고리가 약한 부분이다.

이 시스템은 정부 분야만의 문제가 아니다. 이전에 한국 기업에서는 우수한 신입 직원을 험지로 보내 그곳에서 신사업을 개척해 오면 그 수익의 많은 부분을 인센티브로 주는 곳도 있었다. 그런데 최근 한국 대기업 마케팅 주재원 중에는 회사를 그만두고 상하이에서 본인 사업을 시작하는 경우가 많다. 마케팅과 판매를 잘해도 월급이 변하지 않기 때문이다. 사업이 잘되면 중국 소비자가 한국 제품을 좋아해서 잘된 것이고, 사업이 잠시라도 나빠지면 담당자에게 책임을 묻는다. 더 큰 공동체 이익과 개인 인센티브가 잘 결합되지 않다 보니 많은 인재가 업무량을 줄이거나 조직을 떠난다. 다 같이 생각해 볼 만한 문제다.

15

중국의 인재 시스템 I

분야·지역 간 이동의 유연성

　기업 민원 해결 및 지방정부 교류 활동으로 많은 중국 공무원을 만나게 된다. 때로는 한국 기업의 민원을 해결하기 위해 얼굴을 붉히며 싸우기도 하고, 때로는 백주를 마시며 화기애애한 분위기에 얼굴이 붉어지기도 한다. 중국의 공무원은 매력적이다. 의리가 있어서 친해지고 나면 이해관계를 떠나 우선 도와주려 하고, 맛있는 식사를 사주기도 한다. 공산당원인 경우 국가와 지역 경제를 본인들이 선도한다는 자부심을 지니며, 주인 의식도 갖고 있다. 이야기를 해보면 세계 경제에 대한 이해가 깊고, 미래 중국 경제에 대한 지식과 혜안도 갖고 있다. 인재들이 많은데, 결국 인재가 양성될 수 있는 시스템을 가지고 있는 것 같았다. 그중 내가 만난 두 명의 중국 공무원을 떠올려 보았다.

공무원 A씨

1974년생으로, 인구 100만 명 규모의 저장 성 현급 도시(중국 행정 구조에서 성급 도시, 지급 도시 다음 등급의 도시)의 경제기술개발구 서기다. 경제기술개발구는 한국의 정부 조직에 없는 부문으로, 한국 국토교통부의 국토개발 담당 업무와 산업부의 지역 경제 담당 업무, 지방정부의 지역 개발 및 산업단지관리조직 및 산업단지관리공단 등의 기능을 포함하는 조직이고, 부시장 이상의 직급을 가진 중요한 자리다. A는 이 지역 출신이며 대학을 상하이에서 졸업한 후 다시 고향에 돌아와 공무원을 시작했다. 줄곧 승승장구하여 40대 초반의 나이에 개발구 서기에까지 올랐다. 경제협력 차원의 방문에서 저녁 식사를 같이했는데, 지식과 철학, 추진력, 겸손함 모든 면에서 중국 지방정부 엘리트 중의 엘리트임을 알 수 있었다. 현재 나이를 고려해 봤을 때 큰 탈이 없다면 현급 도시의 시장, 서기 지위까지는 올라갈 것으로 보였고, 본인의 노력 및 외부 변수에 따라서는 저장 성 부성장 이상까지도 승진할 수 있을 것 같았다.

공무원 B씨

1976년생. 역시 인구 100만 수준의 장쑤 성 현급 도시의 경제기술개발구 서기다. 산시 성 출신으로 박사학위를 받고 대학교수로 재직하던 중 전임 시장에게 스카우트되어 보좌관으로 채용됐다. 보좌관으로 3~4년간 근무하면서 능력을 인정받아 바로 부시장급 경제기술개발구 서기에 임명되었다. 평소 이순신 장군의 『난중일기』를 즐겨 읽고, 이순신 장군을 다룬 영화 「명량」을 반복해 보았으며, 한국의 정치 시스템, 한국 대통령제의 장점과 한계에 대해서도 박식했다. 한국을 잘 알고, 끊임없이 연구하는 책사형 실천가로, 대단한 인재였다.

두 명 모두 중국 사회의 엘리트 중의 엘리트라는 데는 이견이 없다. 같이 배석했던 직원에게 둘의 인상을 물어보았다. 역시 "포스가 굉장한데요"라는 대답이 돌아왔다.

이런 젊은 엘리트 공무원과의 만남 후에는 한국의 관료와 중국의 관료, 한국의 인재와 중국의 인재, 한국의 시스템과 중국의 시스템을 비교하는 시간을 갖게 된다. A라는 엘리트 관료가 가령 현급 도시에서 출생했고 본인의 노력 외에는 다른 정치적 배경이 없다는 이유로 평생 그 도시의 시장, 서기로만 근무해야 한다면 중국의 인재 양성 시스템은 아직 불완전한 것으로 생각된다. 한국의 엘리트 관료의 경우 지방 출신일지라도 서울 및 세종시에 근무하고, 국비 유학, 해외 주재관을 통해 국제

> **"**
> 한국같이 국토 크기가 상대적으로 작은 나라의 인재는
> 큰 나라의 인재보다 더 다양한 분야의 사람을 접하고,
> 더 다양한 경험을 쌓을 수 있어야 한다.
> **"**

적 시각을 배우고, 청와대 총리실 파견 등을 통해 국가급 인재로 자라나는 데 어려움이 없기 때문이다.

이번에는 B라는 인재를 주목해 보자. 고향은 산시 성이지만 박사학위를 취득한 후 장쑤 성에서 직업을 갖게 되었고, 뛰어난 능력을 바탕으로 바로 공직에 진출한 후 40세가 되기 전에 벌써 부시장에 올라 있다. B가 현재 있는 현급 도시를 떠나 장쑤 성 정부, 중국 중앙정부로 진출한다면 이때는 중국의 인재 양성 시스템이 한국의 인재 양성 시스템보다 더 낫다고 말할 수 있다. 중국이라는 큰 대륙에서 성 단위를 넘어 인재로 관리되고, 학계와 관계를 오가며 이론과 경험, 기획력과 실천력을 쌓아 가고 있기 때문이다. 한국에서는 분야 간 인재 교류가 거의 이루어지지 않는다. 학계, 공공기관, 기업에서 경험을 쌓은 전문가들이 공직으로 채용되는 데 한계가 있고, 공직의 엘리트가 학계, 공공기관, 기업에서 다른 시각과 전문성을 쌓을 수 있는 기회도 한정되어 있기 때문이다. 최근 민간경력직채용제도, 공무원 민간고용휴직제 등이 도입되어 그 비율이 확대되고 있는데, 이 부분을 보완해 주는 제도라 생각된다.

한국같이 국토 크기가 상대적으로 작은 나라의 인재는 큰 나라의 인재보다 더 다양한 분야의 사람을 접하고, 더 다양한 경험을 쌓을 수 있어야 한다. 국가 시스템도 인재 양성을 지원해 줄 수 있어야 한다. 분야 교류를 통해 뛰어난 인재가 양성되고, 다양한 경험을 쌓고, 기득권의 벽을 허물고, 덕분에 더 뛰어난 문제해결능력을 가진 인재를 양성하는 데 초점이 맞추어져야 한다.

16

중국의 인재 시스템 II

금수저, 흙수저 이야기

　이번에는 세 도시의 지도자 이야기다. 중국에서는 도시를 성급, 지급, 현급 및 향진급의 행정 구조로 구분하는데, 상급 도시일수록 행정 등급이 높다. 소개할 인재 중 둘은 지급 도시의 지도자, 한 명은 현급 도시의 지도자다.

저장 성 지급 도시 C의 시장 C′

1970년생으로 중국 최고 지도자의 아들이다. 도시 자체가 항저우와 상하이 중간에 위치해 있어 해상, 육상, 항공 교통이 발달하였고, 주변에 거대 소비 시장을 가지고 있어 한국, 독일, 일본, 미국 등 많은 다국적기업의 생산 법인이 진출해 있는 거대 생산도시다. 부친의 후광도 있고 해서 이 도시에서 개최되는 행사에는 많은 다국적기업과 외교 공관원이 전부 출동한다. 행사별로 사용하는 예산의 규모도 적지 않다. 연설문을 외워서 발표하는 모습이 신기했다.

저장 성 지급 도시 D의 서기 D′

1968년생으로 고향은 베이징이다. 지난 정부 경제부총리의 비서였다. 경제부총리가 옷을 벗으면서 저장 성 지급 도시의 부시장으로 내려왔다. 현재는 저장 성 내륙의 지급 도시 서기라는 중책을 맡고 있다. 역사와 전통이 깊고 인구가 350만에 이르는 큰 도시다. 동부 해안 도시의 생산 비용이 올라가면서 외국 기업도 점차 내륙 또는 동남아로 생산 기지를 옮기고 있다. D′ 서기는 이런 추세에 주목하여 해안 도시에 이미 진출해 있는 외국 기업의 제2공장 신설을 전략적으로 유치하고 있다. 고

"

인구는 비슷하지만 모든 인프라가 갖추어져 있는
동부 해안 도시와 허허벌판에서 공업을 일으키고 있는
내륙 도시의 출발선이 달라 보인다. 한국에서라면 금수저,
흙수저 논란이 나왔을 법하다.

"

속철로 저장 성 내륙을 들어가다 보면 공장 하나하나가 몇만 평에 이르는 대형 공장이 줄지어 서 있는 공업 도시를 지나게 된다. 마치 한국의 울산, 포항, 여천 등을 시나는 기분이다.

장쑤 성 현급 도시 E의 중간 지도자 E'

중앙의 중간 간부들이 E 도시의 부구청장, 상무국장 등 중간 간부로 계속 내려온다. 최고위급 지도자는 아니고 실무형 지도자로 오고 있다. E 도시는 장쑤 성 창장 강 연안에 위치하여 교통이 편리하고 일찍이 공업이 발달하였으나 쑤저우, 난징 등 장쑤 성 주요 공업지역에 비해서는 발전 속도가 뒤처졌다. 인구는 450만 명이다.

세 도시에 주목하는 이유는 지방도시 지도자가 중앙에서 내려오는 순간, 이 도시의 대외 경제활동이 달라지는 것을 많이 보았기 때문이다. 우선 성 단위 정부에서 배정되는 예산이 달라지고, 소극적이던 지방정부가 외국 공관을 자신 있게 찾아와 지방정부의 행사에 와달라고 청한다. 훌륭한 지도자를 영입하여 중앙정부와 성 단위 정부와의 관계에 자신감이 생겼으니 외국 기업이 진출하면 각종 인허가, 규제를 쉽게 해결해 주겠다고 선전한다. 실제 영향력 있는 지도자가 선임되면 공장 설립·건설 인허가, 제품 허가 등의 취득이 쉬워지는 경향이 있다. 그래서 이런 지방정부가 주최하는 행사에는 영향력 있는 지도자와의 네트워크 구축을 기대하는 외국 공관, 기업 관계자가 참석하게 되고, 그 결과 좋은 정보가 교류되면서 더 많은 기업이 유치되는 효과가 나타난다.

중앙의 영향력 있는 지도자가 지방정부에서 경험을 쌓는 것은 지방 도시의 발전이라는 측면에서도 의미가 크다. 경험과 자신감, 네트워크와 자원을 가진 지도자의 등장은 도시의 발전에 유리하게 작용한다. 국가급 인재 육성이라는 측면에서도 의미가 있다. 중앙에서 활약하다가 지방에서 경험을 쌓은 후 다시 중앙으로 진출한다면 중앙정부 차원의 정책 수립이 더욱 현실성을 갖게 된다. 물론 이 시스템의 단점도 크다. 여기에 대해서는 추후 〈중국 인재 양성 시스템의 빛과 그늘〉에서 자세히 언급하겠다.

지도자의 명성을 놓고 보면 C′, D′, E′ 순서라는 것을 이 지역에 정통한 사람은 쉽게 안다. 가령 지도자 이름을 빼고 도시 이름만 주어도 도시의 경쟁력이 C, D, E 순서라는 것을 쉽사리 알 수 있다. 어떤 의미에서 제일 높은 지도자와 연관을 맺은 젊은 지도자가 제일 경쟁력 있는 도시를 맡았다. 개인의 능력과 노력으로 승승장구하고 있는 D′는 C′에 비해서는 불리한 여건에 처해 있다. 인구는 비슷하지만 모든 인프라가 갖추어져 있는 동부 해안 도시와 허허벌판에서 공업을 일으키고 있는 내륙 도시의 출발선이 달라 보인다. 한국에서라면 금수저, 흙수저 논란이 나왔을 법하다. 어떤 사람에게는 출발선이 앞당겨져 있는 것이다. 이들 중간 지도자의 미래는 어떻게 될까? 이들 젊은 지도자의 꿈과 애환이 중국의 미래에 어떤 차이를 가져올까? 10~15년이 지난 후 이들이 어떤 위치에서 어떤 일을 하고 있을지 추적해 볼 예정이다.

17

중국의 인재 시스템 III
인재 추천
공동 책임제

중국은 행정 체계에 맞는 공산당 조직을 가지고 있다. 사실 행정 체계뿐만 아니라 일반 기업에도 당 조직이 존재하고 당 간부가 상주한다. 가령 상하이 시장은 상하이의 행정 체계를 총괄하고, 상하이 공산당 서기는 당의 지도 이념과 인사, 조직 등 중요한 내부 설계를 담당한다. 당연히 인사를 결정하고 조직 운영 방안을 제시하는 당 위원회의 역할이 클 수밖에 없다. 그래서 시장 위에 서기가 있다. 중앙에서 지방까지, 상위 조직에서 하위 조직에 이르기까지 모든 조직이 이런 이원화 체계로 이루어진다.

당 조직에서 제일 중요한 임무 중 하나가 인재를 발굴하고 추천하는 기능이라고 한다. 인재 추천은 집단 의사결정 과정을 거치는데, 우수 인재를 발굴해 추천하면 인재를 추천한 집단 모두가 향후 승진 등에서 유리해진다. 즉, 우수 인재를 추천하고 그 인재가 역량을 발휘할 수 있도록 도와주어야 내가 내 조직에서 승진할 확률이 높아지는 것이다. 인재 발굴과 육성을 위한 최적화 시스템이다.

실제 중국 상무부 부장(한국으로 치면 산업부 장관)은 원래 중국 기계수출입공사에서 오랫동안 일한 기계 전문가다. 이후 국유 기업과 광시 좡족 자치구 등 지자체에서 일하다가 상무부 국장급으로 스카우트되었고 최종적으로 상무부장으로까지 승진하였다. 상무부장에 이르기까지 당 위원회는 단계마다 이 사람을 수십 번 평가하고 추천하였으며, 추천한 사람들 본인의 성공을 위해서도 이분이 성공할 수 있도록 지원을 해준 것으로 생각할 수 있다. 결과적으로 추천위원회 위원 모두가 인재 추천의 대가를 누리게 되는 것이다.

조직적인 관리 체계는 행정부에 그치는 것이 아니다. 대학을 예로 들어 보자. 한 개 전공(학과)에서 신규 교수를 채용하게 되면 당 위원회가 열려 채용 여부를 결정한다. 상위 단위인 단과대학 당 위원회 등이 개별 학과의 실적을 평가하고 모니터링하고 있으니 개별 학과 당 위원회에서 우수한 교수를 채용해야만 위원들 자신이 한 단계 승진할 가능성이 높아진다. 또 단과대학도 우수 인재를 채용하는 것이 대학 전체 당 위원회로부터 좋은 평가를 받는 길이기 때문에 인재를 뽑지 않을 수 없다. 개별 대학 입장에서는 가령 시 차원의 교육위원회, 중앙 교육 부처의 평가를 신경 써야 하므로 인재를 뽑는 것이 최선의 선택일 수밖에 없다.

더 주목할 점은 행정부처의 인재 채용 대상이 굳이 행정부처 내에 한정되지 않는다는 점이다. 대학교수 시절 대학에서 인재로 인정받아 시장 보좌관으로 채용되고, 보좌관으로서 역량을 발휘하자 바로 부시장급으로 승진한 사례를 앞서 소개한 바 있다.

이런 현실을 한국에 적용해 보자. 가령 한국에 기계산업진흥회가 있다. 기계산업진흥회의 신규 직원 채용이나 사무총장, 부회장 채용 시에 중국식 인재 추천 시스템을 적용시키는 것이다. 우수 인재 추천자가 이득을 보는 구조이기에 신규 직원부터 경력직 채용에 이르기까지 보다 나은 인재를 채용하려고 노력할 것이다. 그러면 학계, 기계 관련 기업, 외국 유학생에 이르기까지 기계산업진흥회의 발전을 위해 가장 적합한 인재를 찾기 위한 광범위한 리서치와 평가 작업이 이뤄진다. 또 기계산업진흥회의 상위 부처인 산업부는 산업기계과장 또는 시스템산업국장 직위에 공무원이 가장 적합하고 뛰어난지, 기계산업진흥회의 사무총장을 스카우트할 건지, 역시 학계나 외부에서 채용할 것인지를 열심히 찾을 수밖에 없다. 그게 산업부 인사위원회 위원의 인센티브에 부합하기

“

중국은 2,700년 전 관중과 제환공의 대화를
아직도 기억하고 있는 듯하다. 인재를 추천하고
인재가 성공하도록 도와주는 것만으로도 자신의 입지가
탄탄해지는 시스템이 운영되고 있다.

”

때문이다. 이러다 보면 사회 전체가 인재를 찾기 위한 노력을 계속해 나갈 것이고, 학력, 혈연, 지연 등 불합리한 관행이 배제될 것이며, 한 번 특정 시험에 합격하거나 자격증을 취득하면 진입 장벽을 세워 경쟁을 줄이려는 관행이 줄어들 것이다.

주나라가 동쪽으로 천도한 동주 열국 시절, 최초의 패권을 이루었던 제환공은 자기를 죽이려고 했던 정적 관중을 재상으로 임명한다. 관포지교로 우리에게 익숙하게 알려져 있는 관중은 지금도 중국인에게 가장 존경받는 명재상으로 통한다. 목욕재계와 삼고초려를 거쳐 관중을 청한 자리에서 제환공은 묻는다. "나는 술과 여자를 좋아하는데 패권을 이룰 수 있는가." 관중이 그렇다고 답하자 제환공은 다시 묻는다. "그러면 어떻게 하면 패권을 이루지 못하고 나라를 망치는가." 관중은 "인재가 있는데 알아보지 못하고, 인재를 알아보고도 사용하지 아니하고, 인재를 사용하고도 의심한다면 패권을 이루지 못합니다" 하고 답했다. 중국은 2,700년 전 관중과 제환공의 대화를 아직도 기억하고 있는 듯하다. 인재를 추천하고 인재가 성공하도록 도와주는 것만으로도 자신의 입지가 탄탄해지는 시스템이 운영되고 있으니 말이다.

18
**중국 인재 양성
시스템의
빛과 그늘**

　중국 중앙정부 지도자가 되기 위해서는 중앙에서뿐만 아니라 지방에서도 다양한 경력을 쌓아야 한다. 현재 차세대 지도자로 꼽히는 쑨정차이, 후춘화 등도 지방에서 수업을 쌓고 있고, 시진핑 주석도 산시, 푸젠, 상하이에서 지방정부의 발전과 개혁을 이끌었다. 1979년 칭화대 화학 공학과를 졸업한 시진핑 주석은 당시 부총리 겸 중앙군사위원회의 비서장이던 경뱌오의 비서로 1982년까지 일했다. 이후 허베이 성 정딩 현에 배치되어 드라마 「홍루몽」 촬영지를 유치하는 등 지역 발전을 이룬 공로를 인정받아 1985년부터 푸젠 성 샤먼 시에서 부시장을 3년 역임했다. 이후 푸저우 시 서기, 푸젠 성 부서기와 성장, 저장 성 성장 및 서기, 2007년 상하이 시 서기를 거쳐 중앙으로 본격 진출했다. 그래서 중앙정부의 고위 지도자가 되기 위해서는 적어도 10년 이상의 지방정부 경력을 쌓아야 한다는 말이 있다.

현재 중국 경제는 여러 가지 어려움에 처해 있다. 부동산 공실률이 증가하고, 실물 분야에는 과잉공급이 존재하고, 기업의 부채가 늘어나고, 은행의 부실채권도 증가 추세를 보이고 있다. 그 결과 GDP 대비 채무 비율이 250퍼센트 수준으로 늘어났다. 여기서 재미 삼아 생각해 볼 만한 의문점이 하나 떠오른다. 현재의 경제 상황과 중국의 지도자 양성 시스템은 서로 관련이 있을까, 없을까?

일정 부분 관련이 있다고 생각한다. 사실 중앙 지도자 양성 과정과 지방 근무 경험에는 긍정적인 면이 많다. 적어도 중앙에서 지방의 현실을 모른 채 헛발질하는 정책을 만들어 내지는 않을 것이기 때문이다. 또한 실제 지방 근무 경험이 있기 때문에 중앙의 개혁 정책에 대해서 어느 지방이 무능하게 대응하고 심지어 저항하는지도 쉽게 알 수 있다. 굉장히 훌륭한 시스템이다. 그렇다고 단점이 없을 수는 없다.

중국은 국토 면적이 넓고 인구가 많다 보니 하나의 성이 이웃의 한

"

중국도 중앙 지도자들을 뽑을 때 지방정부 재임 시절
경제·발전과 투자 유치 실적만 볼 게 아니라,
전임자들이 벌인 수많은 부실 부분을 가장 효율적으로
정리한 실적을 반영할 수 있을까?

"

개 국가 크기와 같다. 국가 경제가 제대로 작동하기 위해서는 은행 등의 금융업 및 철강, 화학 등 기초산업, 자동차 등 내구재 생산 기업, 백화점 등 유통 소비 기업, 농업, 부동산업 등 모든 분야에서 기업과 생산자가 요구된다. 하지만 사회주의 시장경제 체제로서 국가 주도 경제성장을 하다 보니 중국에서는 이 부분을 국유 기업이 주도하는 경우가 많다. 각 성에 성을 대표하는 공기업을 양성하고, 대표 지방 공기업은 광산 개발, 부동산, 유통, 자동차 부품, 철강, 증권, 은행 등 다양한 분야에서 문어발식으로 기업을 확장하는 것이다. 그리고 지방 경제를 발전시키려 능력 있는 지도자를 지방으로 보내면 정부 재정, 인재, 산업단지 조성, 정책금융 등 국가의 소중한 정책 자원이 그 지방으로 이동하게 된다. 국가 전체적으로 결국 서른한 개 성시는 아닐지라도 지방별로 유사한 업무를 수행하는 거대 지방 공기업이 탄생하는 것이다. 이전의 성장 일변도 시대에는 공기업의 효율보다 외연 확장이 더욱 중요한 성공 요소로 여겨졌다. 그게 지금 우리가 목도하고 있는 과잉공급 및 지방재정 부채의 한 원인인지도 모른다.

조금 더 자세히 보면 문제점이 크게 보인다. 공기업 주도 발전과 경쟁적 투자는 장쑤 성 등 성 단위로 끝나지 않는다. 장쑤 성 내 지방도시별로도 유사한 경쟁이 발생하자 이제는 시 단위에도 이런 공기업이 존재하는 것이다. 외자 유치를 통해 경제 발전의 신기원을 이룬 쑤저우, 기아자동차 공장과 한중 산업단지를 유치하면서 최근 한국 기업 유치에 가장 열심인 장쑤 성 중북부의 옌청, 남부 지방의 정치 중심지로서 수차례 수도를 역임했던 역사의 도시 난징, 그리고 창장 강 연안의 우시, 창저우, 난퉁, 장자강 등 각 시에 동일한 공기업이 존재한다.

승진 경쟁에서 이겨야 하는 지방 지도자는 네트워크와 영향력을 동원하여 자원을 끌어모으고, 미래에 다가올 그리고 국가 전체에서 조율해야 할 비효율의 문제는 일단 고려하지 않은 채 눈앞의 도시 발전에 최선을 다했다. 지방 공기업(은행 업무까지 포함하는 경우가 많다)을 통해 농지를 대형 주거 단지로 변경시켰고, 내·외자 기업을 유치하여 철강, 조선, 화학에 투자하였으며, 경쟁적으로 테마 공원을 조성하고, 상업용 부동산을 지어 국내외 유명 브랜드를 입점시켰다. 신재생이 부각되면 태양광 단지를 만들고 전기차가 부각되면 전기차 생산을 시작했다. 그리고 대부분의 경우 그 건설 사업 자체도 지방 공기업이 수행했다.

중앙에서는 공급과잉을 줄이고 지방 공기업을 통폐합하고 효율화하라고 하지만, 지방 정치 지도자 입장에서는 자신의 정치적 기반이 될 지방정부의 인맥과 지방 공기업을 먼저 도산시킬 수는 없는 일이다. 그리고 공급과잉 시대가 지나면 살아남은 기업이 승자독식할 게 뻔한데 어떻게 자기 자식과 같은 지방 공기업을 먼저 개혁하겠는가. 지방정부의 세수 감소 및 실업률 증가라는 또 다른 지표가 자기를 옭맬 것이 뻔하고, 여기서 살아남으면 자기가 공들인 공기업과 지방도시가 자기의 미래를 보장하는 가장 강력한 실적이 될 것이 뻔한데 어떻게 지방이 먼저 개혁을 하겠는가 말이다. 또 중국의 인재 추천 시스템에서는 그 지도자를 추천하고 지지했던 의사결정자가 전부 공동 책임을 지기 때문에 이 지도자의 성공을 위해서는 다 같이 노력할 수밖에 없다. 한국 사회에서 발생하는 지역 이기주의와 산업 구조조정 지연과 똑같은 현상이 중국에서도 발생하고 있는 것이다.

또 하나의 문제는 이런 것이다. 중국이 불균형 성장을 시정하고 균형 성장을 도모하고자 할 때 발생할 수 있는 문제다. 중부 내륙의 성 F에서 1인당 GDP가 감소하고 사회적 소외감이 확대되고 있다 생각해 보자. 중앙정부에서는 스타급 지도자를 F성에 투입할 것이다. 그는 부임하는 순간부터 중앙정부의 재원을 더 쉽게 끌어들일 수 있다. 한국으로 따지면 지방정부 교부금을 더 많이 받아 오는 것이다. 그러면 공무원, 공기업, 학계 등의 인재가 F성으로 몰려들 수 있다. 원래 다른 성으로 가려고 했던 외국인 투자 기업의 대형 프로젝트도 중앙정부와의 조율을 통해 이 도시에서 수행되고, 외국 정부와의 FTA 체결 및 정상회담에 대비한 외국 기업 전용 단지도 조성된다. 더 많은 농지가 주거 단지로 변경되고, 곳곳에서 공사장 망치 소리가 끊이지 않고, 외자 기업의 CEO들이 들락거리고, 부품 공급망도 입점한다. 이 모든 것들이 오랫동안 중국에서 비즈니스를 영위해 온 모든 사람에게는 익숙한 장면이다. 그런데 다시 처음으로 돌아가서, F라는 성은 지리, 교통, 자원, 소비 및 인재풀 등 모든 면에서 열위에 있던 지역이다.

이 부분이 중국 개혁 성공의 가늠자가 될 것이다. 비효율적인 분야에 인재가 투입되고 자원이 동원되고 산업용지가 공급되고 부동산이 공급되는 것 말이다. 중앙에서 조율하려고 하지만 영민한 지방 지도자는 자기 승진의 성패가 여기 달려 있으니 어떻게든 임기 중에는 끌고 가려 할 것이다. 그 결과 지방재정이 악화되고, 은행 부실이 쌓이고, 필요한 건전 민영기업에는 자금이 돌지 않고, 제3금융을 이용하는 사람이 늘어난다. 외부적 충격 또는 연결고리가 약한 부분에 문제가 생긴다면 많은 사람이 우려하는 경착륙이 시작될 수도 있다.

지방정부를 방문하고 젊은 지도자들을 만날 때 그 영민함과 추진력과 자신감에 기가 죽을 때가 있다. 그래도 지방정부 발전 방안을 한참 듣고 나서 간단히 질문을 했다. "이웃 도시에서도 유사한 발전 전략을 가지고 있던데 차이점은 무엇인가요? 특화된 부분은 어떤 것인가요?" 중국의 젊은 지도자와 기 싸움을 하기 위해 던진 것이 아니라 순수한 호기심과 중국 경제에 대한 걱정에서 물은 것이었다. 그 대답을 바로 해주는 엘리트 지도자는 많지 않다. 다만, 최근 저장 성 후저우는 화장품 산업 전용 단지를 추진하고 있다. 국내외 기업을 불문하고 화장품 기업을 유치하고, 브랜드 업체와 제조업자개발생산(ODM)·주문자상표부착생산(OEM)업체를 가리지 않고, 완성품뿐만 아니라 화장품 용기 업체 등도 유치하고 있으며, 화장품 R&D센터 유치, 화장품 인력 양성을 시도 중이다. 이런 특화된 육성 전략은 경쟁력이 있어 보인다. 시장은 이익이 있는 곳으로 움직이기 때문이다.

중앙 지도자를 뽑을 때 지방정부 재임 시절의 경제 발전 업적과 투자 유치 실적만 볼 게 아니라, 전임자가 벌인 수많은 부실 부분을 가장 효율적으로 정리한 실적을 반영하는 게 중국에서 가능할까? 근본적인 질문이다. 지금까지 일사불란하게 국가를 움직여 온 경험을 보면 가능할 것도 같고, 큰 나라인 만큼 방향 전환에 시간이 걸릴 수도 있을 것 같다.

미엔즈를 아시나요?

　외교관으로서 오랫동안 중국에 근무했고 대사까지 역임한 B 대사님은 대사 시절 중국에서 수감 중인 한국인 노파에게서 편지를 한 통 받았다. 중국 실정법을 위반한 것에 대해 처벌을 받지 않겠다는 게 아니고, 이제 나이도 많고 하니 그냥 한국에서 처벌을 받고 싶다는 내용이었다. 담당 영사를 통해 중국 사법부 등 유관 기관에 알아보았지만 당연히 불가능했다. 그래서 소관 부장(한국으로 치면 장관)에게 면담을 신청했고, 중국 부장은 B 대사가 자기를 찾아온 최초의 대사임을 소개하면서 찾아온 이유를 물었다. B 대사는 민원 이야기를 꺼냈고, 부장은 배석한 실무자에게 가능 여부를 물었다. 그런데 그 실무자가 이런저런 이유로 안 된다고 답하자 중국 부장은 얼굴을 붉히며 실무자를 심하게 나무라면서 이렇게 말했다고 한다. "외국 대사 앞에서 안 된다고 하면 내 체면(미엔즈, 面子)이 뭐가 됩니까? 다시 검토해서 보고하세요."

　결국 한국인 노파는 추방 형식으로 한국으로 되돌아갔다고 한다. 중국 사회에서 미엔즈가 얼마나 중요한지를 보여 주는 일화로 아직도 교민 사회에 회자되는 이야기다.

중국에서 미엔즈란 전통 유교 사상에 입각하여 자신의 신분과 지위를 나타내고 거기에 적합한 대우를 해주는 것을 뜻한다. 한국 사회에도 체면이란 것이 존재하지만, 중국 사회에서 미엔즈 문화가 차지하는 비중은 그보다 훨씬 크다. 일종의 불문헌법이다. 그래서 회식 때 먹지도 못할 정도의 많은 음식을 주문하고, 고가의 담배와 술을 준비하는 허례허식형 보여 주기 과소비 문화로 나타나기도 하는데, 이는 미엔즈의 부정적인 한 단면이다. 긍정적인 측면에서는 개인의 존엄성, 사회적 관계를 인정하는 일종의 윤활유 같은 역할을 한다.

중국 사회에서 미엔즈의 역할은 실로 강력하다. 그래서 게이미엔즈(給面子)라고 하는데, 체면을 세워 주는가 아닌가의 문제가 사업과 협상의 결과를 좌우하는 경우가 많다. 중국 문화를 이해하지 못하는 한국인이 미엔즈를 무시하고 갑질 영업을 하거나 거만한 자세를 보였다고 하면 그 협상과 비즈니스는 득보다 실이 많은 결과를 낳을 것이다.

매주 마주치는 기업 민원 사례가 있다. A 기업은 중국 진출 후 20여 년간 성공적인 기업으로 통했다. 그러다 최근 경기가 어려워지고 중국 측 사업 파트너와는 지분 관련 다툼을 벌이게 되었다. 사이가 좋을 때 대충 써두었던 합자 계약서를 두고 지금은 문구 하나하나에 이견을 내세우는 것이었다.

민원인에게 물었다. "지금까지는 이 계약서로 잘 협력해 왔는데 왜 이제 문제가 생긴 겁니까?" 답변이 이렇다. "본사 대표이사가 중국 측에 보낸 공개 질의서가 그들의 미엔즈를 크게 손상시킨 것 같습니다. 그 이후에는 어떤 일을 해도 사사건건 반대를 해서 정말 힘듭니다."

B 기업에서는 본사에서 파견되어 온 한국인 CEO와 중국 측 이사가 직원들 앞에서 한판 붙는 사건이 일어났는데, 중국어 실력이 충분하지 못하다 보니 한국 측 CEO의 입에서 쓰면 안 되는 표현이 나기고야 말았다. 이에 미엔즈가 손상된 중국 측 이사는 모든 수단을 사용하여 한국과의 합자 계약을 깨버렸다. 이제 법정 다툼으로 이어지게 됐다는데, 미엔즈는 불문헌법 아닌가. 성문법 판결문에 그 스토리를 어찌 담을 수 있을까?

반대로 미엔즈 때문에 성공한 사례도 있다. 상무위원회 초상처장이 인구 500만의 지방도시를 방문한 자리였는데, 나는 부시장에게 이 초상처장은 업무 태도가 정말 헌신적이고 한국 기업에게 훌륭한 서비스를 제공해 줘서 모든 한국 기업이 이 사람을 좋아한다고 칭찬을 했다. 그러자 부시장이 초상처장에게 "C 처장, 방금 들었어요? 정 영사가 C 처장 체면을 세워주었어요(給面子). 반드시 기억하세요. 그리고 한국 기업 관련 어려움이 있으면 내가 직접 해결할 테니 가져오세요"라고 말해 주었다.

이후 이 도시에서 한국 기업이 야반도주하여 한국인이 인질로 억류되는 사건이 발생했다. 거리가 멀어서 바로 찾아가지는 못하고 급한 대로 C 처장에게 전화를 했는데, 바로 공안 등 공무원들을 보내서 해결해 주었다. 또 한국 기업의 지적재산권 분쟁이 발생했을 때도 문자를 한 통 보냈더니, 시 정부 및 언론의 관련 지재권 자료를 모두 삭제해 주었다.

상무영사로서 만나는 한국 기업의 민원 중 50퍼센트 이상은 서로의 문화에 대한 이해 부족과 이로 인한 미엔즈 손상에서 비롯된 것이라고 생각한다. 역으로 중국 사업을 오래 꾸려 나가면서 중국을 이해하고 있는 법인장 및 CEO는 절대 이런 실수를 범하지 않는다. 그리고 입을 모아 말한다. 지난 20년간 중국 사업을 해온 경험을 한마디로 정리하라고 하면 단연 미엔즈라고.

그런데 미엔즈는 고위급과의 관계에서만 적용되는 것이 아니다. 미엔즈와 함께 중국 문화를 규정하는 꽌시(關係, 일종의 네트워크, 관계, 친한 정도)만 믿고 밑에서부터 절차를 밟지 않고 중국 고위 공무원에게 바로 민원을 이야기하면 그 업무를 담당하는 중국 실무 공무원의 미엔즈를 손상할 수 있다는 사실을 기억해 둘 필요가 있다. 중국에서 돈을 벌고 싶은 한국 기업인이여, 그 첫걸음은 미엔즈임을 기억하라.

中國一覽

3장

한중의 경제 논리,
무엇이 같고 무엇이 다른가

19

**중국의
한국 투자를
주목합시다**

　한국의 벤처캐피털 회사가 중국 기업의 한국 투자 현황을 분석한 자료가 있다. 중국 기업의 한국 상장 컨설팅 업무를 맡고 있는 이 회사에서 분석한 열네 개 한국 상장 중국 기업에 대한 자료는 투자가가 한국 증시와 자본시장을 어떻게 활용하는지를 보여 준다.

　중국 투자가들이 한국 증시에 상장을 시작한 시기는 2012년 이후다. 주요 진출 업종은 게임, 엔터테인먼트 콘텐츠, 의류, 화장품, 바이오 등이다. 모바일게임업체 중 중국 자본 투자를 받지 않은 기업이 없을 정도다. 중국의 온라인게임업체들은 한국 투자 이후 빠른 성장률을 기록했다 한국의 대표적인 온라인게임 회사 넥슨, 엔씨소프트 등의 5년 전 시가총액과 지금 시가총액은 4~4.5조 원 규모로 변경이 거의 없지만, 한국 게임업체와 동반 성장한 샨다, 텐센트 등 중국 게임업체들의 자산 가치는 5년 전 16조 원 규모에서 현재 200조 원을 넘어설 정도로 성장했다.

부정적인 사례로 중국 자본이 한국에서 머니게임을 시작한 예도 있다. 사업 시너지 효과 없이 순수한 중국 투자 발표만으로 주가가 오른 케이스다. G 기업은 2015년 2월 제3자 배정을 통해 중국 업체가 최대 주주로 등장하면서 주가가 1,000원에서 2만 2,000원으로 수직 상승했다. 2개월 만에 중국 투자가는 189억 원을 투자해서 1100억 원의 이익을 얻은 것이다.

중국 정부의 적극적인 저우추취(走出去, 해외투자) 정책으로 2015년 이후 중국은 외국인 투자로 유입되는 금액보다 유출되는 금액이 더 많은 국가가 되었다. 축적된 중국 자본을 투자할 대상이 마땅치 않고, 부동산 투자 수익률도 낮아졌기 때문이었다. 그래서 지금은 해외 유명 브랜드, 백화점을 매입하여 선진 경영 기업과 노하우를 얻는 동시에 자국 소비자의 해외 제품 구입으로 달러가 유출되는 고리를 차단하려 하고 있다. 해외 유명 소비재를 소비하더라도 대주주는 중국이 되는 구조를 설계하는 것이다. 2016년 12월 말에는 중국 환율의 급격한 평가절하를 방지하

"

개별 기업의 생존 전략이 다양하고,
한국처럼 제한적 시장 규모를 가진 국가에서는 기업이
창업에 성공하더라도 실현할 수 있는 이익 규모가 크지 않다.

"

기 위해 해외투자에 대해 제한 조치가 내려지기도 했다.

그래도 한국으로서는 아직까지 중국의 외국인 투자를 적극 유치할 수 있는 좋은 조건이 형성된 것으로 볼 수 있다. 하지만 이때도 여러 가지를 고려해 볼 필요가 있다.

첫째, 중국 투자는 그린필드 투자가 아니다. 외국인 투자는 크게 제조업을 유치하는 그린필드 투자와 재무 투자로 나눌 수 있는데, 한국이 외국인 투자를 우대하는 것은 선진 기술을 가진 외국 기업이 한국에 투자하여 고용을 창출하고 기술을 이전하는 효과를 기대하기 때문이다. 그러나 순수 재무 투자의 경우 이러한 산업적 측면의 효과보다 오히려 '먹튀' 논란을 일으킬 가능성이 높다. 론스타의 외환은행 인수 사례가 대표적이다. 적게는 세금 문제, 법률 소송이 벌어지기도 하고, 민감하게는 국민 정서를 자극하여 외교 문제로 비화되기도 한다. 중국의 제조업 발전 단계나 해외직접투자 단계상 해외에 생산 기지를 진출시키는 그린필드 투자가 이루어진 경우는 아직 적기 때문에, 한국 투자도 부동산, 게임, 콘텐츠 등 서비스 분야에 집중되고 있는 실정이고, 최근에는 금융, 식품, 화장품, 핵심 전자·반도체산업으로 이전하는 경향이 보인다.

둘째, 중국 자본의 크기와 한국의 산업 정책적 측면에 대한 고려가 필요하다. 한국은 시장의 크기가 크지 않아 산업 분야별로 시장 참가자 수가 많지 않다. 대형 중국 자본에 특정 산업이 좌우될 가능성이 있다. 게임업체, 모바일 보안 앱 등 특정 분야는 이미 중국 자본이 점령했다는 표현을 써도 될 정도다. 엔터테인먼트, 영화 등 콘텐츠 제작 부분도 대표적인 분야다.

셋째, 역시 중국 자본의 크기와 연관하여 한국의 자본시장 취약성을 고려해야 한다. 한국은 매년 외국인 투자 유입액이 100억 달러에 불과하다. 그중 2015년 중국에서 한국으로 들어온 투자금액은 20억 달러였다. 2~3년 전 중국의 한국 투자액이 5억 달러 미만이었다는 사실을 고려하면 성장 속도가 빠르다. 중국의 해외직접투자는 1년에 1000억 달러가 넘고, 매년 100억 달러 이상씩 급격히 늘어난다. 가령 100억 달러 이상의 중국 자본이 한국으로 들어오고, 또 빨리 빠져나간다면 한국 외환시장의 취약성이 높아질 수 있다.

동시에 자본시장 건전성 감독 측면에서도 검토가 필요하다. 특정 분야에서 중국 투자 유치 소식은 바로 주가를 끌어올리는 호재로 작용하지만 수개월 내 그 자금이 빠져나가는 머니게임이 벌어질 수도 있다. 애꿎은 피해자는 개미투자가가 될 것이다.

개별 기업의 생존 전략이 다양하고, 한국처럼 제한적 시장 규모를 가진 국가에서는 기업이 창업에 성공하더라도 실현할 수 있는 이익 규모가 크지 않다. 출구전략을 수립하는 것도 수월하지 않기 때문에 중국 자본에 회사를 팔고 대주주를 넘기는 것이 결코 부정적인 것만은 아니다. 한국의 게임업체도 중국 시장이 옆에 존재하지 않았다면 지금처럼 빨리 성장하지 못했을 것이다. 다만 개별 기업의 이익 극대화 선택(부분 최적)과 국가 전체의 이익(전체 최적)이 반드시 일치하는 것은 아니기 때문에 많은 주의가 필요한 것이다.

20
한국의 대중국 수출을 생각하다

2015~2016년 한국의 대외 수출이 20개월 이상 연속 마이너스 성장률을 기록했다. 수출 의존형 무역 국가인 한국으로서는 대외 여건 악화와 수출 감소로 급격히 떨어진 경제성장률을 기록하게 되었다. 매년 3퍼센트 경제성장률을 기록한다면 1.5퍼센트 정도는 순수출로 인한 효과여야 경제성장을 지원할 수 있는데, 수출이 부진하니 순수출의 경제성장 기여율이 급격히 떨어진 것이다. 미국, 유럽, 일본 등 주요 시장의 경기 둔화와 긴축정책, 중국의 경제성장 둔화가 미친 영향이 크다.

2013년은 한국의 대중국 수출이 정점을 찍은 해다. 수출액 1450억 달러, 수입액 830억 달러 수준으로, 2300억 달러라는 사상 최대 교역 규모와 600억 달러라는 사상 최대 무역 흑자, 26퍼센트의 사상 최대 대

중국 의존도를 구현했다. 그 금액과 비율은 이후 해마다 떨어지고 있다. 일국의 대외 경제가 다른 하나의 국가에 25퍼센트 이상을 의존하는 것은 바람직하지 않을 수 있다. 경제뿐만 아니라 정치, 외교, 군사 등 밀접한 연관을 맺는 국가에 의존할 경우 정치·외교적 운신의 폭이 좁아질 수 있기 때문이다. 또한 우리는 25퍼센트를 의존하지만 중국의 대외 경제는 한국에 의존하지 않는 불균형이 존재하기 때문에 더욱 그렇다.

한편, 대중국 수출이 줄어드는 데는 여러 가지 원인이 있다. 첫째, 글로벌 경기 둔화가 가장 큰 영향을 끼쳤다고 볼 수 있다. 한국의 대외 수출이 줄어드는 기간 동안 중국의 대외 수출도 역시 마이너스 성장을 거듭했다. 글로벌 경기 둔화가 중국의 경기 둔화로 이어지자 가공무역 기지 및 거대한 시장 역할을 하던 중국의 수입이 줄어들면서 한국의 수출도 타격을 받게 되었다.

둘째, 중국의 경제 체질이 변화했기 때문이다. 막대한 설비 및 사회간접자본(SOC) 투자와 이를 바탕으로 수출을 지원하던 중국 경제가 루이스변곡점을 지나면서 가공무역 축소, 소비 위주의 경제성장으로 전환되고 있다. 중국에 중간재 공급을 담당하던 한국의 수출은 타격을 받을 수밖에 없다. 물론 반도체, 휴대폰·디스플레이 부품 등 중국이 필요로 하는 분야에서는 대중국 수출이 견고하지만 단순 가공무역 분야에서는 급격하게 퇴조하고 있다. 이를 대체할 수 있는 소비재 수출은 규모도 적거니와 일본의 유니클로, 스페인의 자라 등의 브랜드와 비교해 볼 때 인지도를 갖추고 있지 못한 실정이다.

셋째, 중국 기업과의 기술 격차가 급격히 줄어들면서 힘든 경쟁을 이겨 나가야 하는 시점을 맞이했다. 화웨이, 하이얼 등 제조업 기업이 무섭게 세계 시장을 점유해 가고, DJI의 드론, 샤오미의 나인봇 등 신생 기업이 새로운 제품을 끊임없이 출시하면서 기존 산업의 패러다임을 변화시키고 있다. 알리바바, 텐센트 등 IT서비스 기업이 금융, 기술, 물류, 결제 시스템 등 영역을 넘나들며 소비자의 편리를 제고하는 서비스 상품을 내놓고 있으나, 한국 기업의 새로운 제품, 서비스 창조 능력은 제자리걸음이다. 중국 시장에서 한국 기업의 입지가 좁아지는 원인이다.

마지막으로 중국 정부의 지속적인 시장 개입 및 중국 기업 지원 정책이다. 중국 공기업이 조달 구매를 할 경우 중국 국내산을 많이 사용하라는 홍색공급망 정책이 펼쳐지고, 자국 기업에 발주를 하면 보조금이 주어진다. 중국은 아직 정부조달 협정 당사자가 아니다. 또 중국의 대형 선사 및 해운 회사는 중국 정부가 중국 조선사에 발주할 것을 요구하고 있으며 이때 20퍼센트가 넘는 캐시백이 제공된다는 사실을 넌지시 알려 준다. 중국 시장에서 중국 기업과 외국 기업이 경쟁하면 4대 보험료 등 많은 부분에서 중국 정부가 중국 기업만 지원한다는 이야기도 끊임

"

학자들은 비관하고, 관료들은 걱정하면서도 변명하고,
정치인들은 장밋빛 미래만 이야기한다고 했던가?
그러는 사이 우리 기업들은 미래를 보고
방향을 틀어 움직이고 있다.

"

없이 나온다.

수출 경쟁력 회복 대책으로는 여러 가지가 제시된다. R&D를 통한 기술 경쟁력 확보, 제조업 주도형 수출 모형 극복 및 고부가가치 서비스 산업 육성, 산업 및 기업 구조조정 활성화 등이 그것이다. 사실 이러한 대안을 내놓는 것은 도덕 및 윤리 교과서를 읽는 것과 다름이 없다. 공자님 말씀이요, 하나 마나 한 이야기다.

R&D를 이야기한다면 산업 기술 R&D가 필요한지, 기초 기술 R&D가 필요한 것인지, 국제 공동 R&D 비중을 어떻게 할 것인지, 국제 공동 R&D는 어떤 분야에서 어떤 나라와 할 것인지, 국책연구기관의 R&D는 경쟁력이 있는지 등 명확한 비전과 철학, 경험을 바탕으로 하지 않는 논의는 무의미할 뿐이다.

서비스 역시 마찬가지다. 미국, 유럽, 중국 등 거대 시장을 갖지 않는 국가가 서비스 경쟁력을 가질 수 있는지, 전 국민의 외국어 일상생활화가 안 되어 있는 상태에서 서비스 경쟁력을 가질 수 있는지, 싱가포르, 홍콩 등 도시국가형 중계무역서비스가 아닌 다른 형태의 어떤 서비스를 말하는지, 서비스산업의 경쟁력을 제고하기 위해 국가 경제 정책의 주도권을 네이버 등 IT서비스 기업에 주고, IT 기업이 요구하는 복합서비스 사업을 지원하기 위해 금융 규제, 물류 규제를 과감하게 풀어 줄 수 있는지 등 검토해야 할 사항이 많다.

현재 한국의 대중국 서비스 흑자에서 큰 공헌을 하는 부분은 관광, 운송, 지재권 서비스다. 관광 분야에서는 중국 관광객의 방문 숫자가 중요한데, 최근 정치적 긴장 관계로 중국 정부의 여행사 대상 한국 비자 업무 제한으로 중국 관광객이 급감하고 있다. 운송 분야 역시 한진해운 파산으로 향후 전망이 밝지 않으며, 저작권 및 콘텐츠 수출 분야인 지재권 서비스 역시 한류 스타에 대한 제한령(限韓令) 등으로 전망이 밝아 보이지만은 않는다.

하지만 수출 대안으로 희망적인 단서도 보인다. 먼저, 중국 기업에 취업하거나 중국에서 창업하는 우리 청년들이다. 중국 금융회사, 알리바바 등 IT 기업, 대형 물류 기업에서 활약하는 한국인을 많이 본다. 이들의 월급은 임금 소득 송금 형태로 한국에 경제적 부를 더할 것이고, 자녀 교육비 등 한국인 2세의 교육을 위한 밑거름이 되기도 한다. 비록 중국 기업에서 일하지만, 한국인으로서 한국의 발전을 위한 제안도 끊임없이 제공하고 있다. 우리 청장년들의 상하이 창업 스토리도 아름답다. 30대에 창업하여 단시간에 알리바바의 가장 큰 협력 파트너가 된 한국 청년 기업도 있고, 교육용 애플리케이션, 문화 콘텐츠, 패션 등 전통 분야와 첨단 분야에서 성공 스토리가 이어지고 있다.

둘째, 한국 기업의 투자소득수지다. 상품과 서비스를 팔아야만 돈을 버는 것은 아니다. 돈을 빌려주고 이자를 받는 것도 훌륭한 사업 모델이고, 지분을 투자하고 배당금만 받는 것도 하나의 투자 모형이다. 2000년 이자소득과 배당금을 합친 한국의 대중국 투자소득수지는 1.2억 달러에 불과했으나, 2010년 33억 달러, 2015년에는 54억 달러 수준으로 올라왔다. 지금과 같은 추세가 지속되어 가령 2020년경에 투자소득수지가 300억 달러가 될 수 있다면, 1년간 대중국 무역수지에 맞먹는 금액을 벌 수 있는 것이다.

셋째, 관광 수지다. 1년에 한국을 방문하는 중국 관광객 수는 600만 명이 넘는다. 가령 500만 명이 방문하고 1인당 숙박비용을 포함하여 200만 원을 소비한다고 하면, 그 금액은 10조 원, 100억 달러에 이른다. 한국의 대중국 무역수지 5분의 1에 이르는 금액이다. 따라서 중국 관광객을 두 배로 늘릴 수 있다면 수출에 대한 대안이 될 수 있다.

넷째, 문화 콘텐츠를 포함한 서비스 분야의 매출이다. 이메일 청첩장으로 중국 시장의 90퍼센트를 차지하는 한국 기업이 있다. 이제 2~3년 전 과거 이야기가 되어 버렸지만, 우리 해운사들은 매년 2~3조 원 넘게 중국에서 매출을 올렸다. 할부 금융, 포워딩 등 다양한 분야에서 매출 유형에 대한 대책을 세울 수 있다.

다섯째, 부품, 소재, 정밀기계 등에서는 경쟁력을 지속적으로 확보하고 있다. 어려운 경제 여건 속에서도 반도체·디스플레이, 통신기기 부품, 정밀기계 등 기업 간 거래(B2B)가 이루어지는 품목은 중국에서 지속적으로 선전하고 있다. 화장품을 예로 들면 코스맥스, 코스메카코리아 등 ODM·OEM업체는 자체 브랜드 없이도 중국에서 매년 40~50퍼센트가 넘는 성장을 거듭하고 있다. 사드 배치 결정 등으로 한국 기업이 어려움을 겪는 중에도 핵심 기술 및 부품, 소재 영역에서는 한국 기업의 공급 없이 중국 기업이 글로벌 경쟁력을 가질 수 없기에 끊임없이 수요가 있다.

이외에도 한국 기업에게 희망을 줄 분야는 많다. 중국인이 제일 선호하는 한국의 의료서비스, 한국 식품, 여전히 저변이 탄탄한 문화 콘텐츠 분야, 원전·엘리베이터·기계 수리 서비스업(미국, 유럽 기업에 비해 지리적으로 가까운 한국의 이점이 크다), 공기청정기 및 오폐수 처리기 등 중국의 수요도 존재하고 한국이 우위에 있는 분야가 분명 있다. 학자들은 비관하고, 관료들은 걱정히면서도 변명하고, 정치인들은 장밋빛 미래만 이야기한다고 했던가? 그러는 사이 우리 기업들은 미래를 보고 방향을 틀어 움직이고 있다. 박수를 보낸다.

21 한국 무역수지 흑자에 대한 변명

중국 공무원을 만날 때, 한중 무역 불균형을 조정할 필요가 있다는 지적을 여러 번 받았다. 한국의 대외무역 흑자가 매년 500억 달러 수준인데, 대중국 무역 흑자가 매년 500억 달러 수준이니 한국 입장에서 중국 사업은 매우 중요할 수밖에 없다. 반대로 중국 입장에서는 한국을 제외한 대부분의 국가를 대상으로 무역 흑자를 유지하고 있는데, 이웃 한국에서는 가장 많은 물품을 수입하고 500억 달러를 추가로 지불하니 속이 상할 만하다.

경제학 이론에서 한 국가가 지속적으로 무역 흑자를 기록하면 자국의 통화가치가 상승하고 제품의 가격 경쟁력이 떨어져 중장기적으로는 무역 흑자가 사라진다. 그러나 실제 현실에서는 무역수지 흑자국과 무역수지 적자국이 구별되고, 미국과 같은 헤게모니국가가 무역 적자국 입장에서 통화 발행, 양적 완화를 통해 한 개 나라의 소비 수준을 넘어서는 세계 시장 역할을 수행하여 무역수지 흑자국의 흑자가 계속 유지되기도 한다.

또한 국가별로 천연자원 보유량, 경제구조, 관광자원, 경쟁력이 다르다 보니 국제분업구조상에서도 무역수지 흑자국, 적자국이 구별될 수밖에 없다. 중동의 원유 생산국은 원유의 지속적인 수출로 외화를 벌어들이고, 한국처럼 매년 1000억 달러 이상의 에너지를 해외에서 수입해야하는 국가는 경쟁력을 가진 제품을 만들어 해외에 수출해서 벌어들이는 돈으로 다시 에너지를 구매할 수밖에 없는 것이다. 산업·분야별로 무역수지 구조가 고착화되는 원인이 된다.

제조업 위주의 산업 발전 구조를 가진 국가는 외환 보유고 확보, 지속적인 에너지 수입을 위한 에너지 안보 확보, 국민 소득수준 및 소비수준 향상, 경제성장 등 다양한 목적을 위해 일정 부분 무역수지 흑자를 유지하고 싶어 한다. 국민경제 입장에서는 무역수지의 지속적인 확대가

"

한중 무역수지 불균형을 시정하라는 요구에
국제분업구조와 동북아 3국의 이해관계,
투자와 무역의 관련성을 설명하면 다시 질문하거나
문제를 제기하는 사람이 더는 없었다.

"

필요한 이유다.

한중 무역수지 불균형에 대한 대답은 간단하다.

국제분업구조의 이해

한·중·일 3국은 국가 주도 경제성장 및 제조업 위주의 경제성장 전략을 취해 왔고, 이러한 경제성장 전략을 바탕으로 성공한 대표적인 국가다. 현재 업종·분야별로 편차는 있고 편차가 좁아지고 있지만 대체적으로 일본은 고부가가치·최첨단산업 및 부품, 소재 분야에서 우위에 있고, 중국은 여전히 낮은 생산 비용을 바탕으로 한 가공무역, 저부가가치 생산품 분야에서 세계 최고의 제조업 경쟁력을 가지고 있으며 한국은 그 중간자적 성격을 띤다고 할 수 있다. 일본의 최첨단 부품이 한국에 들어와 1차 가공을 거친 후 중국으로 건너가면 중국에서 완제품으로 탄생되어 전 세계 시장으로 나가는 것과 같다. 개별 기업도 개별 국가도 이런 국제분업구조(GVC, Global Value Chain)하에서 경쟁력을 극대화하기 위해 노력한다. 따라서 한국의 제품에 대한 수요는 비단 한국의 무역수지 흑자에만 기여하는 것이 아니라 중국이라는 나라의 무역수지 흑자에도 크게 기여한다. 한국의 대중국 무역 흑자가 커질수록 일본으로부터의 수입이 늘어나는 구조와 똑같은 것이다. 개별 기업의 GVC 전략을 무시하고 중국이 한국에게 무역수지 흑자 500억 달러를 시정하라고 한다면, 중국이 매년 전 세계를 향해 벌어들이는 4000억 달러 규모의 무역 흑자도 시정해야 한다. 역으로 4000억 달러 규모의 중국 대외무역 흑자에 한국의 500억 달러가 기여한 부분은 금액 이상의 가치를 지닐 수 있다. 국가가 결정하는 부분이 아니라 개별 기업의 경쟁력 극대화 차원에서 발생한 자연스러운 구조라는 점을 알아야 한다.

한국 선행투자의 고려

한중 양국의 외국인직접투자 규모도 살펴보아야 한다. 수교 이후 한국의 대중국 투자는 600억 달러 수준으로 중국의 대한국 투자를 압도한다. 중국의 대외 개혁·개방 정책의 핵심은 외국인 투자 유치를 통해 일자리를 늘리고 선진 기술을 도입하여 산업을 진흥시키고 수출을 늘리는 것이었다. 외국인 투자와 무역수지의 관계를 놓고 보면, 외국인 투자 초창기에는 핵심 설비와 기계를 수입할 수밖에 없고 당연히 외국인 투자 유치는 일정 부분 무역 적자를 동반할 수밖에 없다. 또한, 시간이 지나면 현지 부품 조달이 늘어나지만 초창기에는 핵심 부품을 본국(해외)에서 가져올 수밖에 없어 무역 적자가 일정 부분 지속된다. 역으로, 최근 전 세계적인 경쟁력을 확보하고 있는 화웨이, DJI 같은 중국의 제조기업이 한국에 진출한다면 중국의 무역수지가 개선되는 효과가 동반될 것이다. 따라서 무역수지 불균형 시정 문제를 논의할 때는 양국 간 투자 불균형을 함께 다루어야 한다.

한중 무역수지 불균형을 시정하라는 요구에 국제분업구조와 동북아 3국의 이해관계, 투자와 무역의 관련성을 설명하면 다시 질문하거나 문제를 제기하는 사람이 더는 없었다.

22

글로벌 공급과잉과 한국의 산업

2008년 글로벌 경제위기 이후 각국의 경쟁적인 통화팽창(양적 완화) 정책과 재정 확장 정책은 경기 둔화를 완화시키는 역할을 했다. 물론 기대했던 만큼 양질의 일자리가 창출되지 않고 기업들은 부동산 등 고정자산 투자에 더 열을 올렸지만, 넘쳐나는 통화는 각국의 투자 증대로 이어졌고 글로벌 경제위기를 극복하는 데 도움이 되었다. 그러나 그 후유증으로 지금 전 세계가 공급과잉 위기에 직면해 있다.

철강산업을 보자. 매년 전 세계 철강 수요는 15억 톤 수준인데, 7억 5000만 톤의 과잉공급 물량이 쏟아져 나온다. 각 국가가 자국의 철강산업 보호를 위해 관세 폭탄, 반덤핑 관세를 남발하고 있는 원인이다. 전 세계 과잉생산의 절반 이상인 4억 톤을 중국 철강업체가 쏟아낸다. 품목을 좁혀 고급 철강재인 스테인리스만 본다면 중국의 수요는 2000만 톤 수준인데, 중국 내 공급은 4000만 톤 수준이다. 장자강에 위치한 포스코 공장에서 생산하는 물량은 100만 톤에 불과하다는 사실은 공급과잉 앞에 서 있는 한국 기업의 위치를 단적으로 보여 주는 듯하다.

다른 산업도 상황은 마찬가지다. 2008년 이후 중국을 비롯한 전 세계의 공격적인 투자 정책이 산업별로 글로벌 공급과잉을 가져왔고, 원가 인하 경쟁을 거치면서 수출 기업들이 어려움을 겪고 있다. 조선산업의 수주 절벽, 철강 공급과잉, 석유화학산업 과잉설비 문제가 한국 기업에도 구조조정의 압력을 가하고 있다. 자동차산업도 마찬가지다. 빅 3 등 전통 차량 제조업체의 공급과잉이 존재하는 상황에서 전기차 등 미래형 자동차 공급이 늘어나자 업계에는 긴장감이 감돈다.

중국의 공격적 투자 정책을 보여 주는 간단한 수치를 살펴보자. 중국은 전통적으로 투자주도형 경제성장 전략을 취해 왔다. 2009~2010년 중국의 GDP 대비 투자 비중은 48퍼센트 수준이었다. 지금은 35퍼센트 수준의 안정화 추세이지만 GDP가 11조 달러에 이르는 국가가 35퍼센트를 구현한다는 사실은 그 투자 규모가 엄청나다는 사실을 보여 준다.

포커 등 카드게임에서 한 게임의 판돈을 제한하는
이유가 무엇일까? 그러지 않으면 자금이 튼튼한 선수를
이길 수 없기 때문이다.

한국의 고도 성장기였던 1981~1990년 GDP 대비 투자 비중이 30퍼센트 수준이었음을 감안하면 중국은 투자 국가라고 해도 과언이 아니다.

특정 산업의 공급과잉 현상과 글로벌 치킨게임에서 한국이 참고할 만한 사례가 있다. 바로 메모리반도체산업이다. 현재 디램, 낸드플래시 등 세계 메모리반도체 시장의 절대 강자는 삼성전자다. 전 세계 공급 물량의 40퍼센트 이상을 차지한다. 2위 기업은 한국의 SK하이닉스, 세계 공급의 25퍼센트를 차지한다. 3위는 미국의 마이크론, 15퍼센트 수준이며 그 수치는 떨어지고 있다.

2008년 말 20퍼센트 수준에 이르던 글로벌 공급과잉 상태에서 수차례의 치킨게임이 진행되었고 원가 경쟁력이 약했던 유럽과 일본, 대만의 반도체 기업이 스스로 파산하면서 세계 시장은 삼성전자, SK하이닉스, 마이크론의 3각 체제가 되었다. 반도체는 아직도 한국에게 막대한 경제적 부를 가져다주는 효자 산업이다. 중국 정부가 반도체 굴기를 선언하고 100조 원에 가까운 투자를 계획하고 있는 데는 한국의 반도체산업을 잡으려는 의도가 강하게 깔려 있다고 한다.

포커 등 카드게임에서 한 게임의 판돈을 제한하는 이유가 무엇일까? 그러지 않으면 자금이 튼튼한 선수를 이길 수 없기 때문이다. 판마다 '당신이 가진 만큼 전부'를 판돈으로 건다면 장기적인 확률 게임에서 판돈을 많이 가지고 온 사람이 반드시 이기게 되어 있다. 그래서 규칙이 있고 심판관을 둔다.

분야별로 진행되고 있는 글로벌 치킨게임에서 시장을 가진 국가와 시장을 가지지 못한 국가가 치킨게임을 한다면 누가 이길까? 인구로 따지면 14억 인구와 5000만 인구의 치킨게임이고, 외환 보유고로 따지면 3조 5000억 달러와 4000억 달러의 치킨게임, GDP로 따지면 10조 달러 국가와 1조 2000억 달러 국가 간의 게임이며, 정부의 재정 지원을 받는 국유 기업과 영업이익이 발생하지 못하면 채권단의 압력을 받아야 하는 민간기업과의 게임이다.

거기다 기업에서 벌어지는 치킨게임에 정부의 입김과 영향력이 더해 진다면 어떻게 될까? 최근 한국 조선사가 중국 해운사로부터 한 척의 배도 수주하지 못하고 있는 이유는 중국 정부가 자국 조선사에 발주하는 해운사에 캐시백 제도를 적용해 주기 때문이라는 의심은 사실 업계에서 정설로 받아들여지고 있다. 중국 고유 브랜드의 로컬 메이커들이 1년에 SUV 한 대당 1000만 원 가까운 생산비 절감을 이루어 내는 것도 이와 무관하지 않다는 지적이다.

해운업계도 마찬가지다. 글로벌 공급과잉 현상과 치킨게임이 벌어지고 있는 상황에서 한국 채권단은 6000억 원의 유동성 위기를 막지 못해 국내 1위, 세계 7위의 해운사에 파산을 선고했다. 이에 전 세계 해운사와 항만은 만세를 불렀다. 국적 해운사의 파산은 국내 조선업에도 부정적인 영향을 줄 전망이다.

매일 뉴스에서는 철강산업의 공급과잉과 반덤핑을 다룬다. 한국의 대표적인 철강업체도 지난 수년간 몇조 단위의 현금 유동성을 글로벌 치킨게임에서 생존하기 위해 실탄으로 사용했다고 한다. 철강은 자동차, 조선, 반도체, 디스플레이, 전자, 휴대폰, 건설, 기계 등 산업 전 영역에 사용되는 기초 소재로서 한국 산업과 수출 경쟁력을 지탱하는 거대한 기둥이었다. 이 철강에도 적자가 발생하면 채권단은 바로 파산을 선언할까? 글로벌 치킨게임에서의 반도체산업 사례를 다시 한 번 들여 다본다.

23
브루투스
너마저

"브루투스, 너마저"는 셰익스피어의 극본 「줄리우스 시저」에 나오는 유명한 표현이다. 로마 공화정 말기에는 내란과 혼란이 거듭되면서 피로 피를 씻는 싸움이 계속되었다. 천재적인 전략가이자, 군인, 정치가였던 시저는 정적을 차례로 격파하고 실질적으로 황제 체계를 확립한다. 그러나 공화정을 주장하는 정의파 일당은 B.C. 44년 4월 13일 원로원 폼페이우스상 밑에서 시저를 향해 무차별적으로 단도를 내리꽂았다. 마지막까지 맨손으로 저항하던 시저는 브루투스가 자신을 향해 단검을 내리꽂자 이 유명한 말을 남기고 저항을 포기했다고 한다.

브루투스는 시저의 정부(情婦)인 세르빌리아의 아들로, 시저가 폼페이우스를 격파했을 당시 폼페이우스의 부하로서 포로가 되었으나 시저가 특별히 목숨을 살려 세르빌리아에게 돌려보내고, 이후에도 아들처럼 각별히 아꼈던 부하다. 이 유명한 구절은 지금 현대에도 가장 믿는 사람에게 배신을 당했을 때 쓰이는 표현으로 자리를 굳혔다.

2016년 8월까지 중국의 누적 자동차 판매 대수를 살펴보았더니 약 1400만 대였다. 전년 대비 12퍼센트의 성장률을 기록했다. 주목할 만한 점은 중국 로컬 브랜드의 판매 대수가 2015년의 360만 대에서 2016년 480만 대 수준으로 33퍼센트 가까이 성장했다는 사실이다. 반면 외자 브랜드 판매 대수는 전년 대비 8퍼센트 증가한 수준이고, 현대자동차그룹의 성장률은 아쉽게도 0퍼센트 수준이었다. 중국의 자동차산업 보호 정책에 따라 외국 브랜드 자동차가 중국에서는 현지 기업과 50 : 50 합자기업 형태로만 운영되는 현실을 감안하면 중국 자동차 시장의 절반 이상을 이제 중국 기업이 차지하고 있다 해도 과언이 아니다.

현지 자동차 기업이 급성장한 배경으로는 외국 기술 인력 대규모 유치를 통한 자체 경쟁력 확보, 정부의 대대적 지원에 의한 단가 인하, 지원 정책을 통한 전기차 등 차세대 자동차의 진출, 해외 디자이너의 대규모 영입에 따른 디자인 개선 등을 꼽는다. 참고로 2015년 중국 자동차

"

가장 믿었던 자동차산업에서
"너마저"라는 탄식이 나온다면,
제조 한국의 다음 미래에는 무엇이 남아 있을까?

"

시장의 국가별 점유율은 중국이 41.35퍼센트, 독일이 18.9퍼센트, 일본 15.9퍼센트, 미국 12.3퍼센트, 한국이 7.9퍼센트였다. 아직 할 일이 많은데 벌써 하락세라니, 안타깝다.

중국의 자동차 시장은 세계 최대 생산지이자 소비지다. 인구 1,000명당 자동차 보유 대수가 선진국 수준인 250명 수준까지만 올라가도 중국의 자동차 대수는 3억 5000만 대에 이를 것이다. 조금 오래된 통계이기는 하지만 2010년에는 1,000명당 66대에 불과했다. 중국 정부도, 세계 자동차 브랜드도 중국 자동차 시장이 빠르게 성장한다는 사실은 의심하지 않는다.

자동차산업에서는 2~3만 개에 이르는 부품이 표준화되지 않은 데다 하나하나가 최고 품질을 보유해야 한다. 같은 회사 제품이라도 모델이 다르면 부품을 따로 만들어야 하고, 조립 대기업과 하청 업체 간 폐쇄적 네트워크 구조로 인해 진입하기도 어렵고, 단기간에 경쟁력을 갖추기 힘든 산업이 자동차산업이다. 그런데 드디어 중국 자동차가 주류로 등장하기 시작한 것이다.

2014년 2월 상하이 주재관으로 부임할 당시 2013년 한중 교역액과 무역 흑자는 사상 최고치를 기록했다. 철강, 반도체·디스플레이, 조선, 석유화학, 자동차, 전자제품·휴대폰 등 주력 산업 전 분야에서 한국 기업의 기술적 우위를 의심할 여지가 없었다. 그러나 그 짧은 3년 동안에, 일부는 글로벌 공급과잉의 영향이기도 하지만 침체에 빠진 조선 사업의 주도권은 중국으로 넘어갔고, 철강산업은 공급과잉과 덤핑, 반덤핑 관세 등으로 몸살을 앓았으며, 전통 강자인 IT산업도 중국 로컬 브랜드에 밀리기 시작했다. 석유화학 분야 역시 중국의 석유화학 설비 확충에 따라 대중국 수출 금액이 급감했고, 급기야 2016년을 여는 시점에는 자동차, 반도체 두 개 분야에서만 중국 기업에 비해 기술적 우위를 보이고 있다는 평가가 많았다. 최근 중국의 R&D 정책을 담당하는 중국 과학기술원도 자동차, 반도체 외에는 한국과 협력할 분야가 없다고 잘라 말했다. 그런데 이제 자동차산업에서도 한국 자동차가 밀릴 조짐이 보이는 것이다.

한국 기업의 중국 자동차 진출 상황에서 중국 자동차의 성장 정도를 가늠해 보자. 기아자동차가 진출해 있는 옌청의 시 간부들은 기아자동차 유치를 위해 6개월을 한국에서 보냈다. 이후 현대차 제4공장, 제5공장 진출은 중국 정치 지도자 간의 헤게모니 싸움에 의해 결정된다는 말이 나올 정도였다. 기아자동차가 옌청에 진출한 건 불과 10년 전 일이고 제4, 제5공장 진출이 결정된 건 1~2년 전 일이다. 이렇게 한국 자동차 기업이 공급 역량을 확장하려는 시점에 수요가 벌써 밀리기 시작한 것이다.

쑤저우 공업단지의 한국 백색 가전 업체가 철수하면서 시작된 제1차·제2차 벤더(부품 공급업체)의 비정상 철수, 공장 폐업, 제3국 생산 기지의 이전 현상이 최근 지역사회의 큰 이슈다. 냉장고, 세탁기 등 백색 가전의 경쟁력이 급격히 쇠락하자 동반 진출한 중소·중견기업도 타격을 입은 것이다. 자동차산업의 폐쇄적인 부품 공급 생태계상 한국 자동차의 하락은 부품 기업에게 더 큰 타격으로 다가올 수밖에 없다. 최근 옌청 등 자동차산업 진출 지역에서는 "자동차, 너마저"라는 탄식이 나온다고 한다. 가장 믿었던 자동차산업에서 이런 탄식이 나온다면, 제조 한국의 다음 미래에는 무엇이 남아 있을까?

24
우리도
M&A
좀 할까요?

중국의 해외투자 규모가 1000억 달러를 넘어섰고, 중국 기업의 해외 기업 인수 합병(M&A) 규모도 1000억 달러를 넘어섰다. 과거 중국 기업의 M&A 투자가 에너지자원 확보를 위해 국영기업 위주로 이루어졌다면, 최근의 M&A는 민영기업이 주도하고, 그 대상도 제1~3차 산업을 망라한다.

중국의 투자 정책을 살펴보면 특징이 있고, 철학이 있다. 외국인의 국내 투자를 유치하는 인바운드(inbound) 투자 정책은 우수 기술을 가진 제조업 위주로 이루어지고, 중국 내 투자자의 해외투자를 일컫는 아웃바운드(outbound) 투자 정책에서는 브랜드네임과 경영 노하우를 가진 기업을 인수하는 전략을 구사한다. 브랜드네임을 인수하려는 것은 중국 제조업이 급속히 발전하더라도 얻기 어려운 무형자산을 습득하기 위한 것인데, 이 브랜드 가치를 바탕으로 다시 중국에 투자함으로써 향후 내수 시장에서 외국 기업 브랜드에 밀리지 않겠다는 전략을 포함한다. 한국의 해외투자는 여전히 M&A보다 제조업 중심 생산 기지를 이전하는 형태이므로 중국의 해외투자 정책과는 그 전략이 전혀 다르다.

이에 따라 실제로 중국 레노버는 IBM 및 모토로라 휴대폰을 29억 달러에 인수했고, 동펑자동차는 푸조시트로엥(PSA)의 지분 14퍼센트를 인수했으며, 완다그룹은 미국 극장업체 AMC를 26억 달러에 인수했다. 스웨덴을 대표하는 자동차 브랜드 볼보는 저장 성 오토바이 수리공 출신 리수푸 회장의 지리 자동차에 팔렸다.

중국이 이처럼 적극적으로 해외에 진출하고 M&A 시장에 나선 데는 몇 가지 이유가 있다. 먼저, 누적된 무역 흑자 및 자본시장의 성장으로 투자 자금에는 여유가 생긴 반면, 전 세계적 공급과잉과 불경기로 인하여 우수한 기업이 일시적 자본 부족 현상을 겪음으로써 우량 매물은 늘어나기 때문이다.

둘째, 외국 명품 브랜드 자체를 중국이 구매하면 외화 유출을 막을 수 있다. 중국인이 해외에서 명품을 구매해 오면 그만큼 외화가 유출되지만, 그 명품 브랜드의 주인이 중국 기업이면 외화 유출을 걱정할 필요가 없다.

셋째, 기업 차원의 경영 선진화 전략 차원에서 오랜 자본주의 역사를 가진 외국 기업의 상품 진열·고객 관리·홍보 노하우와 해외 유통 기업의 네트워크 등을 통째로 인수받아 배울 수 있기 때문이다. 성장 역사가 짧은 중국 기업은 이런 선진 관리 기법에 목말라 있다. 또 이를 바탕으로 중국 본토에서 새로운 사업을 시도할 수도 있다.

역으로 외국 정부 및 기업이 중국 기업의 M&A를 받아들이는 이유는 무엇일까? 먼저, 글로벌 경기 침체하에서 부실한 기업, 특히 도소매업을 정리할 수 있는 계기가 되고, 외자 유치를 통해 경쟁력을 강화할 수 있기 때문이다. 둘째, 외국 기업 입장에서는 중국 증권시장의 제한 조치로 중국 내 기업공개(IPO)가 불가능함에 따라 전략적 투자자와의 협력을 통해 중국 시장에 진출하기 위한 의도로도 보인다. 즉, 중국의 해외투자 및 M&A 투자는 국제화 시대의 윈윈(win-win) 모형이 될 수 있는 것이다.

그렇다면 중국의 해외투자, M&A 동향이 한국 기업에게 의미하는 바는 무엇일까? 두 가지 질문을 던져 본다.

"

우리나라의 이마트가 중국 유통점을 인수하는 것은
성공적인 거래로 보고, 우리 이마트가 인수당하는 것은
반대하는 모습이다. 이처럼 한국인은 중국 자본에 대해
강력한 비대칭 정서를 지닌다.

"

한국은 해외 M&A를 하지 않나?

중국 국내 시장의 공급과잉, 해외 우량 매물의 증가는 우리에게도 똑같이 외부 환경이다. 그런데 우리나라는 사실 해외투자를 수행할 자금이 부족한 상황이다. 1년 해외투자 금액이 중국의 4분의 1 수준인 270억 달러에 불과하다. 그나마 이루어지는 해외투자는 전술한 바와 같이 제조업 위주의 생산 법인 설립이고, M&A를 목적으로 해외에 진출하는 경우는 거의 없다. 사내로 보면, 최근 사외이사·비정부 국제 조직(NGO) 등 기업 감시 활동을 강화함으로써 채산성이 낮은 비핵심 부분으로의 진출을 견제한 것도 M&A형 해외투자에 대한 제약 요인이 된다. 가장 성공한 해외투자 사례로 꼽히는 미래에셋의 상하이 빌딩 인수 과정에서도 의사결정 당시 반대 의견이 많았다고 한다.

또 자본력이 약해서인지 상상력의 크기가 제약되는 면이 있다. 1980~1990년대 우리 경제가 성장하면서 해외 명품 소비가 늘어날 때 그 해외 명품 브랜드를 사버리겠다고 마음먹은 사람이나 기업이 얼마나 있었는지 모르겠다. 축구로 따지면 AC밀란을, 야구로는 뉴욕양키스를, 가방은 루이뷔통을, 백화점은 미국의 메이시스를, 자동차는 BMW를, 카세트는 일본의 소니를 사버리겠다는 상상을 못 한 것 같다.

중국 기업은 왜 한국 기업을 인수하지 않나?

2015년 기준 중국 기업의 한국 투자 신고 금액은 20억 달러에 불과하다. 해외 M&A 규모에 비해 우리나라 기업에 대한 지분 투자가 적은 것은 신기한 일이다. 그 금액의 한국 기업 지분 투자에 한국의 게임산업, 부동산·콘텐츠산업이 다 넘어간 것으로 우리가 반응하는 것도 주목할 일이다.

중국 기업으로서는 쌍용자동차 투자 실패 사례를 크게 의식하는 듯하다. 중국인과의 대화에서 한국인과 한국 정부가 상하이자동차의 쌍용자동차 인수에 대해 부정적으로 반응한 데 대한 상처가 크다는 이야기를 듣고 많이 놀랐던 기억이 난다.

한국은 외환위기 극복 시기, 적극적인 외국인 투자 정책을 펴는 과정에서 론스타로 상징되는 외국인 투자가의 뻥튀기 논란으로 시끄러웠던 적이 있다. 외국인 투자에 반대하는 정서가 존재하는 것이 사실이다. 우리는 특히 중국 기업의 인수에 대해서는 더욱 우려의 목소리를 낸다. 적정 규모의 중국 자본 유치를 통해 한중 간의 이질감을 해소한다면 역으로 중국 내수 시장 진출에도 도움이 될 텐데 말이다.

최근 중국의 해외투자 및 M&A를 한국에 적용시켜 보자. 이랜드그룹, 뚜레쥬르 등이 중국 시장에 진출한 것을 두고 우리는 쉽게 성공했다, 못했다를 논의하는데, 가령 중국의 빵집 체인점이 우리나라 파리바게트 전체를 구매하거나 우리나라 이마트 전체를 중국의 유통점이 구매한다면 우리나라 국민 정서는 어떻게 반응할까? 우리나라의 이마트가 중국 유통점을 인수하는 것은 성공적인 거래로 보고, 우리 이마트가 인수당하는 것은 반대하는 모습인 것이다. 이처럼 한국인은 중국 자본에 대해 강력한 비대칭 정서를 지닌다.

질문으로 다시 돌아와, 중국 기업은 한때 한국 기업을 인수하지 않기도 했지만 이제는 바뀌고 있다. 2015년 중국 안방보험의 동양생명 인수는 과거와의 단절을 의미하는 하나의 상징적인 사건이라 생각한다. 부동산, 콘텐츠를 넘어 중국 자본이 금융으로 진출하는 신호탄이 되었고, 안방보험이 동양생명을 인수한 이후 동양생명의 경영 실적이 빠르게 개선되고 있다. 한중 간 M&A 성공 사례로 남을 가능성이 클 것으로 보인다.

중국의 해외투자 및 M&A라는 트렌드와 속도, 그 규모에 놀란 사람들은 향후 추세가 더욱 가속화될 것이라는 점에 누구나 동의한다. 현재 중국의 한국 투자 비중은 게임 및 문화 콘텐츠 등 특정 산업을 좌지우지할 만큼 높아졌고, 전기·전자, 반도체, 식품, 금융으로 확대되고 있다. 이제야말로 면밀하게 중국 자본을 검토하고, 역으로 우리도 해외투자, 중국 기업 M&A에 대해 진지하게 고민해야 할 시점이다. 한국 기업의 전체 M&A에서 해외 기업을 인수하는 비중은 전체의 0.7퍼센트에 불과하다. 중국은 55퍼센트, 일본은 64퍼센트 수준이다. 해외투자라 하면 제조업 진출만 생각하는 것은 문제가 있다. 우리나라가 대외 개방 모형을 통해 경제를 성장시켜 왔다면, 제2의 국제화, 차세대 성장 동력은 이런 M&A라는 글로벌 트렌드에 편승하는 것이 될 수 있다. 글로벌 평균에 지나치게 어긋나는 우리의 편협한 기업 문화, M&A 문화를 벗어나는 것도 여기에 포함되어야 할 것이다.

25

**물 좋은
부동산 없나요?**

중국인의 한국 부동산 투자에 대한 기사로 하루를 열었다. 중국인이 소유한 서울 땅이 2014년 말 13만 3,000제곱미터에서 2016년 상반기 17만 1,000제곱미터로 29퍼센트 증가했다고 한다. 같은 기간 미국인의 서울 보유 필지는 1퍼센트 늘었고, 일본인 보유 필지는 3.4퍼센트 감소했다. 중국인이 제주도를 넘어 서울로 투자를 확대하고 있다. 이는 서울이 중국 본토와 가깝고 쇼핑, 병원, 의료 시설이 밀집되어 있어 가끔 들러 쉬기도 쉽고 투자가치가 있기 때문이라고 한다. 2014년 중국의 대한국 외국인 투자금액은 신고 기준 약 11억 달러였고, 그중 8억 달러가 부동산과 임대 사업 투자비인 것으로 신고되었다.

이런 기사가 처음 나온 것은 아니다. 중국인의 한국 부동산 투자에 대해서는 긍정적인 기사보다 부정적인 기사가 더 많다. 왜 우리나라 사람들은 중국인의 부동산 투자에 민감하게 반응할까? 부동산을 외국인에게 개방한 것에는 주재원 등 실수요 반영, 외국인 투자를 통한 부동산 수요 창출(침체된 부동산 시장에 수요 창출로 적절히 가격을 상승시켜 주면 경제에 활력이 될 수 있다), 상호 평등 원칙에 입각한 대외 개방 등 여러 가지 이유가 있는데도 말이다.

1인당 GDP가 아직 한국보다 낮은 중국이 한국의 부동산을 사들이는 것이 성가신 것일까? 중국인은 미국, 일본처럼 제조업 투자 등 기업 투자를 하지 않고 부동산 위주로 진출하니 신경이 쓰이는 것 같다. 전통적으로 중국인에 대한 피해 의식도 한몫할 수 있다.

아니면, 외국인이 기업 및 증시가 아닌 '부동산'을 사들여서 그런가? 땅의 소유권이 넘어간다는 감정은 기업의 소유권이 넘어가는 것과는 조금 다르게 느껴지니 말이다.

그것도 아니면 중국인의 유별난 부동산 사랑이 경계감을 불러일으키는 것일까? 사실 중국은 아직 사회주의 체제이기 때문에 중국에서는 원칙적으로 모든 토지가 국유다. 그러다 보니 중국인은 외국의 사유제 국

"

우리 기업들의 중국 부동산 투자 실적은 어떤지 묻고 싶다.
상하이라는 세계 최고의 부동산 시장에서
우리 기업들의 성적은 어느 정도나 될까?

"

가에서 본인의 땅을 소유하는 것을 선호한다. 중국인들의 해외 부동산 투자는 우리나라만의 문제가 아니다. 캐나다, 호주, 뉴질랜드 등 서구 국가에서도 중국인의 투자 허용 여부 및 보유 한도 크기가 그 나라의 부동산 가격에 영향을 끼치는 가장 큰 지표가 된 지 오래다. 그래서 이런 나라들은 중국인의 부동산 투자에 대한 제한과 규제를 높이고 있다. 마치, 1980년대 일본이 제조업 경쟁력을 바탕으로 세계 2위의 경제 대국으로 떠오른 후 미국 등 해외의 부동산을 사들이자, 미국 내에서 경계의 목소리가 커졌던 것처럼 말이다.

중국인의 유별난 부동산 사랑, 13억이 넘는 인구수, 여기에 외환 보유고가 3조 5000억 달러에 이르고 1년 해외투자금이 1000억 달러를 넘어서는 자본의 위력 때문에 우리는 우려의 시선을 보내는 것 같다. 13억 명은 너무 많고, 약 2억 명 규모로 추산되는 중국 중산층이 한국 부동산을 사들이기로 결정한다면 어떨까? 지금과는 달리 생각하게 될까?

이번에는 반대로 한국인의 중국 부동산 투자다. 상하이에 있는 지인 한 분은 2000년대 초 IT업계의 중국 지사로 파견을 나왔다. 당시 중국 아파트를 몇 개 샀는데, 본인 인생에서 그게 가장 뛰어난 결정이었다고 한다. 자산 가치도 상승했고, 임대 소득도 발생하니 말이다. 이 경우는 개인적인 의사결정이고, 우리 기업들의 중국 부동산 투자 실적은 어떤지 묻고 싶다. 상하이라는 세계 최고의 부동산 시장에서 우리 기업들의 성적은 어느 정도나 될까?

아시아의 금융 중심지를 넘어, 세계 최고의 금융 중심지로 발돋움한 상하이 푸둥 지구는 26년 전 허허벌판이었다. 1990년대 초 한국이 새만금 개발 프로젝트를 대외에 발표할 때 중국 정부는 푸둥 개발 계획을 발표했다. 26년이 지난 오늘 푸둥에는 100층 가까운 고층 건물이 즐비하고, 찬란한 야경은 수많은 관광객의 눈길을 사로잡는다. 새만금과 비교해 보면 아쉬움이 남는다.

푸둥 공항, 창장 첨단기술단지, 최근에는 디즈니랜드도 들어서면서 호텔, 음식점, 기념품 가게 등 푸둥의 부동산 가격은 더욱 상승했다. 1990년에 비해서 상승한 것은 말할 것도 없고, 지난 10년간 부동산 가격 상승률도 300퍼센트에 가깝다. 황푸 강변의 고층 아파트 펜트하우스는 한국 돈으로 300억 원에 매매된다. 푸둥에 있는 모든 건물을 보면 '돈, 돈, 돈'이라는 생각밖에 안 든다. 상하이의 경제적 부와 가처분소득은 이 빌딩들이 창출했구나 싶다.

푸둥의 빌딩 숲을 지나면 이 건물은 일본 자본, 이 건물은 대만 자본, 이 건물은 홍콩 자본, 여기는 중국 민족 자본이 들어간 건물이라는 말을 듣는데, 안타깝게도 한국 자본이라는 단어는 거의 듣지 못한다. 와이탄의 식당가에는 대만이, 상하이 국제금융중심빌딩에는 일본이 투자하여 막대한 이윤을 올렸다.

상하이에서 한국 자본을 대표하는 건물은 푸둥의 미래에셋 빌딩 정도다. 미래에셋의 해외투자 사례 중 가장 성공한 것으로 꼽히는 투자 건이다. 2006년 당시 3억 달러 정도에 구매했는데 지금은 호가가 10억 달러가 넘는다고 한다. 제조업에서 10년 만에 매출이든 영업이익을 세 배로 올리기는 쉽지 않다. 7억 달러의 경제적 부를 얻기 위해서는 특정 상품을 얼마나 팔아야 할까?

상하이에서 한국 기업의 부동산 투자를 추적해 보면 사례 자체가 거의 없다는 사실이 놀라울 정도다. 포스코 건물을 판매하고 나간 적이 있고, KCC가 중국 하이난 항공과 공동으로 투자한 빌딩이 하나 있다. 포스코 건물은 2008년 외환위기 이후 매각한 것이고, KCC는 건물 6층에서 11층까지를 보유하고 있다. 2010년 11억 위안을 투자하여 현재는 14~15억 위안 수준의 가치라고 한다. 부의 창출을 떠나서 상하이 진출 한국 기업에게 값싸게 사무실을 임대해 주고 있어 입주 한국 기업은 임대료 지출을 줄일 수 있고 다른 한국 기업과 집적되어 정보를 공유할 수 있으니 이 또한 좋은 일이라 하겠다. 그렇지만 지난 26년간 상하이, 그리고 푸둥 지구가 쌓아 온 그 막대한 부동산 개발이익에서 한국 기업이 차지한 비중은 한 움큼도 안 된다고 볼 수 있다.

2010년 상하이 엑스포 개최 부지에 SK차이나가 60층 가까운 빌딩을 신축하고 있다. 직접 신축하는 것이라 여러 가지 개발 리스크에 노출될 것으로 본다. 하지만 앞선 한국 기업 사례와 달리 규모가 크고, 직접 신축하는 사례라서 성공한다면 개발이익이 더 클 수도 있다. 성공적으로 준공되어 SK 입장에서도 큰 경제적 부를 창출하고 진출 한국 기업에게도 상대적으로 저렴한 입주 공간을 제공해 주기를 기원한다.

26
현대판 「허생전」

　조선조 후기의 실학자 연암 박지원의 소설에 등장하는 허생은 평생 글을 읽으려 했으나 부인의 등쌀을 이기지 못하고 묵적골에서 일어선다. 우선 한양에서 제일 부자로 소문난 변씨에게 가 별다른 설명 없이 1만 냥을 빌린다. 곧장 안성으로 가 지방 곳곳에서 서울로 들어오는 대추, 밤, 감, 배, 석류, 귤, 유자를 다 사들인다. 곧 물건이 품귀해지자 허생에게 물건을 팔았던 상인은 허생에게 다시 열 배의 가격을 지불하고 과일을 되산다. 이에 허생은 1만 냥으로 나라의 물건값을 좌우할 수 있으니 그 취약함을 알겠다며 한탄한다. 허생이 다시 제주도에 가 말총을 죄다 사들이자 몇 년 후 나라 안 망건값이 열 배로 뛰어오른다. 허생은 다시 많은 돈을 벌었다. 이후 허생을 찾아간 변씨에게 허생은 쉽게 돈을 번 원인을 이렇게 설명한다. "조선은 배가 밖으로 나가지 않고, 수레가 나라 안에 다니지를 못해서, 온갖 물화가 제자리에서 나 제자리에서 사라지지요. 작은 부자는 조그만 물품을 조금씩 사서 팔려고 하지만, 만냥이라는 큰돈으로 수레면 수레, 배면 배 한 가지를 그물로 훑듯이 독점해 버리는 게 큰돈을 버는 길입니다. 그러나 후세에 누가 이 방법을 사용한다면 이는 백성을 망치는 길입니다."

중국에서 개최된 식품 전시회에 참가한 한국의 유자차 회사 대표이사의 이야기가 생생하다. 중국 소비자도 유자차를 좋아하다 보니 지금은 한국에서 생산된 유자차의 50퍼센트 이상이 중국 시장에서 소비된다. 가능성을 본 중국의 대형 유통업자들은 한국 유자차를 한국 판매가의 두 배에 사들이기 시작했다. 이때만 해도 중국 시장의 존재가 한국 유자차업계에는 축복이었다. 그러나 중소 한국 유자차업체가 중국에서 자생적인 판로를 개척하지 못하고 중국 유통업자에만 의존하다 보니 시간이 지남에 따라 중국 유통업자는 가격을 후려치기 시작했다. 「허생

"

전략은 하나같다. 그 방식이 놀랍도록 허생이 돈을 번 모습과
비슷하다. 저가를 바탕으로 특정 산업 소비자,
특정 산업 도소매망을 무너뜨린 후 유료화 전략을
취하거나 단가를 후려침으로써 경쟁사를 몰아내고
독점력을 강화하는 구조다.

"

전에 나오는 소매상이 1만 냥이라는 자본금 앞에 싸울 수 없듯이, 지금은 한국 유자차업체가 중국 바이어에게 '고양이 앞에 쥐'가 되어 있다.

이런 사례는 유자차에서 끝나지 않는다. 대표적인 분야가 게임 및 콘텐츠업계가 아닐까 생각된다. 텐센트, 샨다 등 세계에서 가장 큰 매출 실적을 자랑하는 중국의 게임업체를 한국 게임업체가 성장시켰다는 것은 누구나 아는 사실이다. 청출어람 이청어람(靑出於藍 而靑於藍, 제자가 스승보다 낫다)이다.

초기에는 중국의 게임업체가 한국 기업에게 필요한 콘텐츠를 제공받고 자본 투자를 하였다. 텐센트는 2014년 넷마블게임즈에 5330억 원을, 라인과 함께 네시삼십삼분에 1000억 원을 투자했는데, 시간이 지나면서 중국 게임업체의 규모가 커지고 노하우가 축적되다 보니, 지금은 우리 게임업체가 상대할 수 없는 거물, 괴물로 성장해 있다. 이에 자본 투자와 중국 소비자 접근성에 목마른 우리 게임업체는 중국 게임업체의 눈치를 보고 있다. 갑자기 자본을 회수하면 어떻게 하나? 마케팅을 위한 자본 투자 여부가 출시한 게임의 성공 여부를 좌우하는 오늘날에는 더욱 의존성이 크다.

방송 엔터테인먼트 등 콘텐츠업체의 상황 역시 심각하다. 중국의 DMG는 한국의 콘텐츠 기업 초록뱀에 320억 원을 투자해서 25퍼센트 지분을 가진 1대 주주가 되었고, 알리바바는 SM엔터테인먼트에 355억 원을 투자했다. 재미난 것은 중국 자본의 한국 콘텐츠 기업 투자 소식이 알려지면 바로 주가가 뛴다는 사실이다. 중국 자본 투자 이후 공시 3개월 이내에 아가방은 130퍼센트, 아비스타는 135퍼센트, 디에스티로봇은 250퍼센트의 주가가 올랐고, 초록뱀은 1개월 내에 주가가 140퍼센트 올랐다. 콘텐츠 기업 역시 중국 자본의 취약점을 그대로 드러낸다. 한국 엔터테인먼트업체의 75퍼센트가 중국 자본의 투자를 받고 있다.

중국 자본은 중국 내에서도 유사한 전략을 구사한다. 음악 제공 서비스도 똑같다. 한국에서는 저작권 등 지재권을 확보한 후 유료로 서비스를 제공하는 비즈니스 모델이 만들어지지만 중국에서는 먼저 무료 서비스를 제공하여 가입자를 최대한 확보한 후에 경쟁 업체를 시장에서 몰아낸다. 그다음 유료화서비스를 제공한다. 저작권 등의 문제는 중국 정부의 암묵적인 묵인하에 이후 고민할 수 있다. 그러다 보면 법을 준수할 수밖에 없는 외국 기업은 사라지고, 중국 토종 자본 기업만 남는다.

시선을 좀 더 넓게 보면 반도체, 디스플레이 부품 분야도 중국 자본의 공습을 받는다. 전략은 하나같다. 그 방식이 놀랍도록 허생이 돈을 번 모습과 비슷하다. 저가를 바탕으로 특정 산업 소비자, 특정 산업 도소매망을 무너뜨린 후 유료화 전략을 취하거나 단가를 후려침으로써 경쟁사를 몰아내고 독점력을 강화하는 구조다.

박지원은 지금으로부터 약 230년 전인 1780년, 청대 최고 전성기인 건륭제 시절의 연경에서 중국의 선진 문물과 자본주의 문화를 배워 왔고, 그 비즈니스 감각을 상상 속에서 한국 사회에 실현해 본 것이었다. 최근 중국 자본은 짧은 자본주의 개방의 역사에도 불구하고 전 세계에 퍼져 있다. 허생이 우리나라 생산·유통구조를 들여다보고 유자를 다 사들였던 것처럼 중국 자본도 한국 경제구조를 들여다보고 있을 수 있다. 배는 외국을 다니지 못하고, 수레는 그 수가 적으며, 제품은 국내에서 생산되어 소비되는 취약한 경제구조로는 허생의 1만 냥 자본을 이길 방법이 없다. 자생적으로 중국 내 유통망도 확보하고, 중국 아닌 시장도 개척해야 한다. 우리가 과일 도소매상일 때 누군가는 천채적인 안목을 가진 허생이고, 또 다른 누군가는 막대한 자본력을 지닌 변씨라는 사실을 인지해야 한다.

27
한국 제조업에 박수를

미국, 중국, 일본이라는 세 나라가 있다. 이들은 한국의 이웃 국가이자, 전 세계 경제를 좌우하는 나라고, 한국의 미래에 가장 큰 영향을 끼치는 국가다. 2013년이라는 시간을 정해 두고 다음 네 개 수치를 제시해 본다.

23.2%, 17.2%, 7.8%, 3.1%

어떤 경제적 수치인지 모르지만 아마 미·중이 더 큰 수치를 차지하고 일본이 7.8퍼센트, 한국이 3.1퍼센트인 것으로 추측하게 된다. 이 수치는 세계의 제조업 비중이다. 중국이 23.2퍼센트, 미국이 17.2퍼센트다. 10년 전으로 시계를 돌려 2004년 세계 제조업 비중은 어땠을까? 어느 나라가 몇 퍼센트를 차지했을까?

22.9%, 12.9%, 8.9%, 2.8%

앞 질문에 비해 좀 더 어려울 수 있다. 정답은 미국 22.9퍼센트, 일본 12.9퍼센트, 중국 8.9퍼센트, 한국 2.8퍼센트다. 이번에는 외환위기 이전인 1997년이다. 이때는 미국 25.6퍼센트, 일본 17.5퍼센트, 한국은 2.4퍼센트를 차지했다. 1990년의 한국 비중은 1.6퍼센트였고, 그때 일본의 제조업 비중은 17.4퍼센트로 한국의 열 배를 넘어서고 있었다.

세계 제조업 점유율

(1990년과 1997년은 중국의 WTO 가입 이전, 단위 : %)

	1990	1997	2004	2013
한국	1.6	2.4	2.8	3.1
미국	23.3	25.6	22.9	17.2
중국			8.9	23.2
일본	17.4	17.5	12.9	7.8

– 산업연구원 베이징지원 발표 자료를 재인용

간단한 수치 비교에서도 알 수 있듯이 중국 제조업이 급부상하고 있다. 이는 상대적으로 미국과 일본 제조업의 쇠퇴를 가져온다. 제조업 비중만큼이나 국제사회에서 중국의 영향력이 커지고 미국과 일본의 영향력이 약해지는 것이다. 2004년 중국이 차지한 제조업 비중 8.9퍼센트가 10년 후 14.3퍼센트포인트 증가한 23.2퍼센트가 되자 미국이 5.7퍼센트포인트를 잃고, 일본은 5.1퍼센트포인트를 잃었다. 기타 비중은 독일 등 전통 제조 강국이 잃은 수치다. 한국은 놀랍게도 여전히 증가세를 구현했다. 1990년 1.6퍼센트에서 2013년 3.1퍼센트에 이르기까지 여러 차례 작은 위기를 거치면서도 중국의 위세에 눌리지 않고 유일하게 성장한 나라가 한국이다. 글로벌 경제의 규모가 수십 년간 커진 것을 감안하면 절대규모의 성장은 더 말할 것도 없다.

한국의 수출이 부진해지자 언론에서는 연일 한국 제조업의 미래 대응 능력을 질타한다. 일본은 구조조정에 성공해 되살아나고 있으며, 일본 기업의 기술 경쟁력은 우리가 아직 따라가지 못한다고도 한다. 또 중국 기업은 공격적인 R&D와 인재 유치로 더욱 싼 제품과 서비스를 공급하는데 우리 기업은 무얼 했느냐고 준엄하게 꾸짖는다.

하지만 중국의 급부상으로 전 세계가 각자의 우위를 중국에 조금씩 양보하는 가운데 우리 제조 기업들만 텃밭을 뺏기지 않았다. 우리는 중국이 세계 시장에 편입된 1990년대 이후 유일하게 중국과 함께, 때로는 중국에 맞서 성장해 왔다. 오히려 경쟁력을 저해하는 요소는 기업이 아닌 정치, 사회 등 다른 영역에 있을 수 있다. 미국과 일본의 언론, 전문

> **"**
> 전 세계 전문가들이 동의하는 대로 한국에서 생산성이
> 선진국 수준에 도달한 유일한 경제주체는
> 제조업 기업뿐이라는 사실을 알려 주고 싶다.
> **"**

가가 자국 산업과 기업을 향해 던져야 하는 비판과 지적을 오히려 우리 기업들이 매일 듣고 있다.

세계 무역의 증가 속도가 세계 GDP 증가율보다 낮아지면서 제조업이 마주하는 현실은 냉혹해졌고, 미래에는 더욱 치열한 경쟁이 기다리고 있다. 한국의 제조업은 대기업 위주의 성장 등 과오를 범했고, 비판받아야 할 부분도 있지만, 미래 대비 차원에서 당연히 더 잘하라고 이야기해 줄 수 있다. 그리고 그동안 수고했노라고, 당신들 때문에 우리가 이만큼 잘 먹고 잘살게 되었다고 등 두드려 주고 박수해 줄 수 있으면 좋겠다. 겨울의 매서운 추위에 옷도 제대로 못 갖춰 입었냐고 질책하기 전에 따뜻한 연탄불에 잠시 몸을 녹일 수 있게 격려해 주면 좋겠다.

위기에 빠진 한국 경제를 이야기할 때 이제 한국 제조업은 시대적 사명을 다했으니 서비스업이 그 대안이라고 한다. 전 세계를 호령할 수 있는 한국형 서비스 기업이 나와야 한다는 것이다. 서비스업으로 논점을 확대하고 싶지는 않다. 다만 전 세계 전문가들이 동의하는 대로 한국에서 생산성이 선진국 수준에 도달한 유일한 경제주체는 제조업 기업뿐이라는 사실을 알려 주고 싶다.

1997년 외환위기를 거치면서 뼈를 깎는 구조조정과 R&D 투자를 통해 제조업 분야는 혁신에 혁신을 거듭하며 전 세계에서 가장 효율적이고 능률적인 시스템을 구축해 왔다. 한국의 세계 제조업 점유율이 줄지 않고 꾸준히 증가세를 구현할 수 있었던 이유다. 안타까운 것은 대기업 제조업이 이룩한 생산성 수준을 아직 중소·중견기업 및 서비스업 분야가 따라오지 못한다는 점이다. 중소·중견기업의 생산성 혁신과 서비스

업의 경쟁력 제고는 치밀한 계획을 세워 추진해야 될 미래 과제로 남겨
두고, 오늘은 올림픽 경기에 나가 메달을 따고 돌아온 우리 선수들을 격
려하는 심정으로 한국의 제조업에 뜨거운 박수를 보낸다.

28
한국 금융에
박수를

　자본주의 경제에서 금융은 흔히 인체의 핏줄에 비유된다. 제조업, 에너지, 건설 등 실물경제가 근육과 뼈대라면, 이를 지원하는 돈의 흐름과 금융서비스는 심장이고 핏줄이다. 혈액순환이 원활해야 근육 및 세포 곳곳에 필요한 양분과 산소를 공급할 수 있듯이 금융서비스가 발전해야 그 경제가 튼튼하고 건강해질 수 있다.

　중국에 진출한 한국 제조 기업이 글로벌 경기 둔화 및 무역량 감소, 인건비 상승 등 중국의 비즈니스 환경 변화, 중국 정부의 보호주의와 중국 기업의 기술력 향상 등으로 어려움을 겪고 있다. 중국 경제가 세계의 생산 공장에서 세계의 소비 시장으로 전환된 데 따라 한국 제조 기업의 무역구조 전환에도 시간이 필요하다. 한국 기업에는 유통 분야 진출 노하우가 없고, 규모의 경제가 생명인 플랫폼 경제가 본격적으로 출현한 만큼 플랫폼을 갖지 못한 한국 기업은 어려움을 겪을 수밖에 없다. 제조 기업들을 고부가가치 기술 및 부품, 소재 생산으로 전환하고, 서비스산업을 발전시키자는 주장이 많이 나온다. 서비스산업 중 중국 진출 한국 금융서비스를 잠시 살펴보자.

현재 상하이에 진출한 한국 금융업은 은행, 증권사의 법인 및 대표처가 대부분이고, 자산 운용 및 벤처캐피털, 카드 및 할부 금융, 화재보험 등도 진출해 있다. 한국 금융사는 자산 규모가 작은 데다 외국 금융에 대한 규제와 통제를 심하게 받다 보니 특별한 수익 모델을 갖지 못한 경우가 많다. 은행은 한국 기업을 대상으로 대출서비스를 제공하고, 증권사도 투자보다는 리서치 위주로 운용된다. 한국 은행의 시장점유율은 0.07퍼센트에 불과하고, 경기가 어렵다 보니 부실 대출도 늘어나고 있다는 기사가 종종 나온다. 손해보험사 역시 한국 고객이 70~80퍼센트에 달하는 등 아직 현지화에 성공하지 못했다는 평가다.

이런 현실에도 불구하고 중국 사업에 대한 장기적인 철학과 비전을 가지고 새로운 시도를 하는 사례가 있다. 하나금융그룹이 대표적이다. 현재 하나은행은 중국 분행장을 현지 중국인으로 교체했다. 우리 은행이 중국 사업에서 큰 수익을 창출하지 못할 바에는 분행장 자리에 한국인을 파견하여 중국에 대한 이해도를 높이고 중국을 이해하는 인재를 양성하는 게 낫지 않느냐는 우려가 있는 것이 사실이다. 분행장을 현지인으로 교체한 것에 대한 성과는 장기적인 시각으로 지켜보아야 하겠지만, 업계에서는 하나금융그룹이 가장 우수한 중국 인재군을 축적하고 있다는 사실을 알고 있다. 현지인 분행장 밑에서 수업을 쌓는 한국 직원도 많다. 분행장이 현지인으로 교체되면서 한국 기업이 주요 고객이던 영업 패턴이 조금씩 변경되고 있다고 한다. 많은 은행이 이 새로운 시도가 성과를 가져올지 주목하고 있다.

하나금융그룹은 또 국내 은행으로는 유일하게 중국의 국영 은행인 길림은행에 지분 투자를 했다. 길림은행은 조선족 동포가 가장 많이 거주하는 길림 성을 대표하는 은행으로, 370여 개 지점이 있고 직원 수는 6,400명이다. 규모가 큰 은행은 아니지만, 우리 은행이 중국 은행의 1대 주주가 됨으로써 외국계 은행으로서는 알기 힘든 중국 은행의 내부 운용 구조, 내자 은행의 대정부 관계, 기업 및 개인 고객 네트워크 등 많은 것을 배울 수 있다고 한다. 역으로 중국 길림은행 주요 고객인 조선족 동포가 한국에 진출하여 주로 거주하는 영등포, 구로, 안산 등에서 국내 영업점을 확장하는 데도 도움이 된다고 하니 그 발상이 흥미롭다.

캐피털, 리스 등 비은행 분야도 들여다볼 만하다. 중국 리스 시장은 2015년 리스 잔액이 4조 4000억 위안(약 900조 원)에 이를 정도로 이미 세계 최대의 리스 시장으로 성장했다. 2~3년 전만 해도 리스업체 수가 2,000여 개에 불과했는데, 2014년 말 4,000여 개로 늘어나더니 2016년

"

중국에서 우위를 보이던 우리 제조·유통·물류·
콘텐츠 분야 기업이 힘든 조정의 시간을 거치고 있다.

"

에는 5,000여 개로 늘어났다. 리스 시장이 커진 이유는 기업이 은행 대출만으로 자금을 조달하는 데 한계를 느꼈기 때문이며, 중국 정부도 이에 부응하여 기업이 리스를 통해 선진 설비를 도입할 경우 보조금을 주는 등으로 행정 지원을 해주고 있기 때문이다. 중국 리스 시장에 뛰어든 한국 기업이 많지는 않지만 최근 한중 합자 리스업체의 성장이 눈부시다. 이미 성공적이라 평가되고, 곧 대표적인 금융 분야 진출 성공 스토리가 쓰일 것이다.

카드업도 마찬가지다. 중국의 인롄카드와 연계하여 중국 여행객이 한국에서 사용하는 카드 사용 업무를 처리하는 한국의 BC카드 역시 성공적인 비즈니스 모델이라고 볼 수 있다. 최초로 중국 인롄카드와 연계해서 한국 사업을 개시할 때는 한국에서 가맹점을 모집하기가 힘들었다고 한다. 1년 매출액이 너무 적어 전용선 사용료도 지불하지 못할 정도였다는데, 지금은 연매출액이 당시의 몇백 배로 성장했다. 지금까지 생각하던 금융 서비스의 해외 진출 개념을 뒤바꾼 사례다. 중국에 법인을 내고 현지에서 중국인 또는 한국인을 대상으로 서비스를 제공하고 매출을 올린다는 전통 개념을 벗어났다. 1년에 한국을 방문하는 중국 관광객이 600만 명이 넘는다. 이들을 대상으로 서비스를 제공하는 것도 훌륭한 성장 동력이라는 것을 보여 주었다.

손해보험 분야에서도 변화의 바람이 불고 있다. 최근 삼성생명의 새로운 시도가 시선을 끈다. 진출 이후 10여 년간 적자를 보던 삼성생명은 2015년 중국은행의 지분 투자를 받아들였다. 합작 법인을 설립하자 중국 현지 지점 설립과 확장이 용이해졌다. 저장 성과 허난 성 등 지역 거점이 늘어나자 매출과 보험료 자산도 늘어나고 있다. 합작 법인인 중은 삼성의 매출은 2014년 11억 위안에서 2015년 50억 위안으로 늘어났고, 사산 규모 역시 2015년 9월 말 100억 위안 규모로 2014년 말 28억 위안에 비해 크게 증가했다. 영업 적자도 급격히 개선되고 있다. 물론 아직 영업이익을 내는 단계는 아니지만 이런 추세라면 2017년에는 영업 흑자 전환이 예상된다.

중국에서 우위를 보이던 우리 제조·유통·물류·콘텐츠 분야 기업이 힘든 조정의 시간을 거치고 있다. 이제 우리 국가 경제의 심장이자 핏줄인 금융 분야에서 새로운 돌파구를 발견하기를 기원해 본다. 현재 상황에서는 한국 금융사 단독 진출보다 합자 법인 설립을 통해 규제도 우회하고, 중국 기업의 네트워크를 활용하는 게 나아 보인다. 새로운 영역에서 새로운 사업 모델로 중국에 진출하고 있는 우리 금융업에도 박수를 보낸다.

29

**숨어 있는
10퍼센트를
찾아 드립니다**

글로벌 경기가 어려우면 수출 의존형 경제구조인 한국은 어려움을 겪게 된다. 일반적으로 인구가 1억 명이 넘어야 내수 시장이 형성되고 내수를 통해 경기를 지탱할 수 있다고 한다. 그런데 우리나라 인구는 5000만 명에 불과하다. 통일이 되기 전까지는 내수를 통한 경기 부양 효과는 적다고 봐야 할 것이다. 한국의 GDP에서 소비가 차지하는 비중은 약 50퍼센트에 이른다. 인구가 10퍼센트 늘어나면 물론 생산가능인구도 늘어나지만, 소비의 주체도 10퍼센트 늘어나 경제에 활력을 더할 수 있다. 중국에서 그 10퍼센트를 찾아보자. 단, 소비 측면에서 생각할 때다. 또 전 세계에서 찾아보면 더 늘어난다.

재중 조선족 동포

조선족 동포의 인구는 200만 명이다. 이 중 50만 명은 한국에 와 있다고 한다. 한국 국적을 회복하지 않았다면 외국인 노동자로서 한국의 생산 활동에 기여하고, 소비의 주체로도 활약하고 있다. 150만 명에 이르는 중국에 있는 우리 동포들이 자동차, 텔레비전, 휴대폰, 옷, 식품 등 한국산 제품을 소비하면 수출 증대 효과, 우리 투자 기업의 매출 증대 등 긍정적인 효과가 클 것이다. 우리 동포가 한국 소비재 기업의 중국 대리상, 유통 채널에서 한국 제품의 수입 관련 업무에 종사한다면 소비자로서가 아니라 해외시장 개척자로서도 중요성을 가질 수 있다. 중국 경제가 세계의 생산 공장에서 세계의 시장으로 변해 감에 따라 유통 채널에 대한 접근성이 높은 우리 동포의 중요성이 더욱 커져 갈 것이다.

재중 한국 기업 종사자

현재 중국 진출 기업 수는 누적 기준으로 2만 5,000여 개다. 직간접으로 근무하는 종사자 수는 100만 명 정도로 추정된다. 100만 근로자는 중국 진출 한국 기업의 생산 활동에 종사하고 있지만, 역시 훌륭한 소비 주체기도 한 것이다. 이들의 소득이 한국 기업으로부터 나온다면 그중 몇 퍼센트 정도를 한국 제품에 소비하는지는 모르겠다. 그래도 일본 기업에 종사하는 중국 직원, 독일 기업에 종사하는 중국 직원보다는 한국 자동차와 한국 옷, 한국 식당을 많이 이용할 것으로 생각된다. 이 직원들은 재직 중에 한국 출장도 가고, 회사 창립기념일에 한국 제품을 선물로 받기도 한다.

사실 이 100만이라는 숫자가 가지는 잠재력은 100만보다 훨씬 크다. 직원의 가족을 생각해 보자. 이 직원은 한국 출장 시에 부모님에게 드릴 선물을 사온다. 명절에는 한국 제품을 구매하여 선물로 준비한다. 아들딸이 다니는 한국 회사를 자랑스레워하는 부모님은 자연스레 한국 제품에 노출되고, 잠재적인 한국 제품 소비자군이 될 수 있다. 이들 직원의 배우자, 자제도 마찬가지다. 100만×4명=400만 명 정도의 효과는 가져올 수 있다고 생각한다. 누적 개념으로 본다면 한때 한국 기업에 근무하고 다른 직장으로 옮긴 사람의 숫자를 더할 수도 있을 것이다.

> **"**
>
> 우리는 우리 조선족 동포를, 한국에 와 있는
> 중국 유학생을, 우리 기업에 종사하는 한국어학과 졸업자를
> 어떤 시각으로 보는가?
>
> **"**

한국에 있는 중국 유학생

현재 한국에 있는 외국인 유학생 수는 10만 명이고, 이 중 중국 국적자는 60퍼센트를 넘는다고 한다. 중국 유학생 수가 늘어난 것은 2000년대 이후이므로 아직 한국에서 유학한 중국 유학생의 수가 그렇게 크지는 않지만 이들은 텔레비전 등을 통해 간접적으로 한국을 인지하는 것이 아니라 직접 한국 사회에서 한국을 느끼고 중국으로 귀국한다는 점에서 영향력이 크다. 또 상대적으로 나이가 젊기 때문에 한국 제품의 최신 트렌드에 밝고 향후 수십 년간 잠재적인 한국 제품의 소비자군이 될 수 있다. 해외 유학자로서 귀국 후 사회 곳곳에서 주도적인 위치를 차지한다면 더욱 큰 영향을 끼칠 수 있다. 다만, 이들은 한국의 가장 훌륭한 홍보자가 되는 동시에 네거티브 소비자도 될 수 있다는 점에 주의할 필요가 있다. 우리가 국내 중국 유학생에 대한 시각과 대우를 다시 한 번 생각해 봐야 할 이유가 되는 부분이다. 또 중국에는 북한에서 유학하고 온 사람이 있는데, 이들도 북한과 북한 제품이 아닌 한국과 한국 제품을 선호하는 집단이라고 한다. 숫자가 더해진다.

중국 내 한국어학과 출신자

1951년 베이징대에 한국어학과가 설립된 이후 현재 100여 개 중국 대학에 한국어학과가 개설되어 있다. 고등학교 때부터 제2외국어로 한국어를 가르치는 학교 수를 더하면 숫자는 더욱 늘어난다. 대충 한국어학과 정원을 100명이라고 하면 매년 1만 명의 한국어학과 졸업자가 배출된다. 이들은 재학 중에 한국으로 여행을 가고, 수업 중에 한국 영화를 보며, 한국 드라마로 한국어를 배운다. 한국 제품의 라벨을 읽고, 한국 뉴스를 읽고 신문광고를 본다. 독일어학과에 다니는 친구들에게 보이기 위해 최신 한국 헤어스타일을 하고 한국 가수의 노래를 듣고 한국 브랜드 옷을 입고 다닐 수도 있다. 이들 학과의 교수님, 행정직원은 모두 한국 관련 중국인으로 생각할 수 있다. 매년 1만 명이 졸업하지만 누적으로 보면, 정확한 것은 아니지만 대충 지난 30년간 30만 명의 한국어학과 졸업자가 배출된 것으로 볼 수 있다.

숨어 있는 10퍼센트가 어디 이들뿐이겠나. 중국 공무원, 중국 기업의 한국 주재원으로 근무했던 사람 및 가족, 현재 중국 관계·학계·기업의 한국 담당과에서 일하는 중국인, 중국 기업에 채용된 한국인과 같이 일하는 동료, 한국인이 자주 찾는 식당·골프장·발마사지업체 등의 서비스업계 종사자도 포함될 것이고, 가장 크게는 한국을 찾는 '유커'를 빼놓을 수 없다. 매년 600만 명의 중국인 관광객이 한국을 방문한다. 이들이 한국에 대해 깨끗하고 좋은 인상을 가지고 귀국하여 다시 한 번 가족과 함께 방문한다면 역시 한국 경제로서는 엄청난 소비 주체가 될 것이다. 600만 명이 한국 방문 시 100만 원을 소비하고 간다면? 즐거운 상상이다.

그런데 우리는 우리 조선족 동포를, 한국에 와 있는 중국 유학생을,

우리 기업에 종사하는 한국어학과 졸업자를 어떤 시각으로 보는가? 동료로서 친구로서 생각하는가, 아니면 일방적인 업무 지시 대상, 또는 한 수 아래로 보는가? 우리의 시각에 따라 이들이 한국 경제의 숨이 있는 10퍼센트로서 플러스 10퍼센트 혹은 마이너스 10퍼센트가 된다는 사실을 기억하자.

30
수치로 보는 한중 경제 관계

한중 양국 간의 경제 관계를 수치로 가늠해 보자.

한국의 대중 수출입 동향

(단위 : 백만 달러)

	1992	2000	2005	2010	2013	2014	2015
수출	2,654	18,455	61,915	116,838	145,869	145,288	137,124
수입	3,725	12,799	38,648	71,574	83,053	90,082	90,250
수지	−1,071	5,656	23,267	45,264	62,816	55,206	46,874

– 한국무역협회

1992년 한중 수교 당시 한국의 대중국 수출액은 26억 달러, 수입액은 37억 달러로, 당시 무역 규모는 63억 달러에 불과했다. 수출 규모로만 놓고 보면, 2000년에 이미 100억 달러를 넘어서고 2010년에 1000억 달러에 도달했다. 한중 무역 교류의 정점은 2013년이었다. 대중국 수출 규모가 1450억 달러에 이르렀고 무역수지도 620억 달러의 흑자를 시현했다. 2014년 이후 글로벌 경기 둔화, 중국의 가공무역 감소 등의 영향으로 증가세가 둔화되고 무역 흑자는 줄고 있다. 앞으로도 상황은 좋아 보이지 않는다.

한국의 대중 품목별 수출 동향

(MIT 3단위 기준, 단위 : 백만 달러)

	1995	2000	2005	2010	2013	2014	2015
전체	9,144	18,455	61,915	116,838	145,869	145,288	137,124
반도체	43	576	7,114	17,186	21,670	26,156	27,822
디스플레이	13	22	860	19,476	25,516	22,520	22,081
석유화학	170	510	1,588	2,520	6,213	6,727	5,789
석유제품	444	1,677	3,254	6,792	8,380	7,000	4,419
무선통신	18	129	3,708	4,731	5,164	6,362	7,715
자동차부품	33	83	2,693	3,783	5,570	6,090	5,880
철강	456	1,099	3,413	3,209	3,191	3,489	2,678
조선	6	10	143	1,687	1,822	1,184	1,219
기계	5	29	185	1,238	2,354	2,545	3,251

- 한국무역협회

2015년 기준 반도체 수출액이 280억 달러, 디스플레이 수출액이 220억 달러로 이들 수출액이 약 500억 달러다. 한국 경제에서 반도체와 디스플레이가 얼마나 중요한지를 보여 준다. 기계류 등에 포함되는 반도체 및 디스플레이 장비 수출까지 합치면 관련 분야 수출 비중은 더욱 커진다.

석유제품은 2013년 이후 하락세다. 글로벌 유가 하락으로 단가가 떨어진 점도 있지만 중국 및 중동 국가의 석유 정제 시설 확충으로 중국의 수입량이 줄어든 면이 있다. 석유화학제품 역시 2014년에 정점을 찍었다. 그러나 석유제품도 마찬가지고 석유화학제품에서도 수출 금액만큼이나 중요한 것이 물량과 스프레드(제품 가격과 원재료의 가격 차)다. 원재료 제품 가격은 떨어지지 않고 원료인 유가가 떨어진다면 그 차이(스프레드)가 커지면서 기업은 이익을 누린다. 2015~2016년에 한국의 석유화학제품 중 고급 기초석유화학제품은 중국에서 선전했다. 중국에서 인기 있는 화장품이 석유화학제품으로 분류되기 때문에 선전한 면도 있다.

조선 수출은 2013년에 18억 달러 수준이었는데 2015년에는 12억 달러 수준으로 떨어졌다. 2016년 8월까지 수출액은 3억 달러로 전년 대비 65퍼센트가 감소했다. 조선은 수주 후 인도까지 통상 2~3년이 걸리고 인도 시점에서 수출 통계에 잡힌다. 최근 글로벌 경기 둔화 및 조선 공급과잉으로 한국이 중국에서 수주를 받는 사례가 거의 없다. 수치가 더욱 떨어질 것으로 생각된다. 철강 역시 2014년 이후 증가세가 꺾였다. 역시 경기 둔화와 공급과잉이 영향을 끼쳤다. 2016년에는 중국 철강 구주주정의 영향 및 단가 회복으로 포스코를 중심으로 철강 분야에서 영업이익이 확대되었다.

2014년 이후 한국 휴대폰은 중국 시장에서 급격히 사라졌지만 무선통신기기 및 부품 금액은 늘어났다. 카메라, 텔레비전 수상기 등 기타 부품이 약진한 부분도 있지만, 기업이 화웨이, 샤오미 등 중국 브랜드에 공급하는 부품 위주 사업으로 전환한 것도 하나의 원인으로 보인다.

최근 LG전자, LG화학의 중국 사업 형태를 보면 자동차 전장 부품 사업을 강화하는 등 실질적으로 B2B 기업으로 전환하는 것이 아닌가 생각된다. 그런 의미에서 기계류의 수출이 늘어나는 것도 바람직하다. 정밀기계 및 의료 기기 수출이 주도하고 있어 긍정적으로 해석할 수 있다.

한국 부문별 경제성장 기여도

(단위 : %p)

	1975	1980	1990	1995	1998	2005	2010	2011	2012	2013	2014	2015
GDP	7.9	−1.7	9.8	9.6	−5.5	3.9	6.5	3.7	2.3	2.9	3.3	2.6
소비	4.5	1.1	6.1	5.7	−5.9	2.8	2.8	1.8	1.5	1.5	1.3	1.6
자본형성	−0.5	−6.1	5.8	4.1	−11.0	0.8	5.1	1.1	−0.8	0.0	1.5	2.0
순수출	3.4	3.3	−2.2	0.1	11.2	0.3	−1.4	0.9	1.5	1.5	0.4	−1.1
수출	4.8	2.2	1.3	5.6	4.1	3.0	6.0	7.5	2.8	2.4	1.1	0.4
수입	1.4	−1.1	3.5	5.5	−7.1	2.7	7.4	6.6	1.3	0.9	0.7	1.5

– 한국은행

글로벌 경기 둔화, 전 세계 GDP 성장률보다 낮은 전 세계 무역 증가율의 영향으로 한국의 대외 수출이 줄어들고 있다. 이는 한국의 GDP 성장률에도 영향을 끼친다. 표에서 소비, 자본 형성(투자), 순수출을 더하면 한국의 GDP 성장률이 나온다. 초점을 수출에 맞춰 순수출의 경제성장 기여도만 보면 2012년 1.5퍼센트포인트, 2013년 1.5퍼센트포인트였던 순수출의 경제성장 기여도가 2014년, 2015년을 지나며 계속 떨어졌으며 수출이 줄면 한국의 GDP는 더욱 낮아졌다. 2015년 한국의 GDP가 1조 4000억 달러였는데, 이때 순수출의 경제성장 기여도가 1퍼센트포인트 떨어지면 약 16조 원이 줄고, 2퍼센트포인트가 빠지면 약 30조 원이 넘는 경제적 부가 사라진다. 일자리도 그만큼 줄어들 것이다.

일본의 대중 수출입 동향과 무역수지

(단위 : 억 달러)

	2006	2010	2011	2012	2013	2014	2015
수출(일→중)	1,157	1,767	1,946	1,778	1,623	1,630	1,429
수입(일←중)	916	1,211	1,483	1,516	1,503	1,494	1,357
수지	241	556	463	262	120	136	72

- 중국 해관 총국

일본의 대중국 수출액은 2010년에 이미 1700억 달러를 넘어섰고, 그해 일본의 대중국 무역수지 흑자 규모는 550억 달러였다. 2011년에는 1900억 달러 이상 수출했고 흑자 규모는 460억 달러였다. 일본에게 중국은 대표적인 효자 수출 대상국이었던 것이다. 그런데 2015년이 되자 수출이 1400억 달러로 줄고, 무역 흑자는 70억 달러로 떨어져 실질적인 수지 균형이 이루어졌다. 여기에는 일본 기업의 경쟁력 저하, 기술 격차 감소 등 여러 원인이 있겠지만, 2010년경부터 중국과 일본이 댜오위댜오 문제로 정치·외교적으로 대립한 이후 일어난 일본 제품 불매 운동이 영향을 끼친 것은 아닌가 조심스럽게 생각해 본다.

한국의 대중 투자 동향(신고 기준)

(단위 : 백만 달러)

연도	신규 법인 수	투자 신고 금액
2005	2,263	3,689
2006	2,293	4,534
2007	2,113	7,196
2008	1,303	4,926
2009	735	2,735
2010	895	4,401
2011	825	4,797
2012	721	6,650
2013	818	4,700
2014	700	3,757
2015	702	4,299
합계	25,129	71,732

– 한국수출입은행

대중국 투자가 많았던 해는 2007년 72억 달러, 2012년 66억 달러 규모였다. 물론 신고 금액이다 보니 실제 투자금액은 이보다 적을 것이다. 대중국 투자금액은 2013년 47억 달러, 2014년 38억 달러로 그 규모가 감소했다. 자동차, 조선, 반도체, LCD 등 대형 투자가 거의 완성되어 가고, 인건비 및 환경 비용 상승 등으로 투자 매력도가 조금 떨어진 것이 아닌가 싶다.

한국수출입은행의 분석에 따르면 대중국 투자금액은 감소 중이고, 투자 건수 비중을 보면 제조업 투자가 줄고 도소매, 서비스, 콘텐츠 방면 투자가 늘고 있다. 제조업에서는 현대자동차가 충칭에, LG디스플레이는 광둥 성에, 삼성전자가 시안 등에 투자한 금액이 대부분을 차지한다. 최근 투자 진출 목적에 대한 질문에서 진출 기업들은 제조업 생산기지, 값싼 인건비 활용의 목적보다는 중국 내수 시장 진출을 위해서라고 답한 비율이 높았다.

한국의 대중 투자소득수지

(단위 : 억 달러)

연도	투자소득수지	배당수지	이자수지
2000	1.2	0.9	0.2
2005	11.8	11.8	0.0
2010	33.9	33.6	0.3
2011	47.3	46.6	0.7
2012	50.4	49.2	1.2

2013	48.2	47.4	0.7
2014	58.3	54.6	3.7
2015	56.1	54.1	2.0

- 한국은행

투자소득수지는 한국 기업이 중국 현지에 투자한 후 자본 투자에 대해 배당금을 받거나 빌려준 대출에 대해 이자를 받는 금액을 합한 것이다. 2000년 1억 달러 수준에 불과하던 투자소득수지가 2015년 56억 달러 수준까지 증가했다. 일본은 2011년 동일본대지진 이후 에너지 수입이 급증하여 31년 만에 무역수지 적자를 시현했다. 이에 무역입국을 버려야 한다는 하산론(下山論), 원전이 없는 일본 제조업 기지로서의 매력이 상실되었으니 해외투자로 투자소득수지를 늘려 무역수지 적자를 메꿔야 한다는 경상수지보전론, 국내 양로 시설 투자 등 SOC 투자를 늘려 경제를 일으키자는 투자입국론 등이 나오자 해외투자에 대한 활용 방안을 집중적으로 연구하기 시작했다. 우리나라도 이제 제조업 생산 기지 투자보다는 자본 투자를 통해 이윤 배당 형태로 중국을 개척해야 한다는 주장이 많다. 그런 측면에서 한국의 투자소득수지가 늘어나는 것은 바람직한 현상이다.

한국의 대중국 누적 투자가 500억 달러 수준이라고 보면 약 10퍼센트 수익률로 매년 송금이 이루어지는 것인데, 이 50억 달러를 두고 다양한 토론이 이루어질 수 있다. 일단 이 금액이 정확한 이윤을 반영하는지 살펴보아야 한다. 지금은 그렇지 않지만 초창기 진출 기업은 이전가격 등을 통해 비용을 올리고 이윤을 낮추는 경향이 있었다. 그래서 중국 진출 기업이 중국에서 증시에 상장하려고 하면 실적이 별로 좋지 않은 경우가 있었다.

또한 자본수익률 등을 감안할 경우 현재 50억 달러 수준의 투자소득수지를 두 배로 늘리기 위해서는 얼마나 많은 금액의 선행투자가 이루어져야 하는지 고민할 필요가 있다. 가령 매년 투자자본수익률이 5퍼센트일 때, 5억 달러의 배당을 위해서는 100억 달러의 투자가 필요하다. 50억 달러를 추가하려면 1000억 달러의 투자가 필요할 수도 있다.

그런데 합자회사에서 중국 측 파트너가 배당에 동의하지 않을 수도 있기 때문에 이 점에 대해서도 생각해 두어야 한다. 일본 기업의 중국 사업에서 가장 큰 애로 사항이 합자기업에서 중국 기업이 배당금을 주지 않는 문제라고 한다. 한국 기업에서도 이런 유형의 민원이 제일 많다.

중국의 대한 투자 동향(신고 기준)

(단위 : 백만 달러)

	2000	2005	2010	2011	2012	2013	2014	2015
전체	76	68	414	650	726	481	1,189	1,978
제조업	8	28	310	132	167	45	135	234
서비스업	67	39	101	463	552	432	1,044	1,742
(금융 · 보험)	0.09	0.05	0.14	0	75	0	4	1,200
(부동산 · 임대)	0.21	0.19	4	289	283	214	833	165
(비즈니스서비스)	0.93	2	9	20	11	43	25	71

(문화 · 오락)	0.41	0.11	50	6	1	0.47	11	86
(공공 · 기타서비스)	0.31	1	1	0.09	0.41	3	0.47	0.75
전기 · 가스	0.37	0.25	0.85	0.98	2	2	5	0.18

– 대한무역투자진흥공사

중국의 대한국 투자 금액은 5~6년 전만 해도 한국의 대중국 투자금액의 10분의 1 수준에 불과했다. 그런데 2015년 한국의 중국 투자가 43억 달러, 중국의 대한국 투자가 20억 달러 수준이니 많이 따라왔다는 사실을 알 수 있다. 이런 추세가 계속된다면 곧 중국의 대한국 투자가 한국 기업의 대중국 투자보다 늘어날 수 있다. 중국은 1년 해외투자 금액이 1000억 달러가 넘어 외국인 투자 유치보다 순 해외투자가 더 많은 국가로 변모했다. 아직 한국에 대한 투자 수준은 높지 않지만, 이전의 부동산 투자에서 벗어나 최근에는 게임, 콘텐츠, 전자상거래, 금융, 전자 및 반도체, 화장품, 식품 등 영역을 넓혀 오고 있다. 2015년 중국의 대한국 투자가 늘어난 것은 안방보험의 동양생명 인수 영향이고, 2014년에는 부동산 투자 등이 큰 영향을 끼친 것으로 생각할 수 있다.

한국의 대중 서비스 무역수지

(단위 : 백만 달러)

	2000	2005	2010	2015
서비스수지	−678.5	−658.9	862.7	5,340.0
(서비스 수입)	1,966.2	6,381.7	13,225.5	20,555.4
(서비스 지급)	2,644.7	7,040.6	12,362.8	15,215.4
가공서비스수지	−418.7	−1,890.8	−5,223.6	−5,480.5

운송수지	733.7	2,394.4	6,135.0	3,374.3
여행수지	−701.1	−1,553.7	−409.6	6,969.4
지재권사용료수지	271.9	503.6	1,067.50	1,671.00
기타사업서비스수지	−519.9	−236.9	−769.4	−1,710.0
기타서비스수지	−6.6	194.9	90.4	298.2

– 한국은행

 한중 간 서비스수지 중 대표적인 항목만 뽑아 보았다. 서비스수지는 여행수지가 적자에서 흑자로 전환하면서 전체적인 흑자로 돌아선 것으로 보인다. 5년 단위로 끊어 보면, 2005년까지는 적자였는데, 2010년 운송수지 호조 및 여행수지 적자 감소로 약 9억 달러의 서비스 무역 흑자를 구현하였고, 2015년에는 여행수지 흑자 폭이 확대되면서 서비스 무역에서 약 53억 달러의 흑자를 구현하였다. 우려스러운 것은 서비스수지 흑자를 보이는 부분이 정치적 영향 및 한류에 크게 좌우될 수 있다는 점이다. 2015년 34억 달러의 흑자를 구현했던 운송수지는 한진해운 파산 등의 영향으로 전망이 불투명해졌고, 2015년 70억 달러 가까운 흑자를 구현했던 여행수지는 중국 정부의 한국 관광 제한 조치 등에 영향을 받을 수 있다. 17억 달러의 흑자를 냈던 지재권 사용료도 콘텐츠 수출 금지 등 중국 정부의 의사결정에 크게 영향을 받는다. 2016년 한국 연예인 출연 제한 등의 조치에 따라 음향·영상서비스 수출 수입을 비롯하여 우리 연예인이 중국에서 받는 공연료 수입이 줄어들었다. 서비스 분야에서도 면밀한 모니터링이 요구된다.

당시를 외웁시다

중국은 역사와 문화가 발달한 나라다. 중국인과의 대화에서 중국의 역사, 시, 문학을 이야기하면 깜짝 놀라면서 친근감을 표시한다. 특히 시를 이야기할 때 그렇다. 중국인은 초등학교에 입학하자마자 시를 외워야 한다. 그래서 보편적으로 읽히는 시구가 던져지면 대부분이 다음 구절을 외워 준다. 누군가 "나 보기가 역겨워 가실 때에는" 하고 먼저 던지면 다음 사람이 "말없이 고이 보내 드리오리다" 하는 것과 같다. 나는 중국 당시가 좋아서 외우기 시작했는데 시를 외우면서 중국인과 훨씬 친해질 수 있었다.

하루는 한국 기업의 민원으로 안후이 성 우후를 찾았다. 길가 표지판에 '이백의 묘'라는 관광 안내판이 있었다. 당나라 시대 대시인 이백의 묘가 관할지에 있다는 사실을 몰랐다. 시 정부와의 면담은 우호적이었지만, 어려운 부분이 있었다. 발언할 차례가 되어서 이백의 시 「증왕륜」을 외웠다.

贈王倫(증왕륜) 왕륜에게 주다

李白乘舟將欲行(이백승주장욕행) 내가 배를 타고 떠나려 할 때

忽聞岸上踏歌聲(홀문안상답가성) 문득 언덕 위에서 답가가 들려오네.

桃花潭水深千尺(도화담수심천척) 도화담의 깊이가 천 길만큼 깊다고 하지만

不及汪倫送我情(불급왕륜송아정) 왕륜이 나를 보내는 정에는 미치지 못할

것이네.

– 李白(이백)

  그러면서 "내가 좋아하는 이백 시인의 묘가 이 도시에 있는 줄 몰랐
습니다. 「증왕륜」에 나오는 도화담도 이곳 우후에 있는 연못입니까?"
하고 던졌더니, 공무원들은 얼굴을 활짝 펴며 호탕하게 웃었다. 정 영사
가 우리 중국 문화를 이해한다며 다들 좋아하였다. 대화가 화기애애하
게 진행되었음은 더 말할 것도 없다. 기업 민원도 시원하게 해결되었다.
  참고로 이 시는 기분 좋은 식사 자리가 끝날 때 활용할 수 있다. 마
지막 구절에 지명을 넣어 不及南京接我情(불급남경접아정)으로 변경하면,
'난징 시가 나를 대접해 주는 정에는 미치지 못할 것이다'가 된다.
  또 자주 인용하는 시는 당나라 시인 장계의 「풍교야박」이다. 영사관
관할지에 타이후 호라는 유명하고 큰 호수가 있다 보니 자주 이용하게
된다. 타이후 호 주변의 쑤저우 시 한산사를 배경으로 한 시다.

楓橋夜泊(풍교야박) 풍교에서 밤에 배를 대다

月落烏啼霜滿天(월락오제상만천) 달 지고 까마귀 울고 하늘에는 서리 가득
                     한데
江楓漁火對愁眠(강풍어화대수면) 강가 단풍나무, 고깃배 등불에 시름으로
                     잠을 설치네.
姑蘇城外寒山寺(고소성외한산사) 고소성 밖 한산사
夜半鐘聲到客船(야반종성도객선) 한밤중 종소리가 객선까지 들려온다.
                              - 張繼(장계)

배를 타고 가다 날이 저물어 풍교의 강가에 정박하고 밤을 보내며 지은 시다. 풍교는 장쑤 성 쑤저우의 서쪽 교외에 있는 다리 이름이다. 고소성은 쑤저우에 있는 성으로 오왕 합려, 부차의 전설이 서린 곳이고, 한산사는 쑤저우의 유명한 사찰이다. 객지에서 바라본 늦가을 밤의 정경과 나그네의 심정을 묘사한 시인데, 타이후 호 주변의 정경을 아름답게 그려 즐겨 외우는 시다.

특히 쑤저우, 창저우, 우시, 후저우, 이싱, 우장 등 타이후 호 주변 도시를 방문하여 그곳 공무원, 기업인과의 식사 자리에서 외우면 화기애애한 분위기를 만드는 데 도움이 된다.

이백의 「정야사」도 아름답기가 이루 말할 수 없다. 음력설이나 추석이 되면 명절을 어디서 보낼 거냐고 묻는 사람이 많다. 한국이 가깝기도 하니 한국 외교관은 당연히 한국에서 명절을 보낸다고 생각하는

것이다. 이때 가지 못하는 내 심정을 전하는 시가 「정야사」다.

靜夜思(정야사) 고요한 밤의 생각

牀前看月光(상전간월광) 침상 머리 밝은 달빛을 보며
疑是地上霜(의시지상상) 땅 위에 내린 서리려나 생각한다.
擧頭望明月(거두망명월) 머리 들어 밝은 달을 바라보고
低頭思故鄕(저두사고향) 고개 숙여 고향을 생각한다.

– 이백

중국인이 좋아하는 시 중 하나다. 중국에도 고향을 떠나 대도시에 사는 사람이 많기 때문에 이 시 한 수면 다들 무릎을 치며 눈시울을 붉힌다. 고향과 관련해서는 왕유의 「구월구일억산동형제」도 좋다. 왕유는 개인적으로 제일 좋아하는 시인이다.

九月九日憶山東兄弟(구월구일억산동형제) 중구일에 산동의 형제를 생각하다

獨在異鄕爲異客(독재이향위이객) 홀로 타향에서 외로운 나그네 되어
每逢佳節倍思親(매봉가절배사친) 명절을 맞이할 때마다 떠나온 가족을 그리워하네.
遙知兄弟登高處(요지형제등고처) 멀리 있어도 고향 가족들이 높은 산 오르는 것을 알 수 있고

偏挿茱萸少一人(편삽수유소일인) 머리에 수유꽃 돌려 꽂다가 내가 없는 것을 문득 깨달으리라.

- 王維(왕유)

가족들이 다 모였을 때 '내'가 없어 한 명이 모자란다는 생각을 할 것이라는 마지막 구절이 압권이다. 고향의 정도 나타내고 나이 들어가는 자신을 애처로워하는 시로는 하지장의 「회향우서」가 있다. 경상남도 투자 설명회 자리에서 건배사를 할 때 중국 투자가 앞에서 이 시를 외웠다. 그러면서 "사실 경상남도가 제 고향입니다"라고 말하니 중국 투자가가 중국 문화를 아는 사람이라며 무척 반가워했던 기억이 난다.

回鄕偶書(회향우서) 고향에 돌아와 우연히 쓰다

少小離鄕老大回(소소이향노대회) 어려서 고향 떠나 나이 들어 돌아오니
鄕言無改鬢毛衰(향언무개빈모쇠) 고향 사투리는 그대로인데 내 머리만 희게 세었구나.
兒童相見不相識(아동상견불상식) 동네 아이들은 내가 누군지를 알아보지 못하고
笑問客從何處來(소문객종하처래) 웃으면서 손님은 어디서 오셨어요 하고 묻는다.

- 賀知章(하지장)

아름다운 풍경을 노래하는 시도 좋다. 상하이 화둥 지역은 예로부터 오나라, 월나라 땅이었다. 강남(江南)의 정서가 강한 지역이다. 이백과 함께 대시인의 경지에 오른 두보의 절구는 풍경의 아름다움을 표현하고 싶을 때 생각이 난다. 내가 '양개황려명취류' 하면 상대 중국인들이 자동으로 '일행백로상청천' 하고, 내가 '창함서령천추설' 하면 다시 '문박동오만리선'이라고 마무리해 준다. 강남 지역의 풍경과 정서를 나타내는 참 아름다운 시다.

絶句(절구) 절구

兩個黃鸝鳴翠柳(양개황려명취류) 꾀꼬리 한 쌍 비취색 버드나무에서 울고,
一行白鷺上靑天(일행백로상청천) 백로는 일렬로 푸른 하늘을 나네.
窓含西嶺千秋雪(창함서령천추설) 창밖으로 서쪽 봉우리의 만년설이 보이고,
門泊東吳萬里船(문박동오만리선) 문밖에는 멀리 동오로 떠날 배가 대져 있구나.

－杜甫(두보)

이번에는 술과 관련된 시다. 저녁 식사에 술이 빠질 리 없다. 「장진주(將進酒)」의 시구는 술자리 흥을 돋우는 맛있는 안주가 되고, 왕유의 「위성곡(渭城曲)」이나 「송원이사안서」의 한 구절인 '권군갱진일배주'면 술자리 모든 이의 얼굴이 환하게 피어나는 것을 볼 수 있다. 마지막에 그날 모임을 가진 곳의 지명을 넣어 '西出蘇州無故人(서출소주무고

인)' 등으로 말하면 '이곳 아름다운 쑤저우를 떠나면 친구도 없으려니'
가 된다.

送元二使安西(송원이사안서) 원이를 안서로 보내며

渭城朝雨邑輕塵(위성조우읍경진) 위성의 아침 비가 가볍게 먼지를 적시니
客舍靑靑柳色新(객사청청유색신) 객사 앞 버들 녹색이 새롭구나.
權君更進一杯酒(권군갱진일배주) 그대에게 또 한 잔 권하노니
西出陽關無故人(서출양관무고인) 양관을 나서면 친구도 없으려니.

               - 왕유

  권주가로는 두목의 「청명」도 완벽하다. 계절이 봄이고, 비라도 내리
는 날에 안성맞춤이다. 이때도 마지막 구절의 '행화촌'을 다른 지명으로
대체하면 그 지역 사람의 마음을 한 번에 사로잡을 수 있을 것이다.

淸明(청명) 청명

淸明時節雨紛紛(청명시절우분분) 청명에 봄비가 분분히 내리는데
路上行人欲斷魂(노상행인욕단혼) 길 가는 나그네 외로움을 달래고 싶어
借問酒家何處在(차문주가하처재) 지나는 어린이에게 주막이 어디 있는지 묻
              는다.

牧童遙指杏花村(목동요지행화촌) 목동은 손을 들어 아득히 살구꽃 핀 마을을 가리키누나.

- 杜牧(두목)

중국어는 어렵다. 한자가 많은 것은 당연하고 단어도, 사자성어도 어렵다. 다 배우겠다는 것은 불가능에 가까워 보인다. 시간 날 때 당시를 한 수 외워 보기를 권한다. 중국인과의 관계가 달라지는 것을 알 수 있다. 친구로 인정해 줄 것이다.

中國一覽

4장

중국과의 비즈니스,
해답을 찾자

31
중국, 아직도 기회인가, 아니면 떠날 때인가?

중국 국가통계국 발표를 보면, 2015년 중국의 경제성장률은 6.9퍼센트로 전년 대비 0.4퍼센트가 떨어졌고, 당초 정부의 목표였던 7퍼센트에도 미달했다. 7퍼센트는 지켜 내고 싶은 하나의 상징적인 수치였기에 성장률이 7퍼센트를 미달하자마자 외국 언론을 중심으로 중국 경제 위기론, 경착륙론, 거품붕괴론이 보도되고 국제 단기성 투기 자금인 글로벌 핫머니가 2016년 초부터 중국 외환시장을 공격하는 등 소란이 일어났다. 물론 중국 정부의 강력한 경고와 재빠른 개입으로 환율 등 주요 금융지표들은 크게 흔들리지 않고 안정적이었다. 7퍼센트 성장률이 무너지면 큰일 날 것처럼 이야기하던 언론과 학계의 예측과 달리, 오늘날 중국 사회는 안정되고 조용하다.

중국이 경제개혁·개방을 시작한 1980년대 이후 중국 경제는 두 자릿수 성장을 거듭했다. 물론 1997년 아시아 금융위기, 2008년 글로벌 금융위기의 여파로 세계 경제가 위축된 시점에는 중국도 저점을 찍었다. 중국이 마지막으로 두 자리 성장을 기록한 해는 2010년이고, 이후 경제학자, 언론, 기업인 및 글로벌 핫머니 운용자는 중국 경제의 성장을 관심 있게 지켜보았다. 두 자리 성장이 무너지면 중국 경제가 경착륙하고 세계 경제도 저성장 국면에 직면할 것처럼 시끄러웠지만, 세계 경제는 무너지지 않았다.

한중 관계를 되돌아보자. 1992년 수교 이후 가발, 신발, 의류, 넥타이, 안경, 보석 가공 등 노동 집약적 제조업 1세대가 중국에 진출했다. 그 시점에 한국 사회가 우려했던 것은 '부메랑 효과'였다. 선진국이 개발도상국에 자본을 투자한 결과, 현지 생산 제품(공급)이 수요를 초과하여 결국은 선진국 시장에서 선진국 제품과 경합하게 된다는 이론이었다. 25년이 지나 중국산 제품이 한국의 경공업 시장을 점유한 이 시점에서 돌이켜 보면 부메랑 효과의 우려는 일부 사실로 나타났다. 하지만 한국의 중국 진출 부메랑 효과가 한국 경제의 발목을 잡은 요인이라고 지

"

세계에서 가장 인구가 많은 국가가 세계 어느 경제보다도
더 높은 수준의 경제성장률을 그것도 수십 년간 지속적으로
유지한다는 사실이 놀랍지 않은가?

"

적하고 후회하는 경제 전문가는 지금 없다.

1990년대 후반 냉장고, 세탁기 등 부가가치가 높지 않은 조립형 가전 산업이 중국에 진출하던 때의 우려 사항은 '제조업 공동화'였다. 2000년대 초 산업자원부 산업정책국에 근무할 때 국회에서 가장 많이 나오는 질의가 바로 제조업 공동화에 대한 것이었다. 생산원가가 싼 중국으로 한국의 모든 제조업이 이전해 버리면 한국에는 고용이 이루어지지 않아 빈 사무실만 남지 않겠냐는 우려였다. 여전히 진행 중인 논의고 전문가별로 견해가 엇갈리는 부분이다. 개인적으로는 제조업 공동화에 따른 일자리 창출 능력 감소, 해외투자 증가에 따른 부의 역진적 소득분배, 경제 활력 저하 등에 대한 우려가 깊다.

그러나 1995년 이후 전 세계 선진국의 부가가치 대비 제조업 비중이 줄어드는 가운데 유일하게 한국에서만 그 비중이 높아진 것은 주목할 만한 일이다. 한국의 부가가치 대비 제조업 비중은 1970년 17.5퍼센트에서 2014년에는 30.3퍼센트로 증가했다. 주력 제조업 수, 주력 제조업 의존도 등 주요 지표에서 한국은 여전히 제조업 우위를 바탕으로 무역 의존도가 높은 경제 모형을 가지고 있다. 제조업에 활력을 불어넣어 혁신시킨 역량은 우리 국내에서보다 외국에서 더 높게 평가받는다.

2000년대 중반 이후 현대자동차의 베이징 진출, 삼성전자의 쑤저우 진출, 당시 하이닉스반도체를 비롯한 반도체 기업의 중국 투자 이후 국내에서 우려했던 사항은 '기술유출론'이었다. 기술유출론 역시 진행 중인 사안이라 평가가 이른 시점이고, 우려가 굉장히 큰 것은 사실이다. 하지만 세계 반도체 전문가들은 하이닉스반도체가 100억 달러를 들여

우시에 진출한 것이 세계 2위의 반도체 기업으로 성장하는 밑거름이 되었다고 평가한다. 이런 공격적이고 선제적인 투자를 통해서 글로벌 반도체 치킨게임에서 살아남았고, 한국 입장에서 효자 산업으로 자리 잡을 수 있었다.

SK하이닉스 중국 법인의 생산량은 매년 70억 달러가 넘는다. 삼성전자도 마찬가지다. 삼성전자 위주인 삼성 계열사 중국 법인의 1년 매출액은 630억 달러로, 한국 GDP의 5퍼센트를 차지하는 금액이다. 자동차 기업 역시 마찬가지다. 한국의 자동차 시장 규모는 1년 180만 대 수준이지만, 현대·기아자동차그룹의 중국 생산 및 판매량 역시 180만 대에 이르고, 1년 매출액은 280억 달러를 기록한다. 기술 유출이라는 혹독한 우려에도 불구하고 한국 경제가 지속적으로 성장해 온 데 있어 중국의 역할을 가벼이 여길 수 없는 이유다.

2017년 3월 2일, 중국 전국인민정치협상회의 제12기 제5차 회의의 왕궈칭 대변인은 2016년 중국의 GDP 성장률이 6.7퍼센트라고 발표했다. 중국의 2015년 GDP는 11조 4000억 달러 수준이었다. 6.7퍼센트의 경제성장률이면 약 8,000억 달러가 2016년 GDP에 더해진다. 이는 2015년 한국 GDP인 1조 3000억 달러의 60퍼센트가 넘는 금액이다. 한국 GDP의 60퍼센트 또는 2005~2006년 한국 경제 규모와 같은 가처분소득이 바로 우리나라 옆에서 탄생하고 있다. 세계에서 가장 인구가 많은 국가가 세계 어느 경제보다도 더 높은 수준의 경제성장률을 그것도 수십 년간 지속적으로 유지한다는 사실이 놀랍지 않은가? 업종별 부침은 있겠지만 그 속에서 어떤 기업인가는 8000억 달러의 소비를 기업의 매출로 연결시키게 될 것이 자명하지 않은가?

중국 투자와 진출은 한국 경제에 기여해 온 만큼이나 위험 요인도 많이 지닌다. 비즈니스 관행이 아직 후진적이고, 지재권 등 법률 시스템이 미비하며 기업 경영이 정치적 영향을 받기도 하고, 기술 유출, 사기 및 심지어 폭력에 대한 우려가 존재하는 등 여러 가지 고려 사항이 많다. 중국 정부의 GDP 등 주요 경제지표에 대한 통계도 의문부호를 지니며, 기업 부실에 따른 부실채권 증가, 부동산 공실률 증가, 지방정부 부채의 증가, 인구 보너스 감소 등 중국 경제의 미래를 불투명하게 하는 요인도 많다. 한국은 세계 최대의 거대 시장에서 기회를 볼 것인가? 경착륙 우려에 대한 대안을 찾아낼 것인가? 약삭빠르고 기민한 기업만이 10년 후에도 웃을 수 있을 것이다.

32

정치와 비즈니스 I
**외교 관계와
경제적 영향**

2016년 12월, 중국 정부는 중국에 진출한 우리 롯데 계열사에 대해 전방위 세무 조사, 소방 점검, 위생 점검을 실시했다. 롯데가 소유한 한국 성주골프장에 사드가 배치된다는 발표에 따른 보복 조치인 것으로 보인다. 한국 연예인의 방송 광고 출연 금지 조치에 대해서도 중국 외교부는 '모르는 일'이라고 발표했다. 외국 기업뿐만 아니라 중국 기업도 중국에서 사업을 할 때 제일 중요한 것이 정부의 입장이라는 것을 다 아는데도, 중국 정부의 공식적인 멘트는 '모른다'는 것이다.

한국 기업의 운명을 좌우하는 중국 정부의 결정은 한두 개가 아니다. 중국은 WTO 가입 이후 외국 기업에 대해 90여 건의 반덤핑 조치를 취했다. 그중 40여 건이 한국 기업에 대한 조치다. 사드 배치 결정 등 한중 관계가 경색되자 한국 기업에 대한 반덤핑 조치가 부쩍 증가했다. 한 사례에서는 양국 간 협의를 거쳐 반덤핑 관세율을 조율했음에도 발표 당일 예비 판정(14.5%)의 세 배 가까운 37.3퍼센트로 최종 판정을 내렸다. 남미 국가 등 기타 국가를 표적으로 삼은 설탕 원당 반덤핑 조사에도 한국 기업 이름을 넣어 발표했다.

외국 기업의 영업을 어렵게 하는 대표적인 분야가 위생 허가, 소방 점검이다. 소방 점검은 현실적으로 지키기 어려운 규정으로 전 기업을 범법자로 만들고 마음에 안 드는 기업을 길들일 때 사용하는 가장 효과적인 수단이다. 위생 허가도 마찬가지다. 안심하고 먹거나 사용하기 힘든 상품이라고 정부 기관이 공식적으로 발표를 해버리면 기업 매출이 주는 건 물론이고 대외 이미지에도 손상이 간다. 체력이 튼튼하지 못한 기업의 경우 주가 하락은 물론이고 사업 기반 자체가 흔들리기도 한다. 한국 기업의 식품을 대상으로 한 위생 점검에서 불합격 건수가 사드 배치 결정 전후로 많게는 열 배가 늘어났다.

이 밖에도 중국 정부가 쓸 수 있는 카드는 무궁무진하다. 공정거래, 소비자보호도 대표적인 분야다. 중국 소비자의 날인 3월 15일이 다가오면 외국 기업들은 긴장하기 시작한다. 올해에는 어떤 기업을 표적 삼아 중국 CCTV가 소비자 고발을 진행할지 모른다. 그 결과에 따라 외국 기업 중 하나는 보따리를 싸 중국을 떠나야 한다.

일본은 2010년 대중국 수출 2000억 달러, 수입 1500억 달러로 약 500억 달러의 무역 흑자를 보고 있었다. 2010년, 2011년 발생한 양국의 댜오위다오(센카쿠 열도) 문제로 중국 정부는 일본에 전방위 압박을 가하기 시작했다. 그 결과, 2015년 양국의 무역 규모를 보면 일본의 대중국 수출, 수입이 모두 1500억 달러 수준에 머물러 5년 만에 500억 달러의 무역 흑자가 사라지고 말았다. 물론 이 사라진 500억 달러 모두를 정치적인 의사결정에 따른 것이라고 볼 수는 없지만, 이를 통해 중국에서 중국 정부의 의지가 얼마나 중요한지를 엿볼 수는 있다.

이쯤에서, 중국 공무원은 정말 할 일이 많을 것 같다는 생각이 든다. 전 세계 각국과의 정치적, 외교적 관계를 가늠하여 거기에 맞춰 해당 국가의 기업을 골라내고 기업별로 다양한 경제정책 수단을 사용해야 하니 말이다. 의사결정 조합이 너무 많다. 지방정부의 대부분 집행 조직에서도 헷갈릴 수 있을 텐데, 중앙에 있는 의사결정권자는 얼마나 많은 의사결정을 해야 하는지 안타깝기까지 하다. 우리가 교과서에서 배운 바로는 사회가 복잡다단해지고 전문성이 높아지고 상호 연관성이 높아지면 정부가 한정된 정보로 합리적이고 효율적인 의사결정을 하는 것이 더욱 어려워질 텐데, 중국에서는 아직 공무원의 의사결정 범위가 너무 넓다.

> **❝**
> 복잡다기한 현대사회의 다양한 경제문제에
> 뛰어난 중국의 엘리트 관료들이 자신감을 가지고 뛰어드는
> 것이 오히려 문제를 꼬이게 하고 결국 중국 자체의
> 경제성장을 저해하는 단계가 올까?
> **❞**

보호무역주의에 가까운 중국 엘리트 공무원의 의사결정과 자유무역주의에 가까운 전 세계 소비자의 이익 극대화 의사결정 중 어느 것이 더 경제적으로 효율적이면서 소비자의 후생을 극대화하고, 국가에 도움이 될까? 자못 흥미롭다. 중국 공무원의 의사결정이 유럽 일반 가정 소비자의 이기적이고 합리적 의사결정을 이길 수 있을까? 중국 공무원의 의사결정이 한국 공무원보다는 낫다고 하더라도 한국의 언론과 학계의 자유로운 의사표현보다 더 합리적일까? 중국 공무원의 의사결정이 미국 상·하원 의원의 의사결정보다 더욱 민주적일까?

게임 이론에서도 알 수 있지만, 공동의 규범이 있는 곳에서 한 개 행위 주체만 무임승차를 하면 이때 무임승차자는 이익을 누릴 수 있다. 그러다 모든 주체가 무임승차를 시작하면 공유지의 비극이 발생한다. 중국은 14억 인구라는 압도적인 시장의 크기를 이용하여 WTO 등의 국제적 무역 규범을 넘나들면서 무임승차를 하는 것처럼 보인다. 그것도 아주 잘한다.

복잡다기한 현대사회의 다양한 경제문제에 뛰어난 중국의 엘리트 관료들이 자신감을 가지고 뛰어드는 것이 오히려 문제를 꼬이게 하고 결국 중국 자체의 경제성장을 저해하는 단계가 올까, 아니면 몇십 년이 지났을 때 중국의 다음 세대가 지금 현재 중국 엘리트의 의사결정을 중국이 세계 시장을 석권하는 데 크게 공헌했다고 평가할까? 좀 더 시간이 지나야 결론이 나겠지만, 우리가 배운 경제학에서는 합리적 경제주체의 의사결정과 시장의 자율적인 조정 과정(보이지 않는 손)이 더욱 효율적이라고 했다. 또 전 세계가 국제법, 국제기구 등의 규범을 만들어 둔 것은 일부 국가의 무임승차와 질서 교란 행위를 막기 위함이고, 모든 국가가 무임승차함으로써 모든 구성 국가의 복리가 다 하락하는 것을 막기 위함이라고 배웠다. 세계는 어디로 흘러갈 것인가.

33

정치와 비즈니스 II

기업의 대응

　양국 간 정치·외교 분야에서의 의견 조율 시기를 거치며 한국 기업이 중국에서 어려움을 겪고 있다. 한국과 유사한 경제구조로 대중국 무역의존도를 보이던 일본 기업, 대만 기업도 이전에 같은 길을 걸었다. 대만과 중국의 무역을 보면 대만 입장에서 수출 30퍼센트, 수입 15퍼센트를 중국에 의존하고, 일본은 수출 20퍼센트, 수입 20퍼센트를, 한국은 수출 25퍼센트, 수입 15퍼센트를 의존하고 있었다. 중국과의 정치적 관계에서 중국 정부의 보복 조치가 취해지자 대만 기업이 가장 영향을 많이 받았다. 일본에도 물론 영향이 있었다. 한국은 25퍼센트 정도에서 중국의 속내를 한 번 본 것이 어떤 면에서는 나쁘지 않은 것 같다. 복병이 매복해 있는 골짜기로 우리 군사의 본대가 진입하기도 전에 미리 돌이 굴러 내려오기 시작해서 다행이라는 생각도 든다. 대중국 경제 의존도가 더 컸더라면 피해도 더 컸을 것이다.

소나기가 내리면 피해 가야 한다. 한국 기업은 대만 기업 및 일본 기업 등 외국의 사례를 참고할 필요가 있다. 당분간이라도 한국 기업이라는 색채를 지우는 조치가 필요해 보인다. 가령 상하이에서 보이는 일본 기업의 광고 중에는 이 기업이 일본 기업인지 모르겠는 광고가 많다. 한국 기업인 중 한 분의 표현대로 일본은 가랑비에 옷 젖듯이 조용히 중국에 스며들어 있다. 지하철을 타고 가면 창밖 터널에 광고가 비치는데, 거기에 일본 기업의 광고가 나온다. 좋은 방법인 것 같다.

또 시세이도, 유니클로 등 일본을 대표하는 기업들은 '히딩크 전략'을 구사한다. 대만 등 외국계 기업과 공동으로 중국에 진출하거나 중국 법인 대표로 중국인, 대만인을 뽑는 것이다. 일본의 대표적인 엘리베이터 기업인 미쓰비시는 중국 국영 보험회사의 지분 8퍼센트를 보유했으니 실제적으로 중국 기업이라고 광고하며 수주를 따내고 있다. 상하이 곳곳에 보이는 패밀리마트, 로손, 세븐일레븐 등의 편의점은 이토추 등 일본 기업이 중국 또는 대만 자본과 공동으로 진출하여 중국 소매시장으

잠시 한국 색깔을 살짝 덮이 흐릿하게 만들면
중국 엘리트 관료가 한국 기업을 찾아내고 표적 삼아
대응 조치를 설계하는 데 더 시간이 걸릴 것이다.

로 들어간 것이다. 정치적 이해관계로 중국 정부가 불이익 조치를 취하려 해도 일본 기업에게만 조치를 취하기는 힘들게 설계되어 있다.

한국 기업 중에도 뛰어난 현지회 전략으로 한국 기업이 색채를 지워둔 기업이 있다. 이런 기업은 보통 법인 이름을 적절히 현지화시킨다. 한국 기업명을 어색하게 중문화하지 않고 중국인이 좋아하는 단어를 사용하여 이름을 다시 짓는 것이다. 중국 역사에서 중국인이 선호하는 단어의 기업명을 가지고 있다 보면 사람들은 점차 이 기업이 딱히 한국 기업임을 인식하지 못한다.

한국을 대표하는 제과 기업도 마찬가지다. 한국에서 생산한 제품명을 그대로 가져와 번역하면 어색할 텐데, 중국 현지에서 중국인을 대상으로 지으면 어색함이 없고 자연스럽다. 점차 이 기업과 제품이 한국 것임을 인식하는 사람이 줄어든다.

또 괜찮은 방법이 있다. M&A를 활용하는 방법이다. 아직도 중국인의 머릿속에는 독일 제품이 1위, 일본·미국 제품이 2위, 한국 제품은 3위라는 인식이 강하다. 악기를 생산하는 한국의 대표 기업은 동종 업계의 독일 기업을 인수하여 중국 시장에 진출했다. 중국 소비자는 독일 기업의 독일 제품을 구매한다고 생각하는데, 사실은 한국 기업의 한국 제품을 구매하는 것이다. 패션이나 가방이라면 이탈리아 기업을 인수할수도 있다. 실제로 중국인이 선호하는 여행 가방 브랜드인 만다리나 덕은 한국 기업이 인수한 업체다.

잠시 한국 색깔을 살짝 덮어 흐릿하게 만들면 중국 엘리트 관료가 한국 기업을 찾아내고 표적 삼아 대응 조치를 설계하는 데 전보다 시간이 더 걸릴 것이다. 한국, 중국 및 아시아 국가 기업의 GVC가 복잡하게 설계되어 있고, 소비자의 복리 역시 복잡하게 얽혀 있는 상황에서는 이 방법이 하나의 답이 된다.

34
악마는
디테일에
숨어 있다

잘나가던 협상도 세부 사항을 조율하다 보면 덜컥 암초에 걸릴 때가 있다. 개미구멍에 방죽 무너진다는 속담과 같다. 큰 명분이나 대의보다도 가장 세세한 표현, 남들 눈에 보이지 않는 숨은 규정이 가장 중요한 본질이고 가장 중요한 요소가 될 수 있다는 의미다.

화장품을 예로 들어 보자. 한국 화장품은 중국에서 인기가 많다. 화장품 대중국 수출액은 매년 100퍼센트 가까이 성장하고 있다. 2013년 대중국 화장품 수출액은 2.7억 달러였다. 2014년 5.4억 달러, 2015년에는 10.1억 달러였다. 대중국 수출 전체가 급격히 감소한 2016년에도 한국의 대중국 화장품 수출액은 15.7억 달러로 기록적인 수출액을 기록했다. 공식적으로 집계된 수출 통계가 그렇다는 것이고 중국에서 생산하여 중국에서 판매하는 내수 물량, 대리구매상 등 비정상 통관을 통해 중국 내에서 유통되는 물량을 더하면 그 수치가 더 올라갈 것으로 본다.

그런데 한국 화장품산업의 중국 진출 과정 곳곳에는 악마가 숨어 있다. 여러 가지 논란이 있지만 악마가 숨어 있는 곳은 대개 위생 허가, 통관, 지재권, 환경 규제 분야다.

만약 화장품의 품질 경쟁력이 우수하고 그에 대한 중국 소비자의 선호도가 높아 이를 바탕으로 화장품 기업이 독자적으로 마케팅도 잘하고, 박람회 참가에도 문제가 없고, 중국 지방정부들의 외자 유치 정책에 따라 중국 내 생산에도 문제가 없다면 한국 정부가 이 기업을 위해 해줄 수 있는 건 아무것도 없다. 그런데 위생 허가와 통관의 문제는 조금 다르다.

준비되지 않은 중소기업의 경우, 일반적으로 제품 허가에 걸리는 기간은 2년 정도다. 이 2년 동안 한국 기업들은 급한 대로 중국 시장점유율 확보를 위해 비정상 통관을 시도한다. 결과는, 스스로 유통 질서를 어지럽히고, 후에 큰 리스크를 안게 된다. 또 이 기간에 짝퉁 제품이 시장에 나타나고, 상표 브로커에 지재권을 선점당하기도 한다.

이런 디테일을 도와주는 한국 기관이 있다. 가령, 화학융합시험연구원(KTR) 등 정부위탁사업을 수행하는 한국의 시험인증기관이 화장품, 식품, 의약품 등 여러 분야에서 국내 기업의 제품 허가와 통관 등을 돕는다. 중국어도 능숙치 않고, 중국 비즈니스를 이해하지도 못한 채 최초로 중국 진출을 희망하는 중소기업 입장에서는 천군만마가 아닐 수 없다. 여기서는 구체적으로 중문 라벨링 표기법을 바로잡아 줘 향후 단속 과정에서 발생할 수 있는 불필요한 오해를 줄이고, 위생 허가 통과를 위해 한국 제품의 미세 함량을 사전에 조정해 주며, 식품이 의약품으로 분류되지 않도록 광고 문구 등을 바로잡아 준다. 이런 서비스는 혜택을 받아 보지 못한 사람으로서는 상상하기 어려울 정도로 유용하다. 디테일에 숨어 있는 악마를 찾아내 주는 현미경 같은 기관들인 것이다.

전기·전자제품을 중국으로 수출하는 한국 기업을 생각해 보자. 이 기업은 양국의 서로 다른 인증제도에 따라 동일한 시험 검사 및 행정절차를 양국에서 이중으로 거쳐야 하는 불편을 겪는다. 검사비용과 소요 시간은 그렇다 쳐도, 그 기간에 세계 시장의 판도가 바뀌어 버리기라도 하면 어쩌겠는가. 이때 한국인정기구(KOLAS)와 중국인정기구 간에 MOU가 맺어져 있어 양국 간 시험인증을 상호 인정해 주면 기업으로서는 불필요한 행정절차를 두 번 겪지 않아도 된다. 실제로 양국 정부는 전기·전자 분야 상호 인정 품목을 한국인증(KC)과 중국강제인증제도(CCC) 대상 전체로 확대하는 방안을 추진하고 있다. CCC는 전기·전자제품, 자동차 부품 등 20개 분야 158개 품목을 포함하는 중국의 대표적인 강제제품인증제도로, 우리나라의 산업기술시험원(KTL), KTR, 기계전기전자시험연구원(KTC) 등이 중국의 품질인증센터(CQC)와 후속 협상에 나설 예정이다.

또한 한국 기업들은 한국에서 발급받은 성적서가 있음에도 중국에서 다시 시험과 심사 등을 거쳐야 하는 번거로움을 가진다. 디테일에 숨어 있는 악마의 대표적인 예이기도 하다.

상하이에는 한국의 시험인증기관이 많이 진출해 있다. 중국의 시험인증기관은 급속히 대형화되고 있지만 아직 대외 신뢰도가 떨어지기 때문에 대외 업무를 처리하는 경우는 많지 않다. 그래서 갭(Gap), 포에버21(Forever21) 등 중국 진출 대형 유통 매장들은 납품 의류 기업이 한국 시험인증기관의 시험성적서를 첨부해 오는 것을 인정해 준다. 우리 시험인증기관의 경쟁력을 보여 주는 부분이다. 우리 기업에게는 시간과 비용이 절감되고 한국어로 원활한 의사소통을 할 수 있다는 것이 큰 장점으로 작용한다. 한국의 의류 브랜드는 베트남 등으로도 많이 진출하고 있어 최근 한국의 시험인증기관이 베트남으로도 발 빠르게 진출 중이기는 하지만, 중국 시장이 여전히 거대한 데다 패스트패션이 주가 되는 최신 경향에서는 빠른 시험성적서가 요구되기 때문에 중국에서 시험인증기관의 활동 영역이 보다 넓은 것으로 생각된다.

원사, 직물, 의류 등을 시험하는 기관인 FITI시험연구원은 중국에 진출한 한국 기업 및 외국 기업, 심지어 중국 기업을 대상으로 비즈니스를 한다. 우리 시험인증기관의 경쟁력은 시험성적서를 발급하는 데만 있지

> **"**
> 중국이라는 거대 시장의 굴기를 목도하고 있는 지금,
> 이제 우리가 바라보아야 할 것은 '중국'이라는 단어가
> 세계 표준과 시험인증에서 차지할 중요성이다.
> 중국은 현재 세계의 표준을 거부하고
> '중국 표준(China Standard)'을 외친다.
> **"**

않다. 교육, 불량 원인 컨설팅 등 맞춤형 서비스를 제공하며 시장을 개척하고 있다. KTC는 중국에서 공장 평가를 대행하며 기업들을 돕고, 의류시험연구원(KATRI)은 한국으로 수출하는 제품의 성적서를 발부하면서 수익을 창출하고 있다. 물론 한국의 시험인증기관들은 중국에서 많은 도전과도 마주친다. 중국 정부가 중국 시장을 두드리는 외국 브랜드에게 자국 시험인증기관의 성적서를 가져올 것을 은근히 요구하는 것이다. 공상국 등 유관 기관과 꽌시를 가지고 있는 중국 시험인증기관은 이를 활용하여 고객에게 접근하기도 한다. 한국 시험인증기관은 이런 어려움에서도 꾸준히 시장을 확대하고 한국 기업에게 세세한 편의를 제공하고 있으니 매우 고무적인 일이 아닐 수 없다.

세계 시험인증 시장의 크기는 약 200조 원 규모로, 중국 등 신흥 시장을 중심으로 높은 성장세가 나타나고 있다. 그러나 중요한 것은 시험인증 시장의 규모가 아니다. 시험인증 경쟁력이 국가 산업 경쟁력, 국가 경쟁력의 핵심이 된다는 사실이다. 산업입국, 무역입국으로 국가를 성장시켜 온 우리나라로서 국가의 미래 성장 전략의 핵심은 산업, 특히 첨단산업의 경쟁력 강화다. 또 산업 경쟁력 강화 정책의 핵심은 기술 정책이 된다. 이 기술 정책의 핵심이 바로 시험인증 등 기술 관련 분야의 동반 성장 발전이다. 특허, 상표, 실용신안, 디자인 등 지재권 정책도 뒷받침되어야 한다. 이 하나하나의 디테일에 악마가 숨어 있고, 때로는 천사 같은 구원군도 숨어 있다.

1960년대 한국은 산업·무역입국의 기치를 내세운 이래 제조업 기술 수준은 급격히 향상되었지만 국제 무대에서 표준과 시험인증 경쟁력이 이를 뒷받침하지 못해 어려움을 겪은 경험이 있다. 이때부터 네트워크를 구축하기 위해 회의를 찾아다니고 옆자리에 앉아 말도 걸어 보고 하면서 서양의 표준을 배워 와 지금까지 한국 경제를 지원할 수 있었다. 중국이라는 거대 시장의 굴기를 목도하고 있는 지금, 이제 우리가 바라보아야 할 것은 '중국'이라는 단어가 세계 표준과 시험인증에서 차지할 중요성이다. 중국은 현재 세계의 표준을 거부하고 '중국 표준(China Standard)'을 외친다. 표준과 시험인증에 대해서라면 시장을 가진 국가의 목소리가 가장 클 수밖에 없다. 우리가 서구 국가의 표준과 시험인증을 따르기 위해 오랜 시간 많은 비용을 들여 네트워크를 구축하고 서구의 표준을 연구했듯이 이제는 중국을 연구해야 한다. 이미 중국은 고려인삼 표준 작업에도 목소리를 내고 있다. ISO 등의 국제기구에서 IT 서비스 분과를 비롯해 중국 시장 비중이 큰 분야에서는 중국인 분과위원장이 탄생하고 있다. 중국의 표준과 시험인증에 미리 대비하여 일본이나 독일 같은 기술 우위 국가보다 더 깊이 파고들 수 있다면 적어도 20~30년간은 중국 산업에서 우위를 차지할 수 있다. 한국의 붉은 악마들이여, 이제 디테일로 숨어들자.

35
상무영사 사무실을 찾아오는 중국 기업

상무영사 사무실을 제일 자주 찾는 중국 기업의 업종은 무엇일까? 세 개로 나눠 보았다. 나름 찾아오는 이유가 있었다. 이를 통해 중국 경제의 한 단면을 볼 수 있다.

부동산 개발 사업자

쉽게 상상이 가지 않겠지만, 중국 부동산 개발업자가 상무영사를 자주 찾아온다. 중국에서 부동산이란 1990년대 부동산 거품이 꺼지기 전의 일본, 그리고 개발 시대 한국에서처럼 불패의 상징이었다. 상업용, 주택

용 부동산의 가격은 천정부지로 올랐고, 부동산에 투자한 사람은 땅 짚고 헤엄치기로 돈을 벌었다. 한국 법인 및 공공기관의 운전기사 중에는 상하이 호구를 가지고 있어 집을 서너 채씩 보유한 몇십억 원대 자산가가 많다. 기업뿐만 아니라 개발이익을 공유하였던 공무원들 역시 부동산으로 부를 축적한 경우가 대부분이다. 이런 사람이 아무 영향력도 없는 한국의 상무영사를 찾아오는 이유는 뭘까?

대형 부동산 개발업의 고위직이 어렵사리 영사관을 방문하는 것을 보니 이제 부동산 불패의 시절이 끝나 간다는 생각이 들었다. 실제 부동산 공실률이 급격히 확대되었다. 현재 공실률 면적은 9억 제곱미터로 추산되는데, 이는 3억 명의 인구에게 주거를 제공할 수 있는 수준이라고 한다. 상업용 부동산도 마찬가지다. 하루가 멀다 하고 개점하던 대형 백화점 및 상업용지가 불 꺼진 채 방치되기 시작했다. 대형 백화점 옆에 또 백화점이 들어섰지만 실제 매장에서는 손님을 찾아볼 수가 없다. 이로써 부동산 개발업자의 투자 수익이 떨어지자 투자 손실을 조금이라도 만회하기 위해서 생각해 낸 방안이 바로 한국관인 것이다. 중국 소비자에게 인기가 높은 한국 의류, 한국 식품, 한국 베이커리, 한국 영화, 한국 슈퍼를 한곳에 유치하여 중국 소비자의 관심을 모으고 상가의 활력을 되살리려는 의도다. 이를 논의하려 영사관을 방문하는 것이다. 하지만 사드 배치 결정 이후에는 한중 관계가 경색되어 이런 방문자도 급격히 줄어들었다.

환경 기업

중국 공무원, 중국 기업 중 우수한 기술의 한국 환경 기업을 소개시켜 달라고 요구하는 경우가 많다. 중국의 급속한 경제개발은 필연적으로 대기, 토양, 수질 등 환경오염을 수반하였고, 경제소득 수준이 향상되자 중국 국민의 환경에 대한 요구가 높아졌기 때문이다. 겨울철 화베이 지역의 대기오염은 중앙정부 지도자의 경각심을 일깨우고, 국가 전체가 환경산업을 차세대 산업으로 육성하고자 계획하도록 이끌었을 정도다. 2013~2014년 중국의 대기오염이 극도로 나빠지자 다국적기업에서는 직원이 중국 근무를 거부하고, 중국 발령이 나면 사표를 내는 사례가 속출하였다. 베이징마라톤 등 국제 대회 개최 당시 미세먼지 농도가 1세제곱미터당 300마이크로그램을 넘어섰을 때는 중국 정부로서도 큰 부담을 가졌다.

13.5 규획 및 중국제조 2025 등 주요 경제정책에서 중국 정부는 환경산업 육성을 선언하였고, 지방정부와 중국 기업들은 한국의 환경 기술 우수 업체를 적극적으로 찾아 나섰다. 이에 대구시 등 지방정부는 저장 성 이싱 시와 환경 협력 프로젝트를 진행 중에 있고, 우리 기업은 샤오싱 시의 오·폐수 교반기 프로젝트를 수주하게 되었다. 한국의 우수한 상수도 펌프 기업은 중국 관공서 프로젝트를 수행하고 있다. 공기청정기 시장에서도 한국 기업이 선전하고 있다. 시대의 흐름을 읽고 있는 것이다. 아직 한국의 환경 기술 기업의 경쟁력 수준은 독일, 일본 등 원천기술을 가진 기업에 비해서는 약하다고 하니 분발을 촉구해 본다.

콘텐츠 투자자

한국 드라마가 중국에서 인기를 끌고 드라마에 나온 제품의 매출이 늘어나자 투자할 만한 콘텐츠 제작사를 찾아 달라고 하는 투자가가 사무실을 찾고 있다. 물론 정말 선수들은 내 사무실을 찾지 않는다. 바로 한국으로 달려가 직접 기업을 만난다.

중국 투자가가 한국에 자본을 투자하고 한국의 콘텐츠 제작사가 중국 소비자를 염두에 둔 작품을 제작하고, 다시 중국 투자가가 중국 내 유통을 책임지는 모형은 가장 성공적인 한중 협력 모델로 평가받는다. 게임, 드라마, 영화, 교육용 애플리케이션 등 콘텐츠 분야에서 중국 자본에 대한 종속성을 우려하는 목소리도 나오지만, 이 모형은 각 분야로 확대되고 있다. 콘텐츠와 함께 한류와 연관성이 높은 화장품 분야, 식품 분야도 마찬가지다.

콘텐츠 분야는 중국에서 가장 성공할 수 있는 분야라고 생각된다. 한국과 중국은 동일 문화권에 속하고 부분적으로 동일 정서를 지니기 때

"

우리나라 예능 프로그램 「런닝맨」이 미국 예능 시장을
바꾼다는 이야기는 들어 본 적 없지만, 중국에서라면
「런닝맨」이 중국의 예능 판도를 바꿀 수 있다.
한중 문화 관계의 밀접성을 잘 보여 주는 대목이다.

"

문에 한국의 콘텐츠는 중국에서 성공할 가능성이 많다.

「별에서 온 그대」, 「대장금」 등의 한국 드라마가 미국 시청자에게 선풍적인 인기를 끌지 못하더라도 중국에서는 큰 인기를 얻을 수 있다. 미국의 「워킹데드(Walking Dead)」, 「로스트(Lost)」 등의 드라마는 중국에서 인기를 끌지 못했지만 우리 드라마는 큰 반향을 일으킬 수 있다. 또 우리나라 예능 프로그램 「런닝맨」이 미국 예능 시장을 바꾼다는 이야기는 들어 본 적 없지만, 중국에서라면 「런닝맨」이 중국의 예능 판도를 바꿀 수 있다. 한중 문화 관계의 밀접성을 잘 보여 주는 대목이다.

중국의 문화 시장에 영향을 줄 수 있는 가장 유력한 국가가 한국이다. 콘텐츠는 간접광고(PPL) 등을 통해 화장품, 의류, 가구 등 무역에도 영향을 주고 저작권, 콘텐츠 사용료 등의 서비스 수지에도 크게 영향을 줄 수 있는 분야다. 다만 2016년부터 시작된 한류 콘텐츠, 한국 연예인 제한 조치로 관련 투자자들의 방문이 줄었을 것으로 생각한다. 리커창 총리가 볼펜심 하나 못 만드냐고 중국 기업들을 질책하면서 제조업 국산화 및 업그레이드를 주문했듯이, 중국 국민 정서에 영향을 주는 문예 분야가 한국 콘텐츠에 의해 큰 영향을 받자, 사드 배치 결정을 계기로 제한 정책을 실시하고 있기 때문이다.

최근에는 이 밖에도 바이오산업, 의료 기기 관련 기업 관계자가 자주 온다. 사무실을 찾는 중국 기업의 수요는 중국 경제와 한중 기업 협력의 트렌드를 반영하는 듯하다. 혹시라도 도움이 되기를 바란다.

36 한국 기업의 중국 현지화 전략에 대한 재고(再考)

근무 중 가장 많이 마주친 한국 기업의 민원 유형은 합자기업의 중국 직원에 관한 것이다. 소수의 한국 직원이 다수의 중국 직원을 관리하다 보니 실은 제대로 관리되지 못하는 틈을 타 중국 직원이 자료와 정보를 빼돌려 사기를 치거나, 회사 명의를 바꾸거나, 계약서를 위조로 작성하거나, 회사를 물리적으로 장악해 버리는 것이다. 한 주에 하나씩 이런 사례가 발생한다. 이 모든 것이 한국 기업의 중국 현지화 전략과 관련된 듯하여 한국 기업의 현지화 전략의 성공 및 실패 사례를 되돌아보고자 한다.

다국적기업의 현지화란 다국적기업이 자사의 재화나 서비스를 일률적으로 생산하고 판매하는 것이 아니라 현지의 환경에 맞추어 공급하는 과정을 말하며, 넓은 의미에서는 기업이 현지 시장에 안정적으로 정착하기 위해 행하는 모든 경영 활동을 말한다. 마케팅 전략, 원자재 조달, 제품 구성뿐만 아니라 현지 인력의 채용 및 노사 관리, 본사의 주재관 제도 운영 등을 다 포함한 종합적인 기업의 전략이 바로 현지화 전략이다.

한국 기업은 초기에는 기술적 우위를 바탕으로 값싼 인건비를 활용하기 위해 중국에 진출한다. 중국 기업과 합자를 할 때는 한국 주재관들은 대부분 관리직을 맡고, 중국 직원은 기능직, 생산직을 맡게 된다. 주재관이 총경리, 재무총감, 생산부장, 인사기획부장 등 관리직을 담당하고 현지 직원들이 부처에 배치된다. 현지 법인이 본격적으로 생산을 시작하고 이윤이 창출되기 시작하면, 한국의 오너 또는 최고위층은 비용을 더 줄이고 싶어 한다. 매출이 고정된 상황에서 비용을 줄이면 오너 또는 주주의 이익이 커지기 때문이다. 그래서 현지화를 이야기한다. 회사가 안정되었으니 주재원 수를 줄인다는 것이다. 주재원 한 명을 파견할 경우 들어가는 비용은 기업 규모 및 복지 수준에 따라 다르겠지만 대기업의 경우 몇억 원 정도가 된다. 주거비 보조, 학비 보조 및 해외 파견 수당을 더하면 해외 파견에 대한 비용이 한국 내 근무 시보다 두세 배더 들어가는 것이다. 그래서 주재관 수를 줄이고 현지 직원들에게 관리직을 맡기기 시작한다. 일반적인 과정이다. 현지화에 성공한 것일까?

경험상으로는 현지화도 티핑포인트(급격한 전환점)를 넘어서면 부정적 효과가 나타난다. 믿워 중 다음과 같은 사례가 가장 많았다. 한국 본사의 현지화 전략에 따라 20여 명에 이르던 관리자가 줄고 지금은 본사에서 파견된 두 명의 주재관이 중국 직원 500여 명을 관리한다. 본사에서는 중국에 대한 이해도가 낮은 총경리를 파견하였다. 중국어도 신통치 않아 다니는 곳마다 따라가서 통역을 해줘야 한다. 1차 공급상, 2차 공급상, 바이어와의 저녁 약속도 현지 부총경리를 비롯하여 중국 직원이 다 잡아 준다. 이미 생산부장, 기술부장, 기획부장 등은 현지인으로 대체된 지 오래다. 제품 생산에 필요한 기술 노하우, 자재 관리 방법, 회사 운영 방법은 다 넘어갔다. 이쯤 되면 합자기업의 중국 오너 입장에서 이런 합자 관계는 계속 유지하고 싶지 않을 것이다. 중국 합자기업으로서는 이윤을 나눌 이유가 없다. 이런저런 평계를 대고 합자 청산을 요청한다. 또는 이미 재무 정보도 장악하고 있는 이상 이윤을 빼돌리기 시작한다. 경제적 이익에 눈이 멀어 물리력을 행사하는 경우도 생긴다. 국내 대기업에도 이런 현지화 실패 사례가 비일비재한데 중소기업이라면 어떻겠는가? 이런 민원이 일주일에 하나씩이다. 오너 및 주주의 이윤을 극대화하기 위한 지나친 현지화는 독으로 돌아온다.

주재원으로 일하는 친구들과 농담 삼아 주고받는 이야기가 있다. 중국에 근무하는 한국 주재원은 한국 사회의 몇 퍼센트에 들어가는 인재일까? 가령 10퍼센트라고 하자. 그럼 한국 기업에 근무하는 중국 직원

> **"**
> 중국 진출을 희망하는 한국 기업은 다양한 현지화 성공 및
> 실패 사례부터 공부해야 할 것이다.
> **"**

은 중국 사회의 몇 퍼센트에 들어가는 인재일까? 대부분 2~3퍼센트 안에는 들어갈 것으로 생각된다. 그럼 마지막 질문이다. 전문성과 경험을 쌓지 못한 주재원이 나온다면, 한국 인구 5000만 중 10퍼센트에 들어가는 한국 주재원 한 명이 인구 14억 중 2퍼센트에 들어가는 중국 인재 100명을 관리할 수 있을까? 웃으며 하는 이야기지만 친한 주재원들은 여기에 다 공감한다.

합자기업이 아닌 경우는 좀 낫다. 마트 등 유통 기업, 금융업 지점 등 영업이 중요하고 네트워크가 중요한 사업이라면 이야기가 다르다. 본사의 확실한 통제 장치가 있다면 현지화를 일정 부분 진행시키는 게 도움이 되는 것 같다. 중국 진출 기업 중 가장 성공했다고 알려진 A 제과사는 본사 주재원을 파견할 때 한국으로 다시 부를 계획이 없으니 중국에서 승부를 보라고 지시한다. 중국에서 실패하면 돌아올 생각을 말라고도 한다. 대신 중국 사업이 성공하면 승진도 시켜 주고 임금도 올려 주고 중국 부동산 구매도 지원해 준다. 이 기업 주재원은 여기서 밀리면 돌아갈 곳이 없다는 절박함과 사명감에 인센티브 수급 노력까지 모든 것이 결합되어 정말 열심히 근무한다. 그리고 이미 십수 년을 중국에서 근무하여 모든 정보와 경험을 가지고 있으니 중간 관리직을 현지인에게 맡겨도 두려울 게 없다. 현지인 중간 관리자들도 인센티브가 제공되니 더욱 열심히 일한다고 한다. 이 기업은 한국 매출의 몇 배를 중국 사업에서 올리고 있다. 이런 것을 현지화라고 하는 것이다.

인사운용 관련 현지화에 대해서 다양한 사례가 있다. 의류, 식품 등 진출 기업 법인장의 임기와 그 기업의 중국 사업 성과를 추적해 본 적이 있다. 중국 사업에서 단기 성과가 안 난다며 파견 법인장을 수시로 바꾸는 기업일수록 성과가 낮다. 실패에서 배우는 경험을 이해하지 못하기 때문이다. 단기적인 어려움에도 불구하고 법인장의 임기를 오래 가져가고 중국 현지 지사의 건의를 빨리 수용하고 현지 법인장에게 의사결정 권한을 부여할 때 기업은 성공할 가능성이 높아진다.

이런 사례도 있다. 우리가 잘 아는 대표적인 화장품 기업은 중국 현지 법인장을 대만계 중국인으로 뽑고, 최고재무책임자(CFO) 및 기타 관리직에는 한국 직원을 파견 보냈다. 현재까지는 성공적이다. 중국을 잘 이해하는 화교 법인장은 마음 놓고 영업 활동을 벌이고 시장을 개척하고, 한국에서 파견된 CFO는 재무 상황 등을 점검한다. 환상의 조화이고 조합이다. 대표적인 성공 사례라고 판단된다.

한국은 소비 인구가 5000만에 불과한 조그만 시장이다. 자동차, 휴대폰은 말할 것도 없고 화장품, 제과, 의류 등 한국 시장에 머물러 있었더라면 성장하지 못했을 기업이 중국으로 진출하여 크게 성장했다. 그들의 시장 개척 정신을 높이 사야 한다. 그러나 한국 기업의 해외 진출은 국내 생산 활동 위축, 세수 감소, 일자리 창출 능력 저하 등 부정적인 효과도 가져온다. 국내 기업의 해외 진출로 주재원들도 같이 진출할 경우, 적어도 주재원에게는 임금이라는 형태로 부가 재분배되는 효과가 있다. 또 자녀들이 해외에서 글로벌 인재로 자랄 수 있는 기회도 제공된다. 그러나 이윤을 극대화하는 자본의 속성상 파견 직원을 다 축소하고 현지 직원으로 대체할 경우, 부는 오너 및 대주주에게 집중될 수 있다. 부의 역진적 소득분배 효과가 발생하는 것이다. 그리고 잘못된 현지화가 더욱 진행되면 자본의 본질적인 이익도 깨어지게 되는 것을 지난 3년간 보아 왔다. 중국 진출을 희망하는 한국 기업은 다양한 현지화 성공 및 실패 사례부터 공부해야 할 것이다.

37

**B2B?
정답은 B2B다**

글로벌 수요 감소로 세계 경제가 몸살을 앓고 있다. 미국 경제만 회복세를 보이는 가운데 아직도 경제 전 분야에 불확실 요인이 많다. 중국은 2015년 GDP 성장률 7퍼센트 유지 목표가 무너진 이후 GDP 하락 속도가 좀 더 빨라진 것 같다. 무역입국, 제조 강국으로 제2차 세계대전 이후 가장 빠른 경제성장을 보여 온 대한민국호가 흔들린다는 이야기도 많이 나온다. 한국 경제가 대외 개방 경제다 보니 글로벌 경기 둔화는 한국 경제에 영향을 크게 미친다. 특히 대외 수출의 25퍼센트를 차지하는 중국에서의 성패가 큰 영향을 끼친다. 2013년 대중국 수출액 및 무역 흑자 최고치를 구현한 이후 계속 내리막길이다. 기술력을 바탕으로 한 중국 브랜드의 급성장으로 한국 제조업이 위기라고 한다.

아픈 예를 들어서 미안하지만 휴대폰의 사례를 보자. 2014년 2분기까지 삼성전자 휴대폰은 중국 내 판매 대수 기준 1위를 기록하고 있었다. 그러나 2014년 3분기에는 애플에 1위 자리를 내주고 2등으로 내려선다. 4분기 실적 발표를 앞두고 당시 전문가들의 가장 큰 관심은 삼성전자가 다시 1위 자리를 찾느냐는 것이었다. LG전자 휴대폰은 샌드위치 신세가 되어 앞으로 고전할 것이라는 이야기가 나왔지만, 이때는 그나마 5위권 안에서 명맥을 유지하던 시점이었다. 4분기 실적이 발표되자 사람들은 놀랐다. 삼성전자가 애플 및 화웨이에도 밀리면서 3위로 내려온 것이다. 이후 2015년 1분기에는 4등, 2015년 2분기 5등으로 내려오더니 삼성전자 휴대폰은 지금은 중국에서 5위권 밖으로 밀려났다. LG전자 휴대폰은 순위권 내에서 보이지 않는다. 사람들은 휴대폰 사례를 들면서 한국 브랜드가 중국에서 고전하고 있다고 말한다.

최근에 어려움을 겪은 한국 기업은 한두 개가 아니다. 한국 조선사는 중국에서 발주를 못하고 있고, 철강 제품도 중국발 글로벌 공급과잉에 말려들면서 시장점유율이 하락하고 있다. 중국 자동차 시장은 매년 두 자릿수 가까운 성장을 이어가는 세계 최대의 시장으로 성장하고 있지만, 한국 기업의 점유율은 갈수록 떨어지고 있다. 몇 년 전까지만 해도 경쟁력을 유지하던 텔레비전, 세탁기, 냉장고 등 백색 가전도 중국 기업의 기술 발전, 미국의 반덤핑 관세 등에 어려움을 겪다가 사업을 빠르게 철수시키고 있다. 한국에서 성공한 패션 기업도 중국에서 성공한 스토리가 많지 않다. 그나마 이랜드그룹, 베이직하우스 등이 성공 스토리에 이름을 올렸으나 최근에는 온라인 시장의 성장을 따라가지 못하면서 성장세가 하락하는 상황이다. 마트, 백화점, 호텔 등 유통 사업에 진출한 기업도 성공한 기업이 없다시피 한다. 이제 중국에서 한국 브랜드는 수명을 다한 걸까? 기회 요인은 없는 걸까?

조심스러운 예측이지만 중국 기업과 '브랜드 간 거래(Brand-to-Brand)'로 승부를 보기에는 갈수록 어려움이 많을 것이다. 그런데 꼭 브랜드 간 거래 전략이 능사는 아니다. '기업 간 거래(Business-to-Business, B2B)'로만 성공해도 된다. 한국인은 지금 일상에서 도요타나 혼다 등 일본 차를 타지 않는다. 소니와 파나소닉 등의 전자제품을 구매하지도 않는다. 일본 여행을 가면 코끼리밥솥을 사오던 시대도 지났다. 그런데 매년 200억 달러 이상의 대일 무역 적자를 기록하는 이유는 무엇일까? 우리가 아는 일본 브랜드 제품 중 한국 시장을 점유하고 있는 것이 없는데도 말이다. 여기에 한국 기업의 미래가 있다고 생각한다.

한중 무역 통계를 자세히 살펴보면, 수출이 많고 수지가 흑자인 상위 품목은 대부분 중국 브랜드 제품이 글로벌 시장으로 나아가기 위해서

"

아직도 중국 시장에서 브랜드 간
거래로 승부를 걸고 싶은가?
한국에서 성공한 제품을 중국에 가져와
13억 인구 1인당 하나씩만 팔고 싶은가?
B2B라는 영역을 개척해 보면 어떨까?

"

필요한 부품 및 소재를 기업 간 거래로 공급하는 분야다. 휴대폰 판매량
이 줄어들고 있는데, 부품 및 주변기기 실적은 여전히 괜찮다. 한국을
대표하는 산업이며 대중국 무역 규모 및 흑자 규모를 결정하는 반도체,
디스플레이도 중국 가전제품, 휴대폰의 부품으로 들어간다. 중국 공장
에서 제품을 만들기 위해 필요로 하는 정밀기계를 보자. 우리나라에 대
일 정밀기계, 소재 부품 적자가 존재하듯이 우리나라 정밀기계도 점차
중국에서 이름을 얻어 가고 있다.

한국을 대표하던 가전, 휴대폰을 만들어 내던 LG전자는 일찌감치
B2B 사업으로 전환한 기분이 든다. 최근 LG화학이 아닌 LG전자가 자
동차 부품 공장을 준공했다. LG전자 제품은 포드, GM, 기아, 창안, 창
청 등 중국 내 글로벌 자동차 생산업체들의 제품에 녹아들어 갈 것이다.
LG화학도 마찬가지고, 소비재, 화장품 분야의 숨어 있는 강자인 코스맥
스도 마찬가지다. 중국 진출 이후 매년 40~50퍼센트 성장을 구현하는
코스맥스가 만든 브랜드 제품을 아는 사람은 거의 없다. 자사 브랜드
제품을 만들기는 하지만, 기본적으로 중국 내 유수 브랜드에 화장품을
공급하는 ODM · OEM업체로서 성공했다. 코스맥스뿐만 아니라 코스
메카코리아, 한국콜마 같은 업체, 연우 같은 화장품 용기업체도 마찬가
지로 성공 신화를 쓰고 있다. 이게 소위 말하는 호랑이 등에 올라타는
전략으로 비즈니스에 성공한 사례가 아니고 무엇이겠는가. 삼성전자가
자동차 전장 기업인 하만을 인수한 것도 바로 B2B를 염두에 둔 것이
아닐까?

아직도 중국 시장에서 브랜드 간 거래에 승부를 걸고 싶은가? 한국에

서 성공한 제품을 중국에 가져와 13억 인구 1인당 하나씩만 팔고 싶은 가? B2B라는 영역을 개척해 보면 어떨까? 정치적 긴장 관계 조성으로 한국산 브랜드가 역차별을 받는 시점에서는 더욱 적합한 전략이 된다. 기업 입장에서 외국과의 비즈니스에서 정치적 영향력을 최대한 차단하는 가장 좋은 방법이 바로 B2B 전략이다.

38

**돈 주고
인재 좀
데려옵시다**

미국 유학 시절 동기를 베이징에서 만났다. 베이징대 국제정치학을
전공한 친구였다. 대학을 가장 뛰어난 성적으로 졸업했기에 그는 남들
이 가지 않는 길을 갔다. 성적이 처지는 친구들은 공무원 시험 준비를
시작했지만, 이 친구는 미국 대학에 원서를 넣자마자 합격증을 손에 쥐
었다. 미국에서는 복수 전공으로 미국 경영학 석사 학위(MBA)까지 취
득했다. 졸업 후에는 미국에서 잠시 일하다 중국으로 귀국해서 IBM에
취직했다. 임금이 꽤 높았다. 대학 친구들이 절대적으로 부러워하는 금
액이었다. 인정도 받았다. 그런데 시간이 지나 외국계 회사에는 승진과
보수 인상 등 보이지 않는 유리 벽이 존재한다는 사실을 발견하게 되었
다. 또 외국계 기업의 중국 사업 성장 속도는 중국의 혁신 창업 기업보

다 더뎠다. 지금은 부모님의 지속적인 권유로 기업을 나와 공무원 시험 준비를 하고 있다. 대학 졸업 후 10년 만에, 10년의 시간을 후회하면서 다시 과거로 돌아왔다. 가장 능력이 뛰어났기에 자기 눈앞에 온 최선의 선택만 해왔는데, 미국으로 유학을 간 것부터가 잘못이었나 후회 중이다. 인재 중의 인재라서 또 다른 좋은 기회가 오겠지만 친구로서 옆에서 보기에는 안타깝다.

상하이 진출 한국 공공기관에 근무하는 중국인 직원 A씨는 명문대 법학과를 졸업했다. 10년 전만 해도 중국에서는 변호사라는 직종이 존경받지 못했고 수익도 높지 않았다. 성적이 유난히 뛰어났던 A씨는 변호사 시험을 보지 않고 한국 유학을 떠났다. 중국에 돌아와서는 상하이 진출 공공기관에서 근무를 시작했다. 근데 입사하고 나니 미래가 보이지 않았다. 우리 공공기관에서 채용하는 중국 직원의 보수는 대졸 초임에 맞게 4,500위안 수준이다. 우리 돈으로 월 80만 원이다. 거기다 A에게는 보수 인상 기회도, 승진도 없다. 그는 현지 직원일 뿐이다. 10년이 지난 지금은 대학 동문회에 안 나간다고 한다. 자기보다 성적이 훨씬 뒤처졌던 친구들이 변호사 시험에 합격하고, 보수는 급등하고 있고, 기업에 취직한 친구들도 연봉이 월등히 높기 때문이다. A씨도 본인의 인생 선택을 후회하고 있다.

중국에서 성공한 한국 기업 중에는 인재를 잘 채용하고 보수 인센티브 시스템을 잘 설계한 기업이 많다. 패션의류 창업 기업은 연봉 100퍼센트를 성과급으로 설계하고 연말 성과가 좋으면 이를 일시불로 지급해 버린다. 한국 직원, 중국 직원 가릴 것 없이 아무도 시키지 않는데, 주말이고 휴일이고 모두 나와서 일한다고 한다. 당연히 회사의 매출은 급증하고, 연말에 보너스를 다 지급해도 여력이 있다고 한다.

중국에서 합자회사로 할부금융업무를 시작한 한국의 금융기관 임원은 지금껏 한국 은행 중국 분행장으로 근무하면서 바라보았던 중국, 중국 직원과 합자회사에서 일하며 보게 된 중국 및 중국 직원이 많이 다르다고 한다. 이 회사도 인센티브 시스템에 따라 보수를 지급하는데, 연말에 성과에 따라 연봉의 100퍼센트를 지급한다. 중국 직원들은 그야말로 미친 듯이 열정적으로 일한다고 한다. 이 회사의 개업 첫해 당기 순이익은 몇백억 원에 이른다.

중국에서 크게 성공한 한국 화장품 회사는 연말이면 그 해의 우수 현지 직원을 세 명 뽑는다. 1등에게는 페라리 자동차를, 2, 3등에게는 황금 금괴를 인센티브로 준다. 이 회사는 그 지역을 대표하는 화장품 기업이자 부호로 성장했다. 알리바바, 텐센트, 샤오미 등 중국을 대표하는 기업의 연말 인센티브 파티는 자주 신문에 오르내린다. 혹시 이런 인센

우리 기업들도 중국인 인재에 대한 채용, 관리에 대한 생각을
바꾸어야 한다. 임금 4,500위안에 보수 인상 기회도
승진 기회도 제공하지 않는다는 것은 우리 기업이
여전히 중국을 단순 가공무역 시대의 중국으로
본다는 얘기가 된다.

티브 파티 때문에 이 기업들이 성장한 것은 아닐까? 한국 기업이 중국에서 성공하지 못한 이유가 인센티브를 설계하지 못해서가 아닐까?

덩샤오핑 전 서기가 젊은 인재를 해외로 보내 우수 기술과 선진 경영 기법을 배워 오게 한 이후 지금 미국 등 세계 각국의 명문대는 중국 인재로 가득하다. 하이구이(海龜, 바다거북)라 불리는 이들 중국 인재는 귀국하여 중국의 자본주의 성장을 이끌고 있다. 정치 및 행정 분야로 본격적으로 진출하지는 못하지만, 금융, 에너지, 서비스, IT, 고속철, 우주산업 등 선진 분야를 주도한다. 중국 정부마저 이들에게 최고 보수와 연구 환경, 주거 설비를 지원하는 것은 물론, 배우자의 직장과 자녀의 학군까지 신경 쓰면서 이들을 끌어들이고 있으며 중국 기업은 더 말할 것도 없다.

우리 기업도 이런 하이구이를 채용하면 어떨까? 14억 인구 중에서 뽑힌 인재 중의 인재들이 선진국에서 기술과 이론을 배워 돌아왔으니 당연히 거금을 주더라도 이들을 불러와야 하지 않을까. 미국에서 공부해 온 한국 인재를 찾는 데는 혈안이 되어 있으면서 중국 인재들은 왜 고려하지 않을까? 앞서 이야기한 공공기관 직원의 예처럼 심지어 한국이라는 품에 안겨 온 중국 인재들도 월급 80만 원의 평범한 출퇴근 직원으로 가두어 버리는 것은 아닌지 모르겠다. 그래서인지 특히 한국 기업에서 현지 직원의 이직률이 높다.

역으로 우리 기업의 인재를 중국 기업은 어떻게 대접하고 있을까? 중국 경제와 자본주의가 급격히 성장한 데는 한국인 개인이 전해 준 기술도 한몫했다는 사실을 우리는 모두 잘 안다. 자동차, 조선, 철강 등 주력 제조업부터 반도체, 전기·전자 등 최첨단 기술 분야, 화장품, 게임, 드라마 등 문화 콘텐츠, 그리고 중국의 금융 기업들에서도 노하우를 가진 한국인들이 한국에서 받던 연봉의 3~5배를 받으며 일하고 있다. 심지어 서해바다 어선 선장, 중국 인삼을 재배하는 농부, 한국 화장품 밀제조 공장 직원까지 한국인은 고액의 연봉을 받고 일한다. 돈을 주고서라도 인재를 사면 성공하고, 인재를 알아보지 못하고 삼고초려할 마음도 없고 데려온 인재도 틀 안에 가두어 버리면 성공하지 못하는 것을 우리 기업들만 모르는 것 같다.

우리 기업들도 중국인 인재에 대한 채용, 관리에 대한 생각을 바꾸어야 한다. 임금 4,500위안에 보수 인상 기회도 승진 기회도 제공하지 않는다는 것은 우리 기업이 여전히 중국을 단순 가공무역 시대의 중국으로 본다는 얘기가 된다. 중국은 세계 최첨단 기술 선진국으로 세계 최대의 소비 시장으로 성장하고 있는데, 아직 한국의 인재 채용 및 유지 관리 시스템만 과거에 살고 있는 것이다. 중국 시장에서 회사의 명운을 좌우할 인재군을 키우지 못하는 우를 범하는 정도가 아니라, 중국 인재들이 자기 인생을 후회하고 한국에 대한 부정적인 인식을 가지고 떠나게 해서는 안 될 것이다.

돈을 좀 쓰자. 돈을 주고 회사를 살릴 인재를 채용하는 것이다. 대기업의 경우 주재원 한 명 파견에 들어가는 비용이 4억 원이 넘는다. 인센티브 시스템을 잘 설계하면 그것보다 훨씬 적은 돈으로 4억 원의 매출을 올릴 수 있다.

39
서비스를
입혀 드립니다

  한국에서 치킨 배달은 흔한 일이다. 전화 주문을 하고 나면 30분 내에 치킨과 단무지, 콜라 및 소스를 싣고 오토바이가 달려온다. 외국에 있으면 한국식 프라이드치킨의 맛뿐만 아니라 한국의 배달서비스가 그립다. 비비큐(BBQ)는 이런 한국의 맛과 서비스를 스페인에 수출하는 대표적인 기업이다. 치킨 자체의 맛으로만 따진다면 요리의 본고장이라고 할 수 있는 유럽 및 스페인에서 어떻게 정면승부를 할 수 있겠는가? 한국의 BBQ가 스페인에서 성공한 이유는 바로 배달서비스라고 한다. 시간이 천천히 흘러가는 유럽, 한국식 빨리빨리 배달서비스에 익숙하지 못한 문화에서 배달서비스는 신선한 충격이었다고 한다. 프라이드치킨에 한국식 양념만 입힌 것이 아니라 우리의 서비스를 입혀서 해외시장을 개척할 수 있었던 것이다.

A 기업은 중국 대형 제약회사에 정밀 기기를 수출한다. 한국 제품의 가장 큰 경쟁자는 미국과 독일 기업이다. 기술 경쟁력만 놓고 보면 미국, 독일 기업이 중국 시장을 점령하는 것이 당연하지만, 이 한국 회사는 나름 30~40퍼센트의 시장점유율을 가지고 있다. 그 이유는 바로 '서비스' 때문이다.

외국 장비를 중국에서 사용하다 보면 사용상 부주의, 기계의 오작동 등으로 기계가 멈추는 경우가 종종 발생한다. 고객인 중국 기업으로서는 기계가 정상적으로 작동하지 않을 때 미국이나 유럽에 전화를 걸기가 불편하다. 무엇보다 기계 상황을 체크하러 오는 데 3~4일이 걸린다. 기계 오작동을 살피러 오는 출장비용과 책임 주체를 명확히 한 후에야 중국에 온다고 하니 중국 기업으로서는 답답함이 이루 말할 수 없다.

이에 반해 우리 A 기업은 본사가 수출한 제품이 오작동을 하면 묻지도 않고 중국 지점에서 현장으로 달려가거나 한국에서 기술자가 저녁 비행기를 타고 온다. 기계의 오작동 원인이 플러그가 빠져 있거나 스위치를 켜지 않아서인 경우도 있다지만, 이런 경우는 출장 온 김에 얼굴 한 번 더 익히고 같이 술도 한잔 마시고 하면서 다음 비즈니스 기반을 남겨 두는 기회로 삼을 수 있다. 이 기업도 우리 기술력에 서비스를 더해 경쟁력을 유지하는 것이다.

엘리베이터도 마찬가지다. 세계 최대 시장이 중국이다. 생산 및 소비 분야에서 세계 시장의 80퍼센트 이상을 중국이 차지하고 있으니 글로벌 엘리베이터 업체의 명운은 바로 중국 시장에서 결정된다. 한국 엘리베이터 업체도 중국에 진출해 있지만, 글로벌 엘리베이터 업체도 생산 본부, 영업본부, R&D센터뿐만 아니라 심지어 본사도 중국으로 진출하여 중국 시장에서 정면승부를 벌이고 있다. 여기에 중국 현지 업체의 경쟁력도 높아져 기업들은 과잉공급으로 어려운 시간을 보내고 있다.

한국 업체들은 다음 활로를 엘리베이터 수리, 보수, 운영 등 서비스 시장에서 찾는다. 중국보다 일찍 엘리베이터 제조를 시작했기에 운영, 수리, 보수 노하우가 뛰어나기 때문이다. 서비스 경쟁이 우리 엘리베이터 업체의 차세대 먹거리다. 엘리베이터 업체뿐만 아니다. 석유화학업종도 마찬가지다. 시노펙 등 중국 최대 석유화학업체의 장비 경쟁력은 이미 세계 최고 수준이다. 다만 대형 석유화학 시설에 대한 운영(O&M, Operation and Management)에 있어서는 아직 한국 기업을 따라올 수 없다고 한다. 중장기 운영 노하우 전수 등 서비스 제공이 우리 석유화학업계의 차세대 경쟁력 중 하나다.

이런 예들은 아주 많다. 건축 자재를 공급하는 한국 기업들은 중국 건설 경기 둔화에도 여전히 매출이 줄어들지 않는다. '맞춤형 서비스'를 제공하기 때문이다. 중국 고객이 희망하는 자재만 공급하는 데 그치지

어떤 서비스를 입혀야 기술이 가진 경쟁력을
보완하고, 기술 다음 세대에 올
시장에서 생존할 수 있을까?

않고 건물의 콘셉트, 기업의 문화, 주요 고객 등을 모두 고려하여 적절한 디자인과 콘셉트, 그리고 이에 부합하는 우수한 내장재를 제공한다. 한국의 가구 기업이 중국으로 진출할 수 있는 것도 동일한 이유다. 고객의 요구에 맞는 콘셉트와 디자인과 아이디어를 '팔기' 때문에 중국 시장에서 전망이 있는 것이다. 한국의 시험인증기관들 역시 단순히 제품 성능 테스트만 하는 기업이 아니다. 어떤 생산 환경 때문에 고장률, 불량률이 높은지를 컨설팅해 줄 수 있기 때문에 중국 시장에서 경쟁력을 갖출 수 있는 것이다. 철강업체는 철강만 판매하는 것이 아니라 가공 센터를 세워 기업이 원하는 최종 제품을 제공한다.

최근 우리 주력 5대 제조업이 중국에서 고전하고 있다. 대표적인 주력 업종이던 휴대폰은 최근 갤럭시 노트 7 사건이 터지기 전에 이미 중국의 현지 브랜드인 비보, 오포, 화웨이, 샤오미에 밀려 순위에서 사라졌다. 브랜드 제품 중 가장 오랜 경쟁력을 가지고 성장세를 이어가던 한국의 자동차도 시장점유율이 갈수록 떨어지고 있다.

이 시점에서 스스로 한 번 더 질문해 본다. 이 모든 것이 기술 경쟁력 격차가 줄어서인가? 인건비 차이 때문인가? 모든 것이 짝퉁 제품, 지재권 선점 등 선진화되지 못한 중국의 기업 관행 때문인가? 아니면 중국 정부의 암묵적인 보조금 등 차별 정책 때문인가? 혹시 우리가 더 개선할 영역은 없을까?

가령 자동차 구매 문화는 각 국가가 서로 다르다. 자동차 구매를 위한 금융서비스도 다 다를 것이다. 중국 자동차 구매 연령의 변화를 분석하고, 그들의 자동차 구매 금융 서비스를 관찰해 본 일이 있을까? 개 등

반려동물을 사랑하는 중국 소비자의 요구에 맞는 자동차 서비스를 고민해 보아야 하지 않을까?

제조 경쟁력 위주의 성장에 한계가 발생했다면, 서비스를 생각해 보자. 어떤 서비스를 입혀야 기술이 가진 경쟁력을 보완하고, 기술 다음 세대에 올 시장에서 생존할 수 있을까? 우리 휴대폰 제품이 시장에서 밀리더라도 휴대폰 서비스 지점에서는 애플과 샤오미, 비보 대리점에 비해 훨씬 좋은 서비스, 즉 개인 최적화된 휴대폰 사용 노하우, 요금 절약 노하우, 최적의 애플리케이션 설계 등을 제공할 수 있다면 이 부분이 제조 기술과 결합될 여지가 있지 않을까?

모든 기업이 제품과 기술에 서비스라는 아름다운 옷을 입혀 중국이라는 큰 무도회장에 도전해 보기를 바란다.

40
**한중
통신서비스에
대한 단상**

　장면 1. 2016년 9월 11일. 한국에서 장인어른 및 처갓집 식구들이 왔다. 한국에서 가져온 휴대폰으로 데이터를 사용하면 이동통신사에 지불해야 하는 요금이 하루 1만 원이다. 5박 6일을 여기 머물 예정이니 이번 달에 6만 원을 추가로 내게 된다. 따라서 장인어른, 처남 부부 등 성인 세 명이 내야 하는 비용은 18만 원이다. 어떤 통신사를 선택하든지 가격은 균일하다.

　상하이에 있는 성인 세 명 가족이 한국으로 5박 6일 여행을 간다면 데이터 사용 요금으로 얼마를 낼까? 먼저 푸둥 공항에서 이동용 와이파이 송출기인 에그를 대여한다. 대여 비용은 하루 10위안(약 1,700원)이다. 동일한 아이디와 패스워드로 불특정 다수가 공유 가능하니 전체 식구가 6일을 임대해도 전체 비용은 60위안(약 1만 원)이다. 2015년 8월 우리 가족이 일주일간 한국으로 휴가를 갈 때 지불한 비용이다. 신청 방법도 간단하다. 씨트립 같은 여행 사이트나 타오바오닷컴 등 전자상거래 사이트에서 '한국 와이파이'라고 검색어를 입력하면 연결 링크가 바로 나오고, 출발 시각 및 반납 시각을 입력하고 예약하면 된다. 그리고 출장 가는 날 공항에서 대여하고 여행이 끝나면 공항에서 반납한다. 개인적으로 자주 이 서비스를 사용하는데, 영화도 보고 다운로드도 받고 편하게 여행을 즐길 수 있다.

중국 가족은 일주일간 데이터 사용료로 1만 원을 지불하고, 한국 가족은 18만 원을 지불했다. 그렇다면 한국의 IT와 중국의 IT서비스 비용 경쟁력이 1만 원 : 18만 원인 것으로 보아도 무리가 없다. 국가 간 제품과 서비스의 경계가 없어지고, 통신 기술이 무한히 발달하고 있는 지금, 한국의 여행객에게 이렇게 권하고 싶다. 아니 중국의 기업에게 이렇게 권하고 싶다. 인천공항에서 해외여행을 나가는 한국인에게 에그를 대여하라고. 한국의 소비자에게도 한국 통신서비스를 이용하지 말고, 중국

> **"**
> 중국은 14억 인구를 바탕으로 하는
> 거대 시장을 가지고 있기 때문에, 메신저서비스, 게임 등
> 절대 다수의 가입자를 확보해야 더욱 유리한
> 서비스 시장에서는 한국 기업이 승부를 보기가 어렵다.
> **"**

의 에기를 대여하라고 권하고 싶다. 자본주의 시장의 가장 큰 장점은 기업 간 경쟁이다. 소비자의 편익을 크게 하는 기업이 성공하고, 이로써 소비자는 더 큰 편익을 갖게 된다.

2017년 1월, 한국의 통신사들은 일일 임대 비용 6,900원에 중국 여행용 포켓 와이파이 서비스를 개시했다. 상황이 많이 개선된 것으로 볼 수 있지만, 가격 면에서는 여전히 중국 통신사가 대여하는 와이파이보다 네 배 이상 비싸다.

장면 2. 중국의 이동통신사가 재미난 제안을 했다. 한중은 국경 간 거리도 가깝고 매년 1000만 명 넘는 사람이 상호 방문하는데, 굳이 갈 때마다 로밍을 하고 국제전화번호를 누를 일이 아니라, 한국의 적절한 통신사를 찾아 주면 양 통신사 협력을 통해 국가번호 누를 필요 없이, 국내 전화 요금으로 국제전화를 할 수 있는 서비스를 제공하고 싶다는 것이었다. 흥미로운 제안이다 싶어 국내 통신사에 그 내용을 전달하였다. 단기간의 검토를 거친 국내 통신사는 아직 시기상조라며 일단 거절 의사를 밝혔다. 국내에서 과점적 지위를 누리고 있는 이동통신사에게는 매력적인 제안이 아니었던가 보다. 개인적으로 통신 기술에 대한 이해도가 낮아서 중국 통신사의 제안이 기술적으로 실현 가능한 것인지 잘 모르겠다. 또 국가번호 등은 국제전화통신협약 등에서 규율하고 있는 대상이니 국가 또는 국제사회의 동의를 받아야 하는 문제가 아닌가도 싶다. 양국 통신사의 협력으로 발생할 수 있는 보안 이슈, 안보 이슈도 있을 것이라고 생각한다. 다만 여기서 흥미로운 것은 인류 역사와 기업의 역사에 공통적이고 보편적인 진리가 하나 있다면, 모든 제도와 거래는 소비자의 편의를 높이는 방향으로 움직여 왔다는 사실이다. 중국 통신사가 의견을 제안한 배경은 중국 내 통신사의 순위를 뒤흔들려는 의도였다고 한다. 하지만 배경을 떠나서 신선한 제안이었고, 다국적기업의 권위와 영향력이 민족국가와 견줄 수준이 되었다는 것도 알 수 있었다. 이런 서비스가 언제 시행될지는 몰라도 방향은 맞을 것이라고 생각한다. 한국의 통신서비스 기업들은 세계를 묶을 구상을 해본 적이 있나 모르겠다.

장면 3. 2016년 9월 9일, 한국의 이동통신 기업이 상하이푸장홀딩스(SPH)와 MOU를 체결하고 건물통합관리 솔루션을 제공하기로 했다. SPH는 최근 개장한 상하이 디즈니랜드, 홍차오 공항, 자기부상열차역, 와이탄 주변 건물 등 건물 200여 개를 관리하는 상하이 최대 부동산 관리업체다. 상하이에서 오랜만에 듣는 반가운 소식이었다. 한국은 중국보다 경제 규모가 작기 때문에 새로운 통신서비스를 시험해 보기 쉬운 시장이다. 중국은 14억 인구를 바탕으로 하는 거대 시장을 가지고 있기 때문에, 메신저서비스, 게임 등 절대 다수의 가입자를 확보해야 더욱 유리한 서비스 시장에서는 한국 기업이 승부를 보기가 어렵다. 이 이동통신업체의 사례처럼 한국에서 시험을 거친 기술과 서비스를 재빨리 중국 시장에 접목시켜 기회를 선점하는 것이 가장 훌륭한 중국 진출 전략이라고 생각한다. 한국 이동통신사의 경쟁력을, IT 한국의 경쟁력을 유감없이 발휘하기를 기대한다.

41
시간 개념의 설계

2016년 9월 2일, 이랜드그룹 중국 사업의 핵심 분야인 티니위니가 약 1조 원에 중국 패션 회사인 브이그라스(V-GRASS)에 매각되었다. 이 브랜드는 중국 내 1,300여 개 직영 매장에서 6,500명의 직원이 2015년 매출 4200억 원, 영업이익 1100억 원 수준을 달성한 바 있다. 알짜 사업을 매각하는 이유는 국내의 공격적인 M&A 인수 이후 자금 부족 현상이 발생했기 때문에 부채 비율을 낮추기 위해서라고 한다.

이랜드그룹은 중국에서 브랜드 다양화, 다양한 사업 방식 시도, 철저한 현지화 전략으로 한국의 소비재 기업 중 성공한 기업이라는 평가를 듣는다. 국내 시장의 포화를 일찍이 느끼고 1993년 중국에 진출한 결과, 중국 내에서만 50여 개 브랜드, 7,800여 개 직영 매장을 운영하고 있으며, 2010년 매출액 1조 원 돌파 이후 2014년에는 3조 원 돌파라는 실적을 기록하였다. 뉴발란스, 타미힐피거 등 글로벌 브랜드와 제휴하고, 2016년에는 말레이시아 화교 그룹인 백성그룹과 공동으로 백화점 사업에 진출하기도 하였다. 그러나 최근 중국의 경기 둔화와 이로 인한 소비 감소, 1980~1990년대 세대의 온라인 및 휴대폰을 통한 구매 증가, 아웃렛 중심의 오프라인 시장 트렌드에 대한 적응 문제로 치열하게 고민하고 있다.

길게 이랜드그룹 이야기를 하는 이유는 중국에서의 비즈니스 사이클을 살펴보기 위해서다. 중국에서의 기업별, 매장별 매출 등락은 한국에서보다 훨씬 빠르게 진행된다. 중국 기업 간에도 경쟁이 심하기 때문에 부침도 심하게 나타난다. 인기 있던 식당이 주변에 경쟁 업체가 몰려들자 한 달 후 폐쇄된 경우를 숱하게 보았다. 수천억 원이 투입된 대형 쇼핑몰도 마찬가지다. 작년만 해도 북적거렸던 백화점이 올해는 사람이 없어 적막한 느낌이 든다. 우리 기업의 사례도 다르지 않다. 2014년까지 식음료 기기 시장에서 매년 수십 퍼센트씩 성장하던 한국의 E 기업은 지재권 등 다양한 이슈로 2015년 가을 이후 판매 물량이 급격히 줄었다. 식기를 생산하는 F 기업도 2014년까지는 대표적인 중국 성공 신화를 써내려갔다. 그러다 과잉 공급, 직영 창고형 매장 개설로 인한 기존 채널과의 조정 문제 등이 발생하여 중국 사업이 어려워지는 데 불과 2년이 걸리지 않았다. 2년 전까지만 해도 한국 의류 브랜드 중 유일하게 성공했다고 이야기되던 G 회사도 이름이 점차 사라지고 있다.

한국의 휴대폰이 대표적인 케이스다. 2014년 상반기까지 중국 판매량 1위를 유지하던 한국 휴대폰은 분기별로 한 계단씩 내려앉아 지금은 중국에서 6위권에 머물고 있다. 물론 외국의 명품점, 패스트푸드 스토어도 마찬가지다. KFC도 발 빠르게 폐점하고 있다. 중국의 빠른 비즈니스 사이클 속에서 2~3년 전까지만 해도 호황을 누리던 업체가 올해 줄줄이 도산하고 철수하는 현실이다.

그래서 혹자는 중국 사업은 1-3-5라고 한다. 5년 후를 보고 3년간 계획하고 준비하여 1년간 본전을 뽑고 나간다는 의미다. 많은 내용이 함축되어 있다. 중국 사업을 이해하지 못한 채 막연히 중국 14억 인구에 이쑤시개 하나만 팔아도 이익이라는 맹목적인 믿음으로 급하게 진출했다가 투자 자금을 다 날리고 눈물을 흘리는 한국 기업이 많다. 5년 후의 트렌드를 읽고 시장을 예측한 후 법률 등 계약 관계나 파트너의 신용, 입지를 조사하고, 판매 전략을 수립하는 절차를 거쳐 한걸음 나아가는 데만도 3년이 걸릴 것 같다. 그리고 진출 후에는 얼마만큼 빠른 시간에 손익 분기점을 돌파할 것인가 하는 부분이 관건이다. 물론 손익 분기점 달성 이후 전략도 매우 중요하다. 더욱 확장할 것인가, 시장에서 빠져나갈 것인가? 빠져나갈 전략은 수립해 놓았는가, 그 시점은 언제로 할 것

         "

한국 기업은 중국 시장에 들어올 때
인구라는 인적 요소, 면적이라는 공간적 요소만 보면 안 된다.
'시간'이라는 눈에 보이지 않는 요소를 반드시 고려해야 한다.

         "

인가?

중국의 비즈니스 세계에는 다양한 시간이 존재한다. 동인당, 구이저우마오타이 등 몇백 년의 전통을 자랑하는 기업과 화웨이, 알리바바 등 개혁·개방의 틈새를 타고 단기간에 성장한 기업, 그리고 단기간에 사라져 가는 기업들이 있다. 한국 기업은 중국 시장에 들어올 때 인구라는 인적 요소, 면적이라는 공간적 요소만 보면 안 된다. '시간'이라는 눈에 보이지 않는 요소를 반드시 고려해야 한다. 한국의 반도체 기업들이 중국에서 열리는 반도체 관련 전시회에 참가하면 중국 구매 기업이나 공무원이 부스에 찾아온다. 한국 기업의 기술과 경영 여건을 파악한 후에는 이런 제안을 던진다고 한다. "1년 매출이 100인 회사군요. 중국으로 진출해서 협력을 합시다. 3년간 매출 500을 보장해 드리겠습니다." 이 말의 뜻은 3년이 끝이라는 것이다. 우리가 시간을 고려하지 않으면 주변에서 강제로 시간을 짜주게 될 것이다. 시간은 누구 편일까?

42
플랫폼이 움직인다

현대 경제·경영학을 한마디로 정의하자면 어떻게 말할 수 있을까? 학문으로 갈 것도 없이 이 시대의 비즈니스 핵심 키워드는 무엇인가? 아마 많은 전문가가 '플랫폼(platform)'이라고 답할 것이다. 플랫폼에 대한 정의는 다양할 수 있다. 일반적으로는 다양한 시스템이나 서비스가 제공되기 위한 기반, 일종의 토대라고 정의된다. 개인적으로 플랫폼이란 정보가 집결되고 나누어지는 일종의 시장(market)이고, 정보가 전달되는 통로(channel)라고 말하고 싶다.

한국의 무역입국 과정에 일등 공신이 많지만 '수출입 상사'의 역할을 간과할 수 없다. 근대화 초창기에 대부분 기업은 해외 정보와 네트워크가 전무하고, 외국어 능력도 부족해서 해외시장 개척에 어려움을 겪었다. 이를 전담하기 위해 수출입 상사가 탄생했다. 수출입 상사는 같은 그룹 내에서 또는 다른 기업을 대행해서 해외시장 개척을 담당했다. 이들은 가발, 의류에서 시작하여 가전, 소비재, 철강, 화학제품에 이르기까지 한국이 세계에 내놓을 수 있는 모든 품목을 취급했다. 이런 수출입 상사가 바로 한국의 대외 진출 플랫폼이었다. 바이어 개척, 신용장 개설, 해외 원자재 구매 등의 업무를 독점하면서 모든 정보가 이들 수출입 상사를 통해 전파되었던 것이다. 지금은 그룹 내 제조사들이 직접 해외 업무를 담당하면서 수출입 상사의 역할은 위축된 상태다. 플랫폼이 옮겨 간 것이다. 현재 상하이에 진출한 수출입 전문 상사들은 해외 원자재 지분 투자, 제3자 거래, 교육·시스템 수출 등 취급 품목을 확대하면서 상사맨의 DNA를 이어가고 있다.

다른 플랫폼을 보자. 중국에 진출하여 성공한 한국 기업의 이름들이 너무 빨리 명멸해 가는 가운데, 불과 2~3년 전만 해도 가장 성공한 사례로 꼽혔던 기업이 바로 둥팡CJ다. 홈쇼핑 전문 기업 CJ오쇼핑이 상하이에 세운 합자 법인이다. 2004년 진출하여 진출 3년 만에 흑자를 구현하고 매년 1조 원 이상의 매출을 올리는 중국 최고의 홈쇼핑 기업으로 성장했다. 재미난 것은 둥팡CJ의 성장이 아니다. 중국 소비자의 구매력 상승, 텔레비전 홈쇼핑을 통한 구매 확대가 이어지면서 바로 홈쇼핑이 한국 중소기업 제품의 중국 진출 플랫폼으로 작용했다는 점이다. 제품 경쟁력은 뛰어나지만 중국 소비자의 성향과 중국 시장가격, 유통구조를 모르는 중소기업이 둥팡CJ에 제품을 홍보하는 것은 일종의 중국 진출 성공을 위한 보증수표로 받아들여졌다. 둥팡CJ에 제품을 올린 이후 중국 매출이 급증했다는 경험담이 연일 들려왔다. 주가도 올랐다. 당시 둥팡CJ 근무 한국 직원들은 우리 기업의 제품만 보면 가격을 얼마로 책성하면 좋은지, 제품명이 부자연스러운지 등을 간파해 낼 수 있었고 심지어 제품의 사이즈, 색상, 기능 등에 대해서도 조언해 줄 수 있었다. 경영 컨설턴트를 넘어서는 전문성을 갖추게 된 것이었다. 중소기업과 함께 둥팡CJ를 방문하고 그들의 식견에 스스로 감탄했던 적도 있다. 홈쇼핑이 다양한 제품과 정보가 집결되는 플랫폼 역할을 수행한 시기였다.

다음 플랫폼은 전자상거래다. 이 부분은 더 말할 필요가 없는 것 같다. 티몰, 타오바오닷컴, 징둥닷컴으로 상징되는 중국의 전자상거래 플랫폼은 결제, 유통, 금융, 빅데이터 기능을 통합시키면서 중국 경제를 이끌고 있다. 최근에는 콘텐츠와 미디어를 비즈니스에 끌어들여 상업화하고 있다. 이런 거대 플랫폼의 출현에 한국 기업의 입지가 많이 좁아진 면이 있다. 중국 거대 플랫폼의 한국 담당자(중국인)의 안목과 식견은 계속 높아지고 있다. 이들은 한국의 의료서비스, 서비스업체의 고객 관리 기법, 한국 유통점의 상품 전시 기법에도 관심을 보이며 한국에 대한 연

"

우리 기업들은 이 시점에서 다음 플랫폼을 심각하게
고민하고 대비해야 한다. 새로운 플랫폼을
직접 창출하거나 플랫폼에 편승하여
다음 비즈니스 기회를 찾아야 할 것이다.

"

구를 더하고 있다. 한국 전자상거래 플랫폼 업체가 더욱 긴장하고 고민해야 할 부분이다. 현재는 전자상거래 플랫폼의 시대다.

또 다른 재미난 플랫폼은 웨이상(微商)과 왕훙(網紅)이다. 웨이상이 먼저 출현했다. 2013년 광둥 성을 중심으로 위챗(중국어로 웨이신, 微信) 등에서 소규모 영업을 하는 소상인이 출현했는데, 이들이 웨이상이다. 위챗은 사용자 수가 10억 명 이상인 모바일 메신저로, 웨이상은 한국으로 치면 카카오톡, 카카오스토리, 트위터 등을 통해 제품을 판매하는 사람이라고 할 수 있다. 이들은 초창기에 SNS 친구 등 주변인을 중심으로 물품을 판매하다가 비즈니스가 발전하자 구매 대행 등으로 사업 영역을 확장하게 되는데, 그중에는 이제 매출액이 수십억 위안 이상 되는 전문 기업으로 성장한 곳도 있다.

유사한 개념이지만 SNS상에서 특히 인기가 좋은 유명 인사를 왕훙이라고 한다. 인기 있는 왕훙의 경우 팔로어(follower)를 50만 명 이상 보유하고 있어 소비자에 끼치는 영향력이 크다. 한국의 화장품 기업이 경쟁적으로 왕훙 마케팅을 하는 것도 이들의 영향력이 크기 때문이다.

웨이상과 왕훙 역시 정보가 집결되는 곳이라는 의미에서 플랫폼이라고 볼 수 있다. 한국의 한 중소 화장품업체는 웨이상을 통해서만 자사 제품을 홍보하는데, 매출이 2016년 8000만 위안으로 급성장했다.

사람이 사람을 만나고, 제품이나 서비스를 통해 정보가 연결되고, 두 가지 다른 시스템이나 이해관계가 결집되는 곳이 어디 예로 든 플랫폼뿐이겠는가? 자동차에 IT 기능을 더한 커넥티드 카(connected car) 역시 플랫폼이다. 주변의 모든 것이 플랫폼 같다. 기업 측면에서뿐만 아니라 공공 분야에도 숱한 플랫폼이 있을 것이다. 한국 기업이 중국에 진출할 때 해외 공관이 가장 중요한 정보를 제공할 수 있다면 공관이 플랫폼인 것이고, KOTRA가 제공한다면 KOTRA가, 현지 한국 상회 또는 진출 기업인협회가 그런 역할을 할 수 있다면 그들이 공적인 플랫폼인 것이다.

다시 비즈니스 시각으로 돌아가서, 우리 기업들은 이 시점에서 다음 플랫폼을 심각하게 고민하고 대비해야 한다. 새로운 플랫폼을 직접 창출하거나 플랫폼에 편승하여 다음 비즈니스 기회를 찾아야 할 것이다. 플랫폼의 특성상 성공의 기준은 사이즈(size)와 볼륨(volume)이라고 한다. 그러면 한국 플랫폼은 거대 시장을 가진 국가의 플랫폼에 비해 경쟁력이 약할 수 있다. 그러나 기죽을 필요는 없다. 미래를 좀 더 잘 예측할 수 있다면 더 빨리 움직이면 된다. 또는 플랫폼 관련 장비를 준비하였다가 재빨리 제공하면 된다. 플랫폼에 제공할 콘텐츠를 미리 준비해 두면 된다.

미래에는 어떤 과학기술이 우리를 지배할까? 헬스케어, 인공지능(AI), 신에너지, 바이오, 가상현실(VR), 원격의료, 환경 기술… 혹시 보이지 않는가, 이렇게 많은 플랫폼이.

43

MOU를 체결하시나요? 조금 가볍게 생각합시다

MOU란 Memorandum of Understanding의 약자다. 양쪽 당사자의 기본적인 이해관계를 담은 양해각서라고 볼 수 있다. 서로 동의한다면 내용의 제한도 없고, 표현의 제약도 없다. 당사자가 서로 중요하다고 생각하는 향후 협력의 기본 방향을 정하고, 협력 범위를 나타내는 문서이므로, 여기에는 '~ 해야 한다'는 구속적 표현보다 '~ 위해 노력한다' 등의 협력 방향과 이를 위한 성실한 노력 정도를 담는다.

중국 근무를 하다 보면 중국 공공기관도 중국 기업도 한국만큼이나 MOU를 좋아한다는 느낌이 든다. 공공 분야의 MOU는 양국 정책 결정자들이 협력의 방향과 의지를 밝히는 문서를 체결하는 것이니 나쁘게만 볼 수 없다. 협력의 시작이기 때문이다. 민간기업에서의 MOU도 비슷한 의미를 지니지만 이때는 유의해야 할 부분이 있다. MOU에 대한 인식의 차이로 인해 우리 기업이 불리해진 사례가 있었다.

중국에서 유통 채널을 가지고 있는 중국 대기업 H는 한국 기업의 기획 능력, 운영 노하우를 배우고 싶었다. 그래서 한국을 대표하는 기업이자 경쟁 관계에 있는 I와 J 기업 각각에 독자적인 협력를 제안했다. 또한 MOU가 맺어질 때까지는 비밀을 지킬 것을 약속받았다. MOU 내용은 공개되지 않은 상황에서 MOU에 좀 더 구체적인 내용을 반영할 것을 제안했고, 중국 시장에 대한 접근이 가능한 H와의 협력에 관심이 있는 한국 기업 I와 J는 각자 성실히 문구를 제시하고, 협상 방향, 심지어 협력 조건에 대해서도 H 기업과 의견을 나눴다. 어떻게 되었을까?

H 기업은 MOU를 맺을 듯 맺을 듯 시간을 끌면서 I, J의 조건을 비교하고 협상을 더욱 유리하게 이끌어 갔다. 최종적으로 H는 더 유리한 조건을 제시한 I와 MOU를 맺었다. 한국의 J 기업은 닭 쫓던 개 지붕 쳐다보는 꼴이 되었다. 수개월간의 소중한 노력이 물거품이 되고 말았다. 또 이와 별도로 같은 한국 국적 기업 I의 협상 조건이 불리해지도록 기여한 지렛대로 활용된 셈이었다. 실제 사례다.

“

MOU는 MOU로 보자. 그냥 양해각서다.
한중 수교 이후 한중이 맺은 MOU를 다 출력하면
책상이 가득 찬다는 우스갯소리도 있다.

”

또 이런 사례도 있다. 내부 권한이 밑으로 위임되어 있지 않은 한국 기업의 중국 기업과의 MOU 체결 건은 당연히 회사의 최고 의사결정권자의 전결 사항이다. MOU 체결 시기, 상세 내용 등도 당연히 최고 의사결정권자에게 보고가 된다. 중국 기업 중에는 이런 한국 기업의 MOU 체결 문화를 잘 이해하고 협상에 활용하는 기업이 있다.

먼저 MOU 날짜를 정한다. 한국 기업은 본사에 보고를 하고 본사와 MOU 내용을 조율한다. 내부 권한이 위임되어 있는 중국 기업은 굳이 최고 의사결정권자에게 보고할 필요가 없다. 부장급에서 독자적으로 MOU 문구와 내용, 시기를 정하고 협상을 시작한다. 한국 기업은 MOU 체결 시기를 본사에 보고한 이상, 쫓기기 시작한다. 시간이 정해진 협상에서 MOU 체결이 무산된다면 본사에 무능한 주재관으로 찍히고 말 것이다. 당연히 MOU에 포함되는 내용, 협상 조건이 불리해지기 시작한다. 중국인은 장기적으로 협상하면 그 결과가 중국 측에 유리해진다고 믿고, 쫓기지 않는다. 한국 기업이 중국에서 협상할 때는 시간이라는 변수를 항상 고려해야 한다.

MOU는 MOU로 보자. 그냥 양해각서다. 한중 수교 이후 한중이 맺은 MOU를 다 출력하면 책상이 가득 찬다는 우스갯소리도 있다. 협력 분야를 넓히자는 의도니 그렇다고 굳이 부정적으로 볼 필요만은 없다. 소중한 시간을 투여해야 하는 협상의 첫 단추인 만큼 마냥 가벼이 여겨서도 안 되겠지만, 좀 더 가볍게 보고 장기적으로 보면 안 될까? 우리 기업도 시간이라는 변수를 염두에 두고 책상 위에 쌓아 둘 서류 뭉치처럼 다소 무심한 듯 MOU를 들여다볼 필요도 있다.

44
하이브리드 연합군을 형성하자

한국이 경쟁력 우위에 있는 반도체산업에 도전장을 던진 이들이 있다. 누구일까? 어떤 산업이든 시장과 거대 투자를 무기로 세계 1위의 기업과 산업을 만들 수 있다고 생각하는 중국인? 여전히 부품 및 첨단 소재의 경쟁력을 가지고 있는 세계 제조업의 숨은 강자 일본인? 산업 전 분야에서 한국과 경쟁하고, 그러면서도 튼튼한 중소·중견기업군을 가지고 있는 대만인? 정답은 이들의 연합군이다.

반도체 공급과잉이 발생하기 이전 일본 최대 메모리반도체업체였던 엘피다의 CEO 사카모토 유키오는 중국 허페이 정부와 공동으로 70억 달러(약 8조 3300억 원)를 투자해 메모리반도체 공장을 설립하기로 했다. 재미난 것은 주력 엔지니어들을 대부분 대만 출신으로 채운다는 것이다. 대만 역시 반도체 치킨게임에서 패배한 후 메모리반도체 시장을 삼성전자, SK하이닉스, 미국 마이크론에 내주었지만 기술자들의 기술력 수준은 일류라고 평가받는다. 중·일·대만이 협력해 한국 기업이 장악하고 있는 세계 디램 시장에 공략에 나선 이유는 각자의 이해관계가 맞아떨어졌기 때문이다.

한국은 개별적인 경쟁력은 강하지만 글로벌 연합군에 고전한 전적이 있다. 바로 디스플레이 분야다. 중국은 PC, 스마트폰, 텔레비전 등의 수요에 힘입은 디스플레이 세계 최대 수요처이고 한국은 디스플레이 분야에서 많은 대중국 무역 흑자를 시현하였다. 이에 중국은 대만 기업을 끌어들여 연합군을 형성하였다. 대만 역시 중국 수요 업체의 구매력을 발판으로 한국 기업과의 경쟁에서 이기기 위해 전문 엔지니어들을 대거 중국으로 파견하였다. 대표적인 예가 중국 최대의 디스플레이 업체인 BOE다. 우연의 일치인지 BOE의 본사도 허페이에 있다.

이들 대만 기술자는 중국 기업의 기술 발전을 선도하였고, 일본 기업 역시 대만 기업에 기술을 이전하고 대만 진출을 통해 간접적으로 중국을 도왔다고 한다. 그 결과 지금 우리가 보고 있듯이 디스플레이 단순 조립 분야는 중국이 석권하였고, 한국이 조금 앞선 것으로 평가받고 있는 대형 패널 및 아몰레드(AMOLED) 분야에서도 중국 기업과 치열한 격전을 벌이고 있다. 안타까운 것은 이 와중에 한국의 대기업 및 납품업체의 전문 디스플레이 인력이 대거 BOE로 자리를 옮겨 반한(反韓) 연합군에 가세했다는 점이다.

중국 진출 시 한국 기업에게는 협력이나 합자의 개념이 약했다. 한국 기업 간 협력을 통해서 진출한 사례도 적거니와 외국 기업과 공동으로 중국에 진출한 사례도 많지 않다. 최근 중국 기업이 연합군을 형성하여 한국과 글로벌 시장에서 경쟁을 벌여 나가고 있는 만큼, 한국 기업은 중국 진출 전략을 재검토해 보아야 한다.

이런 하이브리드 전략이 성공하는 사례는 꽤 많이 나타나고 있다. 의류 브랜드 K는 말레이시아 화교 자본인 팍슨백화점과 함께 상하이 및 청두 등에서 유통 분야(백화점)를 개척하고 있다. 사례는 다르지만 가장 성공한 진출 기업으로 꼽히는 식품 기업 L은 본사의 최고 의사결정권자가 화교 출신이어서 중국 사업에 대한 이해가 남달랐는데, 이 점이 중국에서의 가장 큰 성공 요인이 꼽힌다. M 교육업체의 대표는 젊은 나이에도 불구하고 대만과 공동으로 중국 시장에서 대성공을 거두고 있다. 화장품 기업 N은 대만 국적의 법인장을 임명하여 중국 시장을 맹공략하고 있다. 최근 한국의 O 은행은 분행장을 현지 중국인으로 바꾸는 조치를 단행했다. 사례가 많지는 않고 높은 수준의 연합군이 아닐지라도 의미 있는 시도들이다.

"

중국의 경제 발전은 상당 부분 대만, 싱가포르, 홍콩 등의
화교가 이끌었다. 기술을 가져오고, 자본주의의
경영 기법을 가져와서 중국의 개혁·개방 과정을 지탱했다.
글로벌 시장에서 한국의 연합군은 어디일까 생각해 본다.

"

중국의 경제 발전은 상당 부분 대만, 싱가포르, 홍콩 등의 화교가 이끌었다. 기술을 가져오고, 자본주의 경영 기법을 가져와서 중국의 개혁·개방 과정을 지탱했다. 글로벌 시장에서 한국의 연합군은 어디일까 생각해 본다. 이제는 폐쇄되었지만 많은 기업은 개성공단을 활용하여 해외시장을 개척하기도 했다. 그리고 우리 조선족 동포도 한국 기업의 대표적인 연합군이 될 수 있다. 제조업 진출 시기에는 기술적 우위에 있지 못하고 통역 자원으로 머물렀지만 젊은 세대의 기술 및 교육 수준이 높아지면서, 요즘에는 유통, 전문 서비스 분야, 요식업 등에서 맹활약하고 있다. 특히 이제는 신창타이 시대다. 안전 성장 시대인 것이다. 소비 위주의 성장 시대에는 유통망에 접근이 가능한 조선족 동포의 도움이 절실하다. 그리고 마지막으로 해외 화교 자본과 공동으로 중국 진출을 시도하는 것도 좋은 방안이라고 생각한다.

안후이 성 허페이는 조조의 고향으로 알려져 있다. 한나라 말기의 뛰어난 군인, 정치가, 문인이었던 조조는 천재적인 전략과 과감한 결단력으로 한나라 말기의 혼란스러운 정국을 극복하고 실질적으로 삼국을 통일하는 초석을 다졌다. 당시 허페이는 위나라와 오나라의 가장 큰 격전지였다. 오나라가 중원으로 진출하기 위해서 넘어야 할 가장 큰 군사적 요충지였다. 지금 허페이에서 한국이 유일하게 기술 우위에 있는 품목인 반도체·디스플레이 분야에서 조조의 천재적인 전략처럼 글로벌 연합군이 형성되어 한국 기업과 정면승부를 선언했다. 한국은 여전히 혼자 싸울 것인가, 연합군을 찾을 것인가?

45
재주는 곰이 부리고 돈은 왕 서방이 번다

2015년 11월 11일, 알리바바 광군제(Single's day) 이벤트에서 1229억 위안이 하루에 거래되었다. 한국 돈으로 약 22조 원이다. 이는 한국 1년 전자상거래 금액인 50조 원의 절반에 가까운 수치다. 이날 하루 택배 물량만 해도 16.8억 건이었다. 이 역시 한국 1년 택배 거래량의 절반에 해당한다. 당일 가장 많이 거래된 회사 순위를 뽑아 보니 1위 샤오미, 2위 하이얼, 6위 유니클로 등 익숙한 이름이 보였다. 그런데 10위 안에 한국 기업 이름은 하나도 없었다. 아마 50위 안에는 아모레퍼시픽, 이랜드그룹 정도가 들어 있을 것으로 본다.

실제 화장품 및 의류 등 소비재에 종사하는 기업 및 전자상거래 기업에 따르면 당일 거래된 물량의 10퍼센트 정도는 한국 기업의 제품이라고 한다. 이뿐이 아니다. 화장품에서는 LG 후, LG 수를 그대로 모방한 한(韓) 후, 한 수와 같은 중국 화장품, 의류에서는 한국 디자인을 표방한 제품이 불티나게 팔려 나갔다고 하니, 재주는 곰이 부리고 돈은 왕 서방이 번 격이 됐다.

또 다른 사례를 보자. 중국 진출 한국 기업은 광범위하게 지재권 침해를 받는다. 식품 등 프랜차이즈 사업에서는 상표, 디자인을 중국 기업이 미리 등록해 둔 경우가 다반사다. 이전에는 상표를 선출원한 후 한국 기업이 문제를 제기하면 상표권을 판매하던 중국 기업이 지금은 상표권 사용에 대한 로열티를 요구한다. 로열티를 주지 않으면 상표 침해에 대한 손해배상 소송이 들어오고, 로열티를 주기 시작하면 지재권 불사용 취소 소송을 제기하기가 힘들어진다.

중국 예능 프로그램의 수준을 한 단계 업그레이드시킨 「아빠! 어디 가?」와 「런닝맨」 등 한국의 예능 프로그램이 한국식 포맷과 제작 방식을 수출하고 벌어들인 수익은 약 200억~300억 원 수준이다. 중국의 방송사들은 매출 증가에 따라 수익을 5000억 원에서 1조 원까지 올린 것으로 알려져 있다.

최근 중국의 화장품, 식품 기업들은 경쟁적으로 한국에 법인을 등록한다. 'Made in Korea(한국산)'를 찍어야 깨끗하고 믿을 수 있는 제품이라는 인식이 있기 때문이다. 중국에서 원료, 반제품을 가져와 한국에서 제품을 생산한 후 중국으로 수출하거나 간이 면세점에서 중국인 유커에게 판매하는 일이 실제 이루어지고 있다.

자, 이제부터는 시각을 바꾸어 본다. 한국 기업의 중국 진출 과정과 성공 역사가 중국 시각에서는 반대로 재주는 곰(중국)이 부리고 돈은 왕서방(한국 기업)이 번 사례가 될 수 있다. 진출 초기, 가발이나 봉제 등 낮은 기술 수준 분야에서 중국의 저임금을 이용하여 이윤을 창출하고 동남아시아 등 인건비가 더 싼 지역으로 이전한 기업들이 그랬다. 한국에서는 시장이 협소하여 성장이 멈추어 버린 분야 기업도 중국 소비 시장을 개척하여 회사의 크기를 키웠다. 의류, 제과, 화장품, 백색 가전 등 한국에 머물러 있었으면 국내 기업으로 한정됐을 기업이 중국의 인건비와 중국 소비자의 도움으로 글로벌 기업으로 발돋움했다.

상하이 진출 금융단이 주장하는 중국 기업 M&A 시도를 통해서도 시각을 바꿀 수 있다. 화장품, 콘텐츠 등 한국의 우위가 인정되는 분야에서 향후 성장 가능성이 높은 중국 기업을 미리 M&A하거나 지분 투자를 통해 우리가 선정한 중국 기업이 중국 시장에서 다른 중국 기업과 치르는 경쟁에서 이기도록 지원해 주자는 전략이다. 중국 기업이 요구하는 바는 한국의 기술과 디자인을 돈으로 사오는 것이고, 우리가 원하는

"

다국적기업이 국경을 넘나들고 인재들이 국적과 관계없이
일하는 시점에는 어떤 기업이 자국 기업이고,
어떤 기업이 외국 기업인지 그 경계가 희미해진다.
비즈니스 기회를 빨리 포착하고 이용하는 사람과 기업이
바로 '왕 서방'이다.

"

것은 중국 기업의 지분이니 서로 요구 조건이 맞지 않을 수는 있지만 상호 보완하여 개척할 수 있는 분야는 분명히 있다.

「별에서 온 그대」 이후 선풍적인 인기를 끌었던 한국 드라마는 「태양의 후예」다. 이 드라마는 중국 동영상 사이트 아이치이에 회당 25만 달러, 전체로 치면 한국 돈으로 약 50억 원에 판매되었다. 아이치이 누적 조회 수에 매출 수익을 연계시키는 인센티브 시스템을 설계하여 추가적으로 돈을 벌 수 있었다고 한다. 비록 아이치이 지분을 받고 시작한 것은 아니지만 중국 소비자의 관심에 편승해 추가 이익을 벌 수 있었던 사례라고 생각된다.

한국의 프랜차이즈 기업 중 하나는 한국에 플래그십 스토어를 형식적으로 두 개 정도 세우고 실제로는 중국에서 대규모 프랜차이즈를 열었다. 국내 가게는 일종의 전시용이었다. 중국 관광객이 잘 찾는 시내 한복판에 이미지, 홍보 효과를 위해서만 존재하는 가게고, 실제 수익 모델은 중국에서 동시 오픈한 프랜차이즈 가게에서 벌도록 설계했다.

중국의 드론, 나인봇 등 1인용 이동 기기 제품의 경쟁력은 세계 최고 수준다. 그런데 세계 시장을 제패할 우수 기술 제품에 대한 패스트 팔로어(fast follower) 전략은 우리가 가장 잘하는 분야가 아닌가? 10년 후 미래에 중국과 세계의 소비자가 사용할 제품은 중국에서 먼저 출시되더라도 우리가 가장 빨리, 더 잘 만들어 버리면 되지 않을까? 거기에 관련된 지재권 대비까지 완벽하게 갖춘다면 이 역시 누군가에게는 재주는 곰이 부리고 돈은 다른 사람이 버는 사례가 될 것이다.

다국적기업이 국경을 넘나들고 인재들이 국적과 관계없이 일하는 시점에는 어떤 기업이 자국 기업이고, 어떤 기업이 외국 기업인지 그 경계가 희미해진다. 비즈니스 기회를 빨리 포착하고 이용하는 사람과 기업이 바로 '왕 서방'이다. 한국인과 한국 기업의 경쟁력은 학습 능력과 적응력이 뛰어나고 개척 정신이 뛰어나다는 점이다. 우리 모두가 왕 서방이 될 수 있다.

46
대륙의 실수

G2 시대라고 한다. '양대 강국'이라는 표현이 군사적, 외교적 대립의 어감을 지닌다면 'G2'는 구소련 붕괴 이후 미국 패권주의 시대가 종언을 고하고, 경제성장을 앞세운 중국의 영향력이 확대되는 시점의 세계사를 조명하는 말이라고 한다. 중국은 한국(남한)보다 크기가 100배나 크고, 인구는 27~28배나 되는 대국이다. 경제 규모도 이미 열 배를 넘어섰다. 그런데도 한국은 아직 중국의 성장을 크게 개의치 않는 것 같다. 아니, 모르고 있거나 일부러 눈감고 있는지도 모른다.

제일 듣기 불편한 말 중 하나가 '대륙의 실수'라는 표현이다. 근대화와 산업화 시작 시기가 늦어 여러 가지 전근대적 사회상이 남아 있는 중국의 모습은 '대륙' 시리즈로 회자되기도 한다. 거기에는 한국이 좀 더

낮고 앞서 있으며 중국은 아직 미숙하고 뒤처진다는 뉘앙스가 실려 있다. 물론 한국인이 중국에만 그러는 것은 아니다. 1980년대 후반 일본이 G2 시대를 이끌어 가고 있을 때, 그리고 지금도 세계 제3위의 경제 대국인 일본에 대해서도 한국인은 기죽지 않고 일본을 한 수 아래로 평가한다.

대륙의 실수는 모방 제품으로 경제를 성장시킨 중국의 기업이, 실수로 우수한 기술의 제품을 만들었다는 의미로 쓰이는 표현이다. 최근 대륙의 실수가 한국을 휩쓸고 있다. 애플 휴대폰의 모방품으로 이름을 날렸던 샤오미 제품이 그 선두 그룹을 형성하고 있다. 최근에는 중국 내더 뛰어난 휴대폰 제조업체의 성장으로 약간 성장세가 주춤하지만 샤오미 휴대폰 자체도 이미 세계적 수준의 기술과 가격 경쟁력을 갖추었다.

휴대폰 외에도 샤오미 제품의 우수성을 보여 주는 제품이 많다. 주변의 많은 중국인, 한국인이 미밴드를 차고 다닌다. 미밴드는 하루 운동량, 수면의 깊이, 맥박 등을 실시간으로 휴대폰 앱과 연계시키는 기계다. 한국의 수출입 상사는 미밴드를 다량으로 구입하여 출장 온 손님들에게 선물로 제공한다. 샤오미의 경쟁력은 이뿐이 아니다. 현대인에게

"

우리 한국 경제 역시 초창기 모방의 경제로 경제를 부흥시켰다.
샴페인을 너무 빨리 터뜨려 버린 경제,
우리도 다시 한 번 초심으로 돌아갈 시점이 아닌가 한다.

"

가장 중요한 것은 휴대폰, 그중에서도 배터리, 다시 그중에서도 휴대용 보조배터리다. 휴대용 배터리 사용자들의 일관된 평가는 샤오미 배터리가 가장 싸고 편리하다는 것이다. 배터리 선물을 많이 받지만 굳이 돈을 주고 사는 것은 유일하게 샤오미 배터리라고 한다.

이 밖에도 샤오미는 휴대폰 주변 전자 기기와의 연결성을 강조하면서 다양한 주변기기를 생산하고 있으며 애플의 모방품이라는 이미지를 벗어나 우수한 기술, 새로운 비즈니스 모델을 창출하면서 글로벌 대기업으로 성장하고 있다. 중국에 출장 온 사람 중에는 샤오미 오프라인 매장에 데려다 달라는 사람이 유난히 많다. 또는 시간이 없으니 미밴드나 샤오미 밥솥을 사달라고 한다. 상하이에 있는 유일한 샤오미 오프라인 매장은 일종의 관광 코스로서, 이곳에는 나인봇, 전기자전거, 공기청정기, 팬 없는 선풍기, 텔레비전 제품 등이 진열되어 있어 소비자의 눈길을 끈다. (디자인과 IT를 결합시킨 히트 상품을 계속 내놓는 와중에 최근에는 샤오미마저 후발 중국 기업에 밀린다는 이야기가 나온다. 빠른 중국의 비즈니스 사이클을 다시 한 번 체감한다.)

그 언젠가 몇십 년, 몇백 년 후에 한국의 후손들이 중국 제품을 대륙의 실수라고 불렀던 패기 있고 오만하기도 했던 시절이 있었음에 경악할지 모를 일이다. 우리 한국 경제 역시 초창기 모방의 경제로 경제를 부흥시켰다. 샴페인을 너무 빨리 터뜨려 버린 경제, 우리도 다시 한 번 초심으로 돌아갈 시점이 아닌가 한다. 다시 한 번 창의성을 앞세운 한국 기업이 지속적으로 '한국의 실수'를 만들어 내는 날이 오기를, 그리고 그 제품으로 세계 시장을 개척할 날이 오기를 기대한다.

47

기업 민원 사례
**시대의 변화와
적응 문제**

과거 중국에서 성공한 경험에 매몰되어 시대의 변화를 읽지 못하고 어려움에 처하게 된 기업 민원 사례를 소개한다. 나이 많은 어르신들이 회의실에서 눈물을 흘리시니 마음이 안타까웠다.

A 기업은 20여 년 전 중국의 지방도시에 진출했다. 당시 중국 지방정부는 외자 유치를 통해 지역 경제 발전을 이루기 위해 혈안이 되어 있었다. A는 당연히 지방정부의 환대를 받았고, 우리 기업 대표이사는 정부 지도자들과 교분을 쌓았다. 그리하여 해당 지방 한국상회 회장도 역임하고, 다른 한국 기업을 이 지방에 진출시키기도 하였다. 이후 대표이사는 귀국하고 주재원을 파견하여 경영을 맡겼다. 20여 년의 시간이 흘렀다. A 기업은 점차 기술적 우위를 잃어버리면서 이런저런 어려움에 처

했다. 본사의 노(老) 회장님은 문제가 생길 때마다 정부 누구를 찾아가서 자기 이름을 대라고 하신다는데 문제는 중국 정부가 예전의 정부가 아니라는 사실이다. 만날 수도 없고, 진출 초기의 공무원은 이미 은퇴해서 찾을 수도 없었다. 본사 회장은 법인장을 나무라고 문책하고 다른 사람에게 협상을 맡기지만 그럼 다시 시작일 뿐이었다. 이전의 중국이 아닌데, 25년 전 세계에서 살아가시는 것 같아 안타까웠다. 기업 민원이 쉽게 풀릴 것 같지도 않았다.

B 기업은 섬유 기업이다. 1992년 수교가 되자마자 진출했고, 성공한 기업인으로서 지역사회에 공헌하고 지방정부 지도자와도 좋은 관계를 유지했다. 당시 지방정부 지도자는 은근히 용돈을 요구하였고, 용돈을 주면 기업에 편의를 제공해 주었단다. 그런데 용돈을 자기 주머니에서 빼줄 사람은 없다. 장부에 적힐 수 없는 금액을 회계 처리하다 보면 또 다른 유혹에 빠지기도 했다. 이전 가격을 잘 설계해서 한국으로 돈을 송금하기도 하고, 한국에서 원재료를 수입하면서 비싼 값을 치르고, 한국으로 제품을 수출할 때는 싸게 수출하기도 하였다. 이 사실을 아는 사람이 많아지자 결국 중국인이 이를 약점으로 잡고 회사를 강압적으로 빼앗아 버리기에 이르렀다. 정식으로 항의를 해야 하는데 여러 약점을 잡혔기 때문에 법적인 분쟁 해결 절차를 취하기는 어려운 상황이 됐다. 정부에 도움을 청하지만 친하게 지냈던 공무원은 면담을 기피하고, 재판으로 가는 것은 부담이 되고, 공안에 신고도 할 수 없어 이렇게 10년이 지난 지금도 억울한 심정에 여기저기를 찾아다니고 계셨다.

두 사례 모두 한국 기업이 겪는 전형적인 애로 중 하나다. 이런 패러다임은 1990년대에 가능했던 진출 모형이었던 것 같다. 지금은 중국 지방 공무원도 반부패가 겁이 나서 편의를 요구하지 못한다. 한국 기업도 현지 법률을 준수하지 않으면 살아남을 수가 없다. 또 약점을 보이면 안된다. 문제가 생기면 영사관 등 공관의 도움을 받아 정식으로 법률 해결 절차를 취해야 한다.

용돈을 공공연하게 요구하고, 약점을 보이면 물리력을 동원해 기업을 빼앗고, 또 우리 기업도 중국에서 창출한 이윤을 탈세하거나 개인 명의로 착복했던 이 모든 일은 과거의 패러다임이다. 시대가 지났다. 과거의 성공 경험에 매몰되어 새로운 시대에 적응하지 못하고 기업을 철수하는 민원인을 보면 안타깝다. SNS 등 미디어 수단이 발달하면서 일반 국민의 정보 접근권이 높아지고, 부패 방지 및 준법정신 준수 등 보편적 규범이 전 세계로 퍼져 나가고 있다. 오히려 기업의 사회적 책임(CSR) 이행 및 사회 공헌 등 미래지향적 가치로 지역사회와 조화를 이루는 것이 중국 국민 및 중국 관료의 지지를 받는 새로운 성공 모형이 되는 시점이라고 본다. 최근 해외 공관 및 공공기관도 CSR 활동 및 준법 활동

"

과거의 성공 경험에 매몰되어 새로운 시대에
적응하지 못하고 기업을 철수하는 민원인을 보면 안타깝다.
혹시 한국 경제는 새로운 시대 변화를
읽지 못하고 있는 것은 아닐까?

"

을 강조한다. 사드 배치 등으로 한중 관계가 긴장된 이 시점에 우리가 기댈 수 있는 것은 국제법, 인권 등 인류 보편의 가치일 수밖에 없다.

사례를 통해 한국 경제를 되돌아보았다. 혹시 한국 경제는 과거의 성공 경험에 매몰되어 새로운 시대 변화를 읽지 못하고 있는 것은 아닐까?

48

기업 분쟁, 법으로 해결할 것인가?

우리 기업 P는 2008년, 50:50 합자기업으로 상하이에 진출했다. 2009년부터 경영상 갈등이 발생하기 시작했는데, 급기야 중국 기업 측에서 물리력을 동원해 우리 기업 주재원을 생산 현장에서 몰아냈다. 당시 공안국도 찾아가고 시 정부도 찾아다녔지만 중국의 행정부는 기업 민원을 형사 사건으로 처리하지 않기 때문에, 결국 계약서대로 중재원을 통한 해결을 시도해야 했다. 중재원의 결정은 우리 기업에게 유리하게 나왔다. 중국 기업 측에서 우리 기업이 투자한 돈을 배상해야 했다. 중재 결정이 확정된 것이 2012년, 이 해에 바로 중국 관할지 법원에 집행을 신청했지만 4년이 지난 2016년에도 법원은 집행을 위한 절차를 진행하지 않고 있었다.

우리 기업 Q는 합자기업으로 상하이에 진출했다. 그런데 중국 기업이 회사를 제3자에게 인수당해 우리 기업은 새로운 파트너와 기업을 운영해야 했다. 사사건건 충돌이 발생했다. 지분 구조상 이사(동사)의 숫자가 동일하여 이사회를 통해 해결할 수도 없었다. 2016년 중국 기업은 급기야 물리력을 동원하여 우리 기업 총경리의 출근을 저지했다. 그리고 재무 인장을 물리력으로 빼앗아 갔다. 나는 총경리가 출근을 못하고 있는 현장에 직접 가보고, 파출소에도 쫓아가 보고, 관할 행정부처에 가서 항의도 해보고, 상하이 시 상무위원회에도 가보았지만, 기업 내부의 분쟁이니 법원으로 가라는 말뿐이었다.

지난 3년간 경험으로 미루어 볼 때 Q 기업 민원이 법원으로 간다면 Q 기업이 승소할 확률이 높다. 그러면 된 것 아니냐고 생각하겠지만, 결국에는 P 기업처럼 될 가능성이 높다. P 기업의 8년 전 모습이 Q 기업이다.

우리 기업이 자주 빠지는 함정이다. 기업 민원이 발생하면 대충 다음

"

중국 사법부가 한국과 미국의 사법부와 같을
것이라고 생각하면 오산이다. 사법절차가 길고,
집행되기도 어렵고, 비용이나 편파적인 판결 등을 감안하면
손절매를 해야 할 부분에서 손절매를 하는 것도
훌륭한 비즈니스 전략이 될 수 있다.

"

의 스토리가 전개되는데, 아주 중요한 전형적인 사례다.

중국 현지에 진출해 있다 보면 이런저런 이유로 중국 기업 측과 분쟁이 발생한다. 우리 기업이 중국을 잘 모르고 미숙하게 대응하거나 실수하여 분쟁이 발생하는 경우도 많다. 분쟁 초기에는 영사관을 찾아오고 다양한 해결 방안을 시도하지만, 해결이 잘 되지 않는다. 중국 정부를 찾아가면 민사 사건은 양국 기업이 대화를 통하여 해결하고, 그게 안 되면 법원으로 가라고 한다. 사법부는 분리되어 있고, 중국은 법치주의 국가라서 행정부의 역할이 없다고 한다.

우리 기업은 본사에 사정을 보고한다. 본사 법무팀이 검토를 시작한다. 본사 내 의사결정의 헤게모니가 중국 담당 조직에서 법무팀으로 넘어가는 순간이다. 법무팀은 민법, 기업법 등 여러 법률을 검토해 본 결과 틀림없이 이길 수 있다고 판단하여 법원에 제소할 것을 제안한다. 이 과정에서 우리 기업은 한국의 자문 로펌 이야기를 듣는다. 자문 로펌 역시 법원으로 갈 수밖에 없다고 한다. 로펌은 당연히 법적 해결을 선호한다. 기업의 자문료는 계속 나가기 때문이다. 진출 기업의 법인장 또는 총경리의 이해관계와도 맞아떨어지는 부분이 있다. 분쟁이 발생하여 해결이 안 되고 있으면 본사로부터 인사상 문책을 받을 수도 있는데 법원으로 가면 그 일을 담당하던 사람이 계속 법적 대응을 하는 게 낫다고 본사는 판단한다.

대개는 이런 메커니즘을 거쳐 법원으로 가게 된다. 그 이후 과정을 잠시 살펴보자. 중국에서 법원 판결은 시간이 오래 걸린다. 1심에서 이겨도 상대가 항소를 한다. 3~4년은 금방 지나가 버린다. 손해배상을 하려면 법원에 공탁해야 할 금액도 크다. 법원에서 승소하더라도 집행은 또 별개의 이야기다. 경영권을 장악한 중국 기업은 3~4년간 소송을 진행하면서 회사의 알짜 자산, 재산을 빼돌려 둔다. 별도 법인을 설립해서 유사 사업을 수행하는 경우도 많다. 소송이 진행된 회사에는 매출이나 영업이익을 남기지 않는다. 결국 소송에서는 이기지만 구제 실익이 전혀 없어져 버린다. 7~8년의 시간이 이렇게 지나간다.

의사결정 과정에 참여한 주체들의 최종 성적표를 정리해 보자.

- 국내 본사 오너 또는 주주 : (-) 마이너스가 크다. 알짜 기업과 자산을 통째로 날렸다. 소중한 교훈을 얻어 중국에서 재기하는 계기가 된다면 다행이다.
- 당시 파견 법인장 : (+ 또는 0) 인사 문책을 벗어나 몇 년 대응하고 정년이 되어 퇴사한다
- 현재 법인장 : (+ 또는 0) 전임자의 미숙한 대응으로 회사에 손실이 생겼다는 보고서로 현재 상황을 털 수 있다.
- 중국 기업 : (+) 소송에서는 졌지만 손해배상은 피했다. 금전적 이득은 확실히 챙겼다.
- 우리 기업 자문 로펌 : (+) 소송에서 승소하고 자문료도 받았다.

중국 정부가 법치주의를 표방하면서 중국의 사법 절차가 많이 개선되었다. 그렇지만 아직 중국은 사법부보다는 행정부가 우위인 사회다. 사법부의 수장은 차관급이지만, 공안국의 수장은 부총리급이다. 성 및

시의 기율검사위원회 서기는 법원, 검찰, 공안을 담당하는데 공안국장을 겸임하기도 한다. 사법부 자체적으로도 문제가 있다. 사법부에는 일단 판사의 수가 절대적으로 부족하다. 최근 중국에서 로펌이 성장하며 뛰어난 판사들이 줄줄이 사표를 내고 있다. 박봉에 격무에 시달리기보다 로펌으로 자리를 옮겨 거액의 월급을 받으며 근무하는 것을 선호한다. 또 중국은 국토 크기가 워낙 크기 때문에 집행력이 떨어진다. 성 단위를 넘어서서 집행이 이루어지기를 원하는 것은 현실적으로 어렵다. 한국 기업뿐만 아니라 중국 기업도 민사소송에서 이기고 집행이 안 되는 경우가 많다. 중국 법조계에서는 이 현상을 '집행난(執行難)'이라고 한다. 성공 조건부 수수료를 받고 집행만 전담해 주는 현지 로펌들도 많은 것이 현실이다.

한국 기업들이 이 메커니즘을 모르고 법적 해결 수단을 강구하는 경우가 많다. 안타깝다. 제일 중요한 것은 분쟁을 미연에 방지하는 것이다. 중국 사업을 오래한 한국 기업인 중 한 분은 본인의 경영 철학을 '백-백-빵-빵'이라고 부른다. "세금 100퍼센트 냅니다. 규정 100퍼센트 준수합니다. 직원 관리 문제 및 노사 갈등 0으로 가져갑니다. 법원 및 공무원 조직에는 안 갑니다." 지금까지는 이 원칙으로 성공하고 있다 자평한다.

이전에는 그러지 않았다고 하는데 중국이 더는 외자를 필요로 하지 않을 만큼 경제가 성장하고 최근 한중 간 긴장 관계가 조성되면서 한국 기업 민원으로 중국 행정부를 찾아가면 사법부로 가라 하고, 사법부로 가면 오지 말라고 하는 경우가 생겼다. 상무영사의 경험상 분쟁은 미연에 방지하는 것이 최우선이다. 중국 사법부가 한국과 미국의 사법부와 같을 것이라고 생각하면 오산이다. 사법절차가 길고, 집행되기도 어렵고, 비용이나 편파적인 판결 등을 감안하면 손절매를 해야 할 부분에서 손절매를 하는 것도 훌륭한 비즈니스 전략이 될 수 있다. 이런 기업 민원이 한 달에 서너 건 된다. 참고하기 바란다.

49
기업 협상
사례 I

한국 기업 민원으로 기업을 대신해서, 또는 기업과 함께 중국 정부를 만난 것이 수십 차례다. 민원은 사안별로 다 다르다. 혹시 우리 기업이 중국에서 발생할 수 있는 분쟁에 대해 참고할 일이 있을까 싶어 한 개 사례를 기록으로 남겨 본다.

민원 개요

합자기업(R)의 상대방인 중국 기업(S) 측에서 서류를 위조해 한국 기업의 지분 변경 신청을 해버렸다.

R 기업은 2만 5000만 달러를 투자하여 50퍼센트 지분을 가지고 장쑤성에 외국인투자기업으로 등록했다. 최초의 상대방은 일본 기업이었다. 동일한 금액을 투자했다. 이후 우리 기업의 경영 환경이 나빠지면서 본사는 법정관리에 들어갔고 일본 기업은 지분을 중국 기업에 매각했다. 한국 기업도 지분을 S에 넘길 의사가 있어 협상이 진행 중이었는데, S 기업이 서류 위조를 통해 R의 지분을 인수한 것으로 중국 정부에 신청한 것이었다.

협상 전략 1 : 단계별 접근

종종 분쟁이 발생한 중국 기업을 직접 방문하기도 한다. 협상은 문제가 발생한 가장 기초 단위에서 한 단계씩 위로 올라가야 한다. 사안이 급할 경우 중앙정부 또는 고위급 차원에 바로 문제를 제기할 수도 있지만, 높은 수준에서 이슈가 되어 버리면 상대 기업, 지방정부 실무자 등 문제해결능력이 있는 사람들이 문제를 해결할 기회를 빼앗는 우를 범하게 된다. 고위급 의제로 설정되면 다음 고위급 회담까지는 진전이 없다. 실무자가 배제된 고위 회담에서는 실무자들이 고의로 시간을 지연하는 경우도 있다.

상대 기업-개발구-기초 단위 상무위원회-성 단위 상무청 또는 위원회-중앙정부 등의 단계를 거쳐 올라가면 담당자들은 점차 긴장한다. 본인의 사례가 상위 단위에서 지적되면 승진에도 불리하다. 외자 기업을 위해 자기가 할 수 있는 한에서 도와주려는 실무진도 많다. 바로 고위급 회담이 진행되면 예방주사를 미리 맞은 효과가 발생해 중간 실무자들은 사안 해결에 무관심해진다. 오히려 상위 단위에서 문의를 하면 이런저런 핑계를 찾아 한국 측의 잘못이라고 주장하며 면피를 하려는 경향도 나타난다.

그래서 시간이 좀 걸려도 단계별 접근이 효과가 있다. 이번 민원에서도 단계별로 접근하기로 결정했다.

협상 전략 2 : 방문(협상) 대상 선택

한국 기업의 애로에 대해서 일차적으로 접촉할 대상은 기업이 입주한 지역의 개발구 관리위원회다. 민원이 발생하면 상무국, 공상국, 외사판공실 등 정부 기구는 책임을 회피하려는 경향이 있기 때문에 담당자를 찾기도 어렵고 면담을 성사시키기도 어렵다. 경험상 기업의 유치를 위해 노력했고, 기업의 경영 과정에도 도움을 줬던 개발구 관리위원회가 가장 우호적이다. 개발구 관리위원회 공무원의 실적 인센티브 영향도 있다. 한국 기업은 일반적으로 개발구 관리위원회가 어떤 기관이고 얼마나 영향력 있는 기관인지 잘 모른다. 군이 한국으로 따지자면 한국산업단지공단이나 지방정부의 산업단지 지원과 정도 된다. 중국에서 개발구 관리위원회는 발전개혁위원회, 상무국, 외사판공실, 공상국 등 영향력 있는 어떤 기관에도 뒤지지 않는 중요한 기구다. 중국이 외자 유치를 통해 지역 경제 발전을 시도했을 때, 이 작업을 개발구 관리위원회가 수행했다. 개발구 공무원들은 외자 유치, 세수, 고용 등 실적에 따라 경제적 보상도 달라지기 때문에 동기부여가 확실하고, 근무 시간도 긴 편이다. 앞서 소개한 '토요일은 반드시 일한다. 일요일이라고 꼭 쉬는 것은 아니다'는 말은 개발구 관리위원회 공무원이 스스로 자부심을 나타내는 표현이기도 하다.

그래서 이번에는 해당 시의 경제기술개발구 관리위원회 부주임을 찾기로 했다.

협상 전략 3 : 무엇을 주고 무엇을 받을 것인가?

협상은 결국 교환이다. 서로가 얻고자 하는 가치를 조금씩 더해 줄 수 있다면 협상은 성공적이다. 얻고자 하는 가치는 눈앞의 경제적 가치일 수도 있고, 손해를 경감하는 것일 수도 있고, 심리적 만족 보상 같은 눈에 보이지 않는 무형적 가치일 수도 있다. 해당 시의 경제기술개발구에 바라는 것은 민원의 해결이지만, 줄 수 있는 마땅한 카드는 없다. 이럴 때는 심리적 보상을 제공해야 한다.

소개부터 시작한다. 중국 중앙상무부에 해당하는 산업부에서 왔다고 한다. 필요하면 청와대 근무 경력도 소개할 수 있다. 우리 영사관과 한국의 중앙정부가 해당 시 및 개발구의 발전을 위해 공헌할 수 있는 부분들을 알려 준다.

세 가지 사례를 준비하여 소개했다. 첫째로 2015년 11월 개발구에 입주한 한국 기업의 준공식을 우리 영사관이 준비했고, 둘째, 2016년 5월 장쑤 성 성징이 취임하고 최초로 한국을 방문했을 때 비사 등 실무 준비와 한국 방문 일정, MOU 체결을 준비했으며, 셋째, 2016년 9월에 예정된 동일 개발구에 입주할 한국 기업의 준공식도 준비하고 있음을 알려 주었다. 고위급 방문 및 MOU부터, 개발구의 중요한 행사에 대한 지원 가능성, 향후 중장기적인 협력 가능성을 알리고, 또 개인적인 우호를 수립하는 것도 의미 있다는 사실을 전달했다.

사례를 소개하자 담당 부주임의 표정이 달라졌다. 적극적으로 사례를 해결하기 위해 나서는 모습이 보였다.

출구전략 수립

어떤 방문에서는 협상 결과가 신통치 못하다. 아마 한국 기업이 크게 잘못을 해서 체면을 손상시킨 경우라면 되돌리기가 쉽지 않다. 그렇더라도 쉽게 물러날 수는 없다. 축구 경기가 동점으로 마무리되는 상황이더라도 끝나기 전까지는 대포알 같은 강슛을 날려 볼 수 있다. 그것으로 상대의 간담은 이내 서늘해진다. 이번 방문에서는 경제기술개발구의 적극적이고 우호적인 마인드로 사용하지 않았지만, 일단 다음 멘트를 준비해서 갔다.

① 일방이 사기를 통해서 외국 기업의 지분을 말소하는 것은 금액의 문제가 아니다. 외국인투자기업의 문제도 아니다. 중국 정부의 의 법치국(법에 따른 국가 통치)에 대한 의지를 보여 주는 사례라고 생 각한다.

② 이 건은 향후 해당 시 및 장쑤 성에 진출한 많은 한국 기업들에게 정부가 외자 기업에 공정한 태도를 보여 주는지를 판단하는 가늠 자가 될 것이다. 한국 기업뿐 아니라 외국인투자기업 커뮤니티 모 두가 주시하고 있는 사안이다. 적극적인 도움을 바란다.

③ 우리 총영사관과 한국의 담당 부처는 이 건의 해결을 위해 계속 노력할 것이다. 개발구에서 해결되지 않으면 시의 외사판공실을 찾아갈 것이고, 성 정부 상무청을 찾아갈 것이고, 중국 상무부, 외 교부에도 정식으로 문제를 제기할 것이다.

효과적인 방문 마무리

한국인도 중국인도 체면을 중시한다. 의견이 대립하는 모습은 오래 보 일 필요가 없다. 중국 측에서 적극적인 도움 의지를 천명하는 순간, 재 빨리 분위기를 전환한다. 수첩을 덮는다.

"주임님 말씀을 들으니 더는 걱정할 필요가 없어 보입니다", "우리 앞으로는 다른 분야에서 성공적인 협력 사례를 만들어 봅시다", "상하 이에 오실 일 있으면 영사관을 찾아 주십시오. 한국 식당에서 맛있는 식사를 사겠습니다", "먼저 친구가 되고 다음에 사업을 진행하는 것이 우리 정서 아닙니까. 한국에 귀국한 이후에도 상무부에서 국제협력 업무를 하게 될 것이니 우리 친구 하고, 계속 연락합시다" 등의 인사로 마무리하였다.

결과

개발구 정부는 우선 서류 위조에 대해 형사 고발을 하라고 했다. 개발구 정부가 공안과 협력해서 이 건이 빨리 해결되도록 돕겠다고도 했다. 유사한 사례가 2개월 만에 해결된 적이 있고, 필요하면 중국 기업 측을 부를 테니 한국 기업과 협상 테이블에서 같이 논의하자고 했다. 한국 기업에 그대로 전했다.

여담 : 가장 중요한 부분

여러 방문과 협상에서 제일 신경 쓰는 부분은 통역이다. 해당 지역 지인에게 통역사를 부탁했더니 조선족 동포 대학생 한 명을 붙여 줬다. 통역사와의 '케미스트리'가 중요하다. 적어도 한 시간 이상은 사전 대화를 나누어 내가 이야기할 것들을 꼼꼼히 알려 주고, 어떤 표현을 쓸 것인지도 물어본다. 물론 통역사와의 사전 조율은 협상 내용에 국한되지 않는다. 편안한 분위기를 제공하여 위축되지 않도록 해야 한다. 또 대부분은 중국 국적의 통역이 오기 때문에 내가 하고자 하는 협상이 중국이라는 나라의 미래를 위해서 중요하다는 사실을 알린다. 이 민원이 합리적으로 해결되어야 할 필요성을 공감시켜야 한다. 이전의 협상 경험을 소개하면서 어려울 것 없다고 이야기해 주고, 본인이 중요한 대화에서 중요한 역할을 담당하게 된다는 자부심도 부여해 주면 좋다.

　이전 사례에서 한국 기업과 함께 협상에 참가한 적이 있다. 우리 기업의 총경리가 협상 전에 통역사를 혼내고 있어 분위기가 안 좋았다. 총경리에게 오늘은 기업이 나를 초청한 이상 내가 통역사와 협상하겠다고 이야기한 후 통역사를 따로 불렀다. 나는 협상 전문가이고 협상 경험이 많고, 중국어를 다 알아듣기 때문에 부담 갖지 말라고 이야기한 후 협상에 들어갔다. 협상은 부드럽게 진행되었고 한국 기업에게 유리하게 결론이 났다.

50
기업 협상
사례 II

한국 환경 설비 기업 T의 사례다. 2012년 환경보호유한공사와 후난 성에서 진행되는 공사 계약을 맺었다. T는 공사가 끝났는데도 공사 대금 80만 위안을 받지 못했다. 유한공사와 공사 대금 협상을 1~2년 진행하다가 효과가 없자 민사소송을 제기하고 영사관에 도움을 요청해 왔다.

공사 대금 미지급 기업과의 접촉

T 측에 우선 해당 유한공사를 찾아가 우리 영사관도 이 건을 가볍게 여

기지 않는다는 사실을 알릴 것을 요청했다. 외국인투자기업이 글로벌 대도시에서 공공기관의 공사를 수행하고 그 대금을 받지 못한다면 외국 기업이 안심하고 해당 시에 진출하기 힘들 것이었다. 이 건과 관련해서 영사관이 유한공사를 방문하기 원한다는 말을 전했다. T 기업이 평소 유한공사와 좋은 관계를 유지하고 있었기에 간접적으로 전하는 게 효과적일 수 있어 보였다.

일주일 후 T 기업의 답변이 왔다. 유한공사 방문 허락은 상급 기관인 환경과학연구원의 결정이기 때문에 그쪽에 방문 요청을 하라는 것이었다. 그런데 T는 상급 기관과 연락할 수 있는 방법을 모르고 있었다. 유한공사를 통해 상급 기관 어디를 접촉해야 하는지 물어봐 달라고 했다. 개인적으로 상급 기관 연락처를 일일이 찾는 수고를 줄이는 효과도 있고, 상급 기관에 이 말이 전해지기를 기대하는 면도 있었다.

상급 기관과의 연락

상급 기관에 연락해서 통화를 했는데, 예상대로 반응이 신통치 않았다. 이건 자회사의 결정이니 우리는 잘 모른다, 문제가 생기면 소송으로 해결하라, 왜 우리에게 연락하느냐고 했다. 이에 대해 우리는 유한공사에 면담을 요청했고, 유한공사가 상급 기관에 가라고 하니 연락한 것일 뿐 우리도 특별히 해당 기관과 더 이야기할 것은 없다고 대답했다. 그리고 외국인투자기업이 해당 도시의 공공기관 공사 대금을 받지 못하는 이유

를 이제 시 환경보호국에 직접 묻겠다고 덧붙였다. T 기업이 이 상황을
유한공사에 설명할 것이었다.

시 정부와의 접촉

환경보호국 외사처를 통해 담당자를 찾고, 면담을 요청했다. 한국 기업
도 이 건을 주목하고 있음을 알려 줬다. 확인하고 알려 주겠다는 답변을
받았다. 연락을 기다리며 환경보호국이 안 되면 시 외사처, 상무위원회
에 가야 하나 생각하고 있는데 T 기업에서 연락이 왔다. 유한공사가 협
상을 요청해 왔다는 것이다. 좋은 소식이었다.

결과

1개월이 지나고, T 기업에서 연락이 왔다. 협상이 타결되어 소송은 취
하하기로 했단다. 미수금이 80만 위안이었는데, 63만 위안을 받기로 했
고, 만족한다고 했다. 그리고 감사하다고 했다.

이 협상 건이 잘 마무리된 이유는 두 가지다. 첫째, 우리 기업 T는 유
한공사와 분쟁이 생겼지만 사이가 좋았고, 지속적으로 연락을 유지하
고 있었다. 1~2년간 소송하고 싸우는 중에도 술자리도 갖고 협상을 하
자는 이야기가 자주 오갔다고 한다. 여기에 영사관이 조그만 협상력을

보탠 것뿐이었다. 둘째, 단계적인 접근 방법이다. 손자회사인 유한공사, 자회사인 환경과학연구원, 모회사에 해당하는 시 환경보호국을 다 접촉했다. 여기서도 막히면 할아버지 회사, 할머니 기관에라도 찾아가려 했다. 한국 기업의 요구가 정당할 경우에는 가능한 많은 이해 당사자, 의사결정권자에게 이 불합리를 어떻게 시정하는 것이 좋을지 물어본다. 그러면 그중 누군가, 보이지 않는 곳에 있는 사람일 수도 있고, 합리적이고 이성적이고 문제해결능력을 가진 사람이 해결해 줄 수 있다.

단계적 접근 방법에 대한 다른 사례를 살펴보자. 장쑤 성 한 도시에 입주한 한국 기업 U는 LCD 부품 생산 기업이다. 2014년 8월, 장쑤 성 전력공사가 찾아와 지난 6년간 전기요금이 과소 부과되었으니 추가 전기요금 100만 위안(약 1억 7000만 원)을 내라고 했다. 추가 요금을 내지 않으면 전기를 끊겠다고도 했다. U 기업은 처음에는 무대응으로 나가다가 이후 전력공사와 협상을 시도했다. 5~6개월이 흘렀다. 전력공사는 단전 통지 및 공문을 보내왔고, 2015년 1월 전기를 끊었다. U 기업은 단전되자마자 영사관을 찾아왔다. 하루 생산 차질 부품 개수가 40만 개였다. 지금은 재고가 있지만 부품 납부처에서 법적 클레임을 제기할 경우 큰 손실이 예상되는 시점이었다.

여러 가지 해결 방법이 있겠지만 민원인과의 면담 자리에서 바로 해당 시 전력공사 담당 부국장에게 전화를 걸었다. 전기선 설치 잘못으로 인한 전기요금 과소 부과가 전력공사 책임인가, 한국 기업 책임인가. 단전으로 기업에 생산 차질을 발생시키는 것은 옳지 않으니 즉시 전기를 재공급하고 필요한 행정절차와 법적 절차, 그리고 협상을 통해 문제를 해결하자고 했다. 담당 부국장은 영사관과는 할 말이 없다고만 했다. 그런데 다음 날 진기가 들어왔고 전력공사와 협상을 하기로 했다는 소식이 전해 왔다.

시 전력공사를 직접 접촉한 점이 큰 도움이 되었다고 생각한다. 잘은 모르지만 중국에도 전력공사 등 공공기관 업무에 대한 감사 또는 감독 기능이 있을 것이다. 바로 시 정부부터 접촉했더라면, 우리나라로 치면 외교부에 한국전력공사(한전) 전기요금의 문제점을 부각시켰더라면 어떻게 되었을까?

한국 지방 산업단지에 독일 기업이 투자를 했다고 생각해 보자. 지방 한전에서 전기요금을 잘못 부과했다. 독일 기업이 한전을 찾아가 보았으나 잘 해결되지 않는다. 그래서 주한 독일대사관을 찾았다. 주한 독일 대사관은 한국 외교부에 이 어려움을 전한다. 그럼 한국 외교부는 먼저 해당 부처를 찾을 것이다. 한국에서는 산업부 담당이니 산업부에 공문을 보내서 답변을 달라고 한다. 산업부는 일단 기분이 좋지 않지만 답을 해야 하니, 이 건을 산업부 내 전기를 담당하는 과에 넘긴다. 거기서는 한전 본사에 이를 문의한다. 한전 본사는 일단 기분이 나쁘지만 다시 한전 지방조직에 묻는다. 지방 한전은 본사의 지적에 정당하게 요금을 부여한 것이니 필요하면 소송을 제기하라고 답변한다. 인사권을 가진 본부에다 '내가 잘못했습니다' 하고 답할 사람은 없다.

이 회답은 반대의 과정을 거친다. 대답을 받은 한전 본부는 산업부 담당과에 연락한다. 문제없다, 정당한 부과였다, 소송을 포함한 구제 절차도 상세히 알려 주면 된다고 답변서를 써준다. 산업부 전기과는 산업부 국제협력 관련 부서로 이를 전달한다. 국제협력 부서에서는 한국 외교부에 의기양양하게 '문제없음, 필요 시 소송으로 해결 바람'이라고 회신해 준다. 이 과정이 얼마나 오래 걸리겠는가? 과정에 있는 담당자 중 자기가 생색나는 일도 아닌데 적극적으로 뛸 사람이 얼마나 되겠는가? 부지하세월이다. 그리고 한 번 문제없다, 소송으로 해결하라고 전달되면 이제 소송 외에는 해결 방법이 없다. 관련된 모든 사람의 입장이 고정되어 버린다.

다른 경우를 생각해 보자. 주한 독일대사관이 독일 기업의 민원을 듣고 바로 지방 한전 조직에 전화를 한다. "주한 독일대사관은 이것을 진출 독일 기업 전체, 그리고 유럽 기업 전체에 영향을 끼칠 사안이라고 본다. 외교적으로 문제가 생길 수도 있는 건이니 신중하게 처리해 줄 것을 요청한다." 지방 한전에서는 문제 발생의 초기 단계에서 시정할 여유가 생겼다. 혹시라도 실수가 있었다면 빨리 시정해 버리는 게 낫다. 인사권을 가진 본사에서도 문의가 들어오고 중앙부처에서도 묻기 시작하는 것보다는 낫다.

U 기업 사례에서도 이런 내부 의사결정 과정이 진행되었지 싶다. 해당 시 전력공사 국장과 통화 후 다음 날 전기가 복구된 것을 보니.

2,500년 vs 70년

중국 공무원과 대화하다 보면 중국인의 시간에 대한 인식이 엿보이는 때가 종종 있다.

첫째, 중국 공무원 중 미국 이야기만 나오면 눈에 불을 켜고 미국을 비난하는 친구가 있다. 그런데 내가 정치, 군사, 외교, 경제, 교육, 문화 등에서 중국이 미국을 따라잡으려면 시간이 더 걸릴 것 같다고 하면, 거기에는 쉽게 수긍한다. 그러면서 말한다. "지금 미국 내 중국 유학생 수가 30만 명이 넘어. 유학생 및 이민자 등 1년에 중국인 50만 명이 미국으로 건너간다고 하자. 2년이면 100만 명, 20년이면 1000만 명, 200년이면 1억 명의 중국계 미국인이 탄생하겠지. 그럼 그때는 미국을 우리 중국이 장악할 거야."

인구가 많은 중국인의 머릿속에서 시간은 항상 중국 편이다. 중국은 여진, 말갈, 거란, 몽고 등 소수 이민족과 대결한 역사를 가지고 있는데, 시간이 지나면 이들 국가는 중화 문화에 동화되었고, 숫자가 적은 그룹과의 대결에서는 항상 포용하고 숫자로 이겨 버리면 된다는 점을 배운 것이다.

둘째, 장쑤 성 옌청에 대한 대화에서 자주 나오는 내용이다. 옌청은 해안선이 가장 넓은 도시다. 옌청(鹽城, 염성)이란 단어 자체가 소금의 도시라는 뜻이니 바다와 연관이 된다. 그런데 옌청 도심은 바다와 많이 떨어져 있다.

중국의 중원(황허 강 중류의 남부 지방)은 황허 강, 화이허 강, 창장 강 등이 실어 온 토사와 황토 바람이 태평양을 메워 온 과정을 통해 생겨난 땅이다. 화이허 강을 지나 북으로는 황허 강, 남으로는 창장 강의 하구에 위치한 옌청에는 아직도 이런 퇴적작용이 진행되고 있다. 매년 몇천 평에 이르는 땅이 자연스럽게 동쪽으로 이동하는 것이다. 옌청 공무원에 따르면 수·당 시대 지도에서는 옌청 도심이 바다였고, 현재 해안선은 적어도 200킬로미터 가까이 동진했다고 한다. 그러더니 "일본이 최근 중국과 대립각을 세우고 있는데, 옌청이 점점 동진하다 보면 몇천 년지나 일본은 중국 땅의 일부가 될 겁니다"라고 덧붙였다. 사실 옌청에서 동쪽으로 해안선이 확장되면 일본보다 한국에 먼저 닿는다.

셋째, 시간에 대한 또 다른 단상이다. 중국 협상론을 강의하는 중국 강사가 한국인과 중국인의 협상 자세를 비교하였다. 한국인은 급하고 직설적이지만 중국인은 지역별로 문화가 다르고 은유적이며 시간을 끌며 협상한단다. 시간이 지나야 상대를 알 수 있는데 어떻게 쉽게 패를 먼저 보일 수 있느냐는 것이다. 그러니 중국을 이해하려면 중국 역사를 공부하라, 중국 역사를 보면 중국인을 이해할 수 있다고 설명했다.

최근 미국에서는 중국이 미국을 대하는 철학과 전략을 알려면 『손자병법』을 읽어야 한다는 논의가 한창이라고 한다. 닉슨 대통령의 중국 방문으로 미중 관계가 회복된 이후 중국이 미국과의 외교 관계에서 사용한 전략을 되돌아보건대 『손자병법』에 제시된 내용을 사용했다는 것이다.

『손자병법』은 기원전 500년경 오나라의 손무가 지은 병법서다. 지금으로부터 벌써 2,500년 전의 역사서로, 당시 춘추전국시대 국가 전쟁에서의 군사 운용 및 스파이 운용 방법, 전쟁 수행을 위한 경제적 자원 동원 수단, 국민 통합 방법, 리더십에 대한 이론을 집대성한 글이다. 태양 아래 새로운 것이 없다는 말이 맞다면 현재 춘추전국시대와 같은 국제 정치 질서는 이미 2,500년 전에도 존재했고, 중국인의 역사, 집단 기억, 문화 속에는 이미 그 시대의 국제 관계, 외교정책이 녹아들어 있는 것이다. 그렇다면 미국과 중국의 대결은 2,500년 vs 약 200년의 경험, 역사, 문화, 교육 간의 대결일 수도 있다. 시간은 누구의 편을 들까?

한국인은 중국인을 어떻게 인지하고 대하고 있을까? 많은 한국 젊은이가 인지하는 중국은 대한민국 건국 이후 약 70년간의 시각으로 보는 중국이 아닐까 한다. 그렇다면 중국과 한국은 2,500년 vs 70년 정도란 말인가? 몇천 년이 지나면 중국 대륙이 서해를 메꿔 일본과 한국에 닿을 것이라고 생각하는 중국인은 과거, 미래를 포함한 약 5,000년의 시각으로 한반도를 본다. 우리는 그 긴 역사의 흐름 속에서 중국에 가장 편하게 접근했던 한 시점을 지나가는 한 명의 객에 불과하지만, 그 역사의 한 페이지에 무엇을 더해 놓고 갈 것인지는 이제 스스로에게 물어보아야 할 것이다.

中國一覽

5장

중국에서 바라본 한국

51
중국 간체자
표기에 대한
단상

40여 년간 중국을 누비며 중국 현대사의 숱한 뒷이야기를 모아 책을 써낸 김명호 교수님은 "중국을 모르는 사람은 중국을 무시하고, 중국을 아는 사람은 기가 죽는다. 차라리 중국을 모르고 무시하고 사는 게 마음 편한 것 같다"고 했다. 한국 사람은 중국을 얼마나 알고, 얼마나 무시하고 있을까? 예를 하나 들어 본다.

G20 폐막 이후 보도된 한국 언론 기사 중에는 다음과 같은 문장이 있었다. "회담에는 중국 측에서 시 주석의 책사로 알려진 왕후닝(王호⟨삼수변+扈⟩寧) 공산당 중앙정책연구실 주임과 양제츠(楊潔지⟨兼 대신 虎 들어간 廉⟩) 외교 담당 국무위원 등이 배석했다."

아래아 한글 프로그램에서 간체자 입력이 가능하지만 기사를 그대로 옮겨 쓰면서 중국의 엘리트 배석자의 이름을 표기하려 먼저 독음을 입력하고 F9를 눌러 한자를 찾는 데 많은 시간을 보냈다. 이 기사를 입력한 기자 역시 동일한 과정을 거쳤을 것이다. 중국에서 근무하고 중국 관련 업무를 담당하고 중국 인명을 매일 표기해야 하는 많은 한국인도 매일 동일한 비효율의 과정을 거칠까?

간체자는 복잡한 한자의 점획을 간단히 변형시켜 중국 국민의 문맹을 퇴치하기 위해 도입되었다. 1946년부터 한자의 자획 간략화 작업이 시작되었고 1956년에 한자 간략화 방안이 정식으로 공포되었으며, 지금 쓰는 간체자는 1964년에 중국 문자개혁위원회가 발표한 인쇄통용한 자자형표에 의거한 것이다. 이미 정식으로 사용된 지 50년이 넘는 문자이며 사용 인구가 적어도 14억 명 이상인 문자인 것이다.

그런데 한국의 외교관이 본국에 보고하는 시스템에서는 간체자를 사용하면 읽을 수가 없다. 언론의 기사 작성 및 송고 시스템에서도 간체자를 채택하고 있지 않는 것 같다. 한국에서는 여전히 번체자를 공부하고 있고 한문이 한국 문화의 일부라는 철학적인 문제도 있지만, 이는 사실 공공기관의 문서 작성 및 송고 시스템에 알파벳이 없는 것과 같다. 중국

"

20세기 중반, 중국 국민의 문맹 퇴치를 위해
도입된 간체자가 50년이 지난 이 시점에서는
한국의 중국 전문가를 문맹 수준에서 맴돌게 하고 있다.

"

은 누구나 아는 것처럼 정치, 경제, 군사, 문화 면에서 당당한 세계 2위의 국가이며 한국 사회에 끼치는 영향이 미국의 영향과 비슷하거나 그보다 더 클 수도 있는 나라다.

경제와 외교 등 고차원적인 사회 활동은 차치하더라도 사람의 일상에서 서로 인연을 맺는 첫걸음은 상대의 이름을 인지하고 기억하는 것이다. 일찍이 한자 문화를 사용했고, 덕분에 서구인에 비해서는 중국인을 쉽게 사귈 수 있으며, 중국 시장 접근이 용이했던 한국인이 이제는 간체자에 발목이 잡혀 오히려 뒤처지는 것은 아닐까 우려된다.

정부 분야에서는 간체자를 입력하여 자료를 송부하면 글자가 깨지는 바람에 송신인이 간체자를 볼 수가 없다. 그래서 앞에서 언급한 기사에서처럼 한자를 분리하여 또는 '兼 대신 虎 들어간 廉'라는 형식으로 보고서를 작성해 국내로 보낸다. 분초를 다투는 정보를 전달해야 하는 시점에 한자(간체자)를 입력하느라 많은 시간을 보내야 한다. 21세기 한중 외교가 어느 시점보다 중요하다고 말하면서 기본적인 소프트웨어도 갖추고 있지 못한 것이 안타깝다.

20세기 중반, 중국 국민의 문맹 퇴치를 위해 도입된 간체자가 50년이 지난 이 시점에서는 한국의 중국 전문가를 문맹 수준에서 맴돌게 하고 있다.

52
중국
거꾸로 보기
연습

장면 1. 특허청이 지방 기업의 지재권 보호를 위해 만든 지자체 지식재산(IP) 담당관 회의가 상하이에서 열렸다. 지역 상공회의소 등에서 나온 지역 기업 해외 IP 보호 담당자들은 기업들의 중국 지재권 침해 사례를 제기하며 안타까움을 토론했다. 자유롭고 편한 자리에서 나온 농담 한마디가 귀에 울렸다. 중국에 온 김에 중국 기업의 신제품과 새로운 브랜드를 보고 가 한국에서 상표를 선출원하자는 것이었다.

중국 기업은 한국 기업보다 숫자도 많고 창업자도 많은 데다 최근에는 제품 경쟁력이 갈수록 높아지는 상황인데 우리는 계속 피해자의 입장에서만 세상을 본다. 정부 입장에서도 쌍방향 요구가 있어야 협상이라도 진행될 텐데, 일방적으로 규정을 준수하라, 원칙을 지키라고만 하니 협상에 진전이 있을 리 없다.

그런 농담이 오간 지 2년이 채 안 된 시점에 실제 한국에서 중국 기업의 상표를 선출원하는 사례가 생기기 시작했다. 그런데 그 선두가 우리 조선족 동포 등 중국 국적자라는 사실이 흥미롭다.

장면 2. 상하이에 도착한 첫날, 저녁 약속이 있는데 퇴근 시간에 걸려서인지 택시가 잡히지 않아 고생을 했다. 다음 날 젊은 후배 한 명이, 택시 호출 휴대폰 애플리케이션이 있다며 알려 주었다. 당시 '바이두 다처' 프로그램이었다. 택시가 안 잡힐 때 5위안(약 1,000원)에서 10위안(약 2,000원)의 추가 요금 지불 의사를 휴대폰에서 표시하면 택시가 몰려온다고 했다. 새롭고 놀라웠다. 한국 IT서비스가 오히려 중국에 뒤처져 있나 걱정도 됐다. 한국에 이런 서비스를 가져가면 어떨까 생각해 보았다. 얼마 안 있어 카카오톡에 투자한 텐센트가 한국에서 카카오택시를 선보였다.

장면 3. 한국에서 제법 큰 서비스업 CEO가 상하이를 방문하여 저녁 식사를 같이한 적이 있다. 중국 진출 동기를 물었더니, 끝물이기는 하지만 아직 우리 한국 기업이 우위에 있을 때 들어오는 것이 낫다고 판단했다고 대답했다. 내가 "어떤 부분에 우위가 있다고 생각하시나요?" 물었더니 대답을 잘 못 하시다가, 내가 "중국에는 이런 기업도 있고 이런 서비스도 있고…" 등등 중국이 우위에 있다고 생각하는 서비스를 설명했더니 아이코 감탄사를 던지는 것이었다. 그런 좋은 아이디어라면 국내에서 얼른 시도해야겠다면서 중국 진출은 다시 검토해 보겠다고 했다. 그리고 두 달 뒤 메일을 받았다. 그날 그 저녁에 감사한다는 내용이었다.

장면 4. 한국의 국책 R&D 기관이 상하이에 출장을 왔다. 개인적으로 R&D 정책에 관심이 있고, 한국 R&D 비중에서 국제 공동 R&D 비중이 더 높아져야 한다고 생각하는 터라 중국과의 R&D 협력 계획이 있는지 물어보았다. 그랬더니 본부의 고위 의사결정권에서는 중국이 아직 기술 수준이 떨어지는 만큼 미국, 유럽, 그리고 러시아의 원천기술과 R&D 협력을 추진하는 분위기라고 답했다.

"고속철 분야에서 기술이 가장 뛰어난 나라가 어디인지 아십니까? 최근 고층 건물 및 해상 교량 건설, 고층 교량 건설에서 뛰어난 기술로 주목받은 나라는 어디일까요? 로켓, 인공위성, 미사일 등 원천기술에서 상하이자오퉁대 출신 첸쉐썬 교수는 이미 1950년대 미국에서 귀국하여 중국의 기술 발전을 이끌었습니다. 이 사실을 아십니까?" 하고 다시 질문을 던졌다.

10년 전 상하이자오퉁대 의대와 협력을 추진하던 한국의 어떤 의대

모든 생각을 반대로 해보면
비즈니스 기회가 보인다.

는 당시 상하이자오퉁대 병원에 가보고서는 "전시 중 임시 병원도 아니고, 이런 병원이랑은 쪽팔려서 협력 못하겠다"며 돌아왔다고 한다. 지금은 상하이자오퉁대에서 한국의 그 의대를 안 만나 준다고 한다. 중국이 기술 수준이 떨어져서 R&D 협력 대상이 아니라고 말하면, 곧 시대의 웃음거리가 될 것이다.

아직도 우위를 차지하며 중국 시장을 개척하겠다고 생각하는가? 아직도 한국에서 성공한 제품을 중국에 던지면 중국 소비자가 몰려들 것이라고 생각하는가? 중국은 최근 창업을 독려하는 분위기다. 기업가 정신을 독려하고 산업과 서비스업 간 융합을 강조하며 새로운 산업, 제품의 출현에 기본적으로 규제를 두지 않는다. 하루에도 수천 개의 창업 기업과 수천 개의 신제품, 서비스가 세상에 쏟아지고 있다. 한국인이 '중국은 이런 나라일 거야' 하고 생각하는 것을 뒤집어 보면, 그게 바로 중국일 가능성이 높다.

중국 식당이 지저분하다고? 중국 소비자는 한국 식당에 공유용 젓가락이 없는 걸 지저분하다고 여긴다. 중국 건물은 외형은 번지르르한데 인테리어가 뒤처진다고? 인테리어가 뛰어난 중국 식당을 다니다 보면 한국으로 가져가고 싶은 생각이 든다. 한국 제품을 중국에서 팔면 돈이 된다고? 반대로 중국 제품을 빨리 가져가면 한국 시장에서 경쟁력 우위가 생길 것이다. 산업·제품별로 한국이 2~3년 격차를 유지하고 있다고? 2~3년이 지나면 중국 기업, 산업의 경쟁력이 2~3년 앞설 게 분명하다. 일본의 첨단 소재, 부품을 가지고 와 한국에서 1차 가공하여 중국으로 수출하겠다고? 아마 중국의 우수 첨단 소재 부품을 한국으로 가지고 오는 게 사업을 키우는 데는 도움이 될 것이다.

우리가 현재 중국에 대해 가지고 있는 인식은 너무 빠른 중국의 비즈니스 사이클상 이미 과거의 지식이 되어 있을 경우가 많다. 모든 생각을 반대로 해보면 비즈니스 기회가 보인다.

53
싸이의
국회 시정 연설

　매년 3월이면 중국에서는 가장 큰 정치 행사인 양회가 열린다. 전국
인민대표대회(전인대)와 전국인민정치협상회의(정협)가 그것이다. 전인
대는 헌법에 규정된 최고 권력기관으로서, 여기서는 각 성과 자치구, 직
할시, 특별행정구 및 인민해방군에서 선출된 대표들과 소수민족 대표
등 3,000여 명이 모여 중국 정부의 정치 몇 경제에 관한 운영 방침을 결
정한다. 정협은 중국 최고 정책자문기구로서 여기에는 공산당을 비롯
한 각 당파와 인민 단체, 소수민족, 홍콩과 마카오 교포 등 각계각층 대
표 2,200여 명이 참석한다. 야오밍 같은 운동선수, 성룡 같은 연예인도
참가한다. 정책을 결정하는 기구가 아니기 때문에 영향력은 전인대보다
작지만, 국정 방침에 대한 제안 및 비판 기능을 수행한다.

정협의 정협위원직을 맡고 있는 사람은 바이두의 리옌훙 회장이다. 전인대 대표는 텐센트의 마화텅 회장이다. 이들이 2016년 양회에서 발표한 내용을 살펴보자. 바이두 회장은 무인자동차 관련 법률 법규를 조속히 완비할 것을 제안했다. 무인자동차 기술 연구 개발, 시험 테스트, 상용화를 위한 제도적 환경을 조성해 줄 것을 정부에 건의하고 무인자동차 관련 기술 표준 설립의 필요성을 강조했으며 국가가 AI 기술 발전을 위한 두뇌 프로젝트를 준비해야 한다고 설명했다.

마화텅 회장의 발언 내용도 재미있다. 그는 2015년에 인터넷과 전통 제조업의 결합을 강조한 '인터넷 플러스' 전략을 제안하였는데, 중국 정부는 이 전략을 수립함으로써 제안에 화답하는 모습을 보였다. 2016년에는 공유 경제, 인터넷 의료, 디지털콘텐츠산업, 인터넷 생태 안보, 인터넷 플러스 관련 제안을 했다. 아마 이 제안들은 2016년 및 2017년 중국 정부가 경제정책을 수립하는 데 반영이 될 것이었다. 참고로 샤오미 창업자인 레이쥔 회장은 창업 환경 개선을 위한 안건을 내놓았다.

한국 사회를 보자. 한국 사회에서 개인의 삶을 구성하는 부분을 정치 분야는 몇 퍼센트, 경제 분야는 몇 퍼센트, 또 외교 분야는 몇 퍼센트 하고 자를 수는 없다. 그렇지만 경제와 기업의 중요성은 아무리 강조해도

"

정기국회에서 한국의 미래를 짊어질 사회의 각 대표가
모여 정책 제안, 토론을 하면 어떨까?

"

지나치지 않다. 기업은 국민을 위한 일자리를 창출하고 매출을 발생시켜 법인세를 납부하며, 개인 역시 기업에서 발생한 가처분소득을 바탕으로 경제생활을 영위하고 또 세금을 납부한다. 여러 가지 부정적 평가에도 불구하고 한국의 기업은 해외 사업 개척 등을 통해 많은 정보와 네트워크를 축적했고, 미래에 대한 직관력이 가장 뛰어난 집단일 것이다. 그러면 한국인의 삶과 한국의 미래에 큰 영향력을 가진 기업은 한국 정부와 국회에 의견을 제시하는 통로가 있는가?

중국 양회에 해당하는 것은 한국의 국회다. 가장 중요한 행사는 9월 정기국회다. 정기국회에서 한국의 미래를 짊어질 사회의 각 대표가 모여 정책 제안, 토론을 하면 어떨까? 대표 제조 기업 또는 IT서비스 기업 대표들이 국가의 미래에 필요한 제안을 하고, 전 국민에게 그 장면을 방영하는 것이다. 개별 기업이 부담스럽다면 상공회의소 회장, 중소기업 중앙회 회장이 발표할 수도 있을 것 같다. 기업에 한정되는 것이 부담스럽다면 세계적 수준의 문화예술인, 한류 스타가 직접 마이크를 잡고 국민의 대표인 국회의원에게 그리고 행정부에 국가의 미래를 위한 제안을 하는 것이다. 국민들의 의식 수준도 한층 더 올라갈 것이고, 행정부도 국회도 이를 경청하여 국민을 위한 법안과 정책을 마련하는 데 반영하게 되지 않을까 싶다. 정당 대표 연설보다는 재미있지 않을까?

54
60대, 30대 부부

2015년 6월 한중 양국이 정식으로 FTA 서명을 하던 시점에 양국은 한중 산업단지 조성 계획을 발표했다. 한국 측에서는 새만금이 한중 산업단지로 지정되어 한국 내 중국 기업 진출 단지가 되었고, 중국에서는 옌청, 옌타이, 그리고 광둥 성(이후 후이저우로 결정됨)이 중국 내 한국 기업 진출 단지로 지정·발표되었다.

1978년 중국은 개혁·개방을 표방하였다. 본격적으로 대외 개방을 추진하고 외국 자본을 끌어들여 경제를 발전시키기 시작한 것은 1992년 덩샤오핑이 남순강화(개혁·개방 연설)를 한 이후였다. 그리고 1994년 싱가포르와 공동으로 쑤저우 공업원구를 조성했다. 외국 기업에게 특혜를 부여하면서 외국 기업의 생산 기지와 지역 본부를 본격적으로 유치하고, 양쯔 강 삼각주 지역의 중요한 비즈니스 공간으로 육성하겠다는 취지에서였다. 리콴유 당시 싱가포르 수상과 덩샤오핑 양 지도자는 적극적으로 쑤저우 공업원구를 발전시켰고, 지금도 중국 경제 발전에서 쑤저우 공업원구는 외국 자본을 끌어들여 지역 경제,─당시는 중국 경제─를 발전시켜 성공한 대표적인 모델로 뽑힌다.

이 모형의 유산이 아직 전 중국 지방정부에 남아 있다. 중국과 싱가포르 협력 단지도 두 군데 더 추진되었고, 대만 공업단지, 독일 산업단지, 일본 기업 집중지가 그렇다. 지방정부는 아직도 경쟁적으로 외국 기업을 찾아다니며 투자 유치 활동을 한다. 지방정부 지도자를 평가할 때, 외자 유치로 지방 경제를 발전시킬 수 있는지를 보기 때문에 외자 유치 활동이 중요하다. 중앙 지도자의 경력에는 항상 지방정부 지도자 시절 기업을 유치하여 지방 경제를 일으킨 경력이 들어간다.

한국과의 관계에서도 마찬가지다. FTA 체결 당시 결정된 국가급 한중 산업단지가 세 개, 여기에 더해 지방정부에서 성급, 시급 한중 산업단지를 무수히 설립했다. 동부 연안만 해도 칭다오, 웨이하이, 지난에, 동북 지역에는 다롄, 연변에, 서부 지역에서는 충칭, 시안, 청두 등 곳곳에서 한중 산업단지, 한중 혁신단지, 한중 과기단지를 설립하자는 요구가 이어졌다. 한국 중앙정부와 진행하는 한중 단지 추진이 힘들다 싶으면 지방정부와 공동으로 단지를 조성하려는 시도도 이루어졌다. 상하이 총영사관 관할지만 해도 국가급 옌청 단지 외에 장쑤 성 타이저우, 장쑤 성 우시, 저장 성 원저우, 저장 성 취저우 등 지금 도시 단위의 한중 산업단지가 있고, 현급 도시, 구·현 단위, 개발구 단위에서도 한중 산업단지는 하나의 모토처럼 퍼져 나갔다.

지방정부는 왜 한중 산업단지를 요구하는 것일까? 먼저 앞서 언급한 것처럼 지방정부 지도자가 지역 경제를 발전시키고 세수를 증대시키고 일자리를 창출하는 방법 중 지금까지 가장 성공적인 방법이 외자 유치를 통한 지역 경제 발전이었기 때문에 외국 기업 전용 단지를 만들고 싶어 하는 것이다. 둘째, 중앙정부가 지방정부의 지속적인 산업단지 조성 요구를 다 수용하기 힘들기 때문에 지방정부로 하여금 직접 외국 정부, 기업을 접촉해 공동 산업단지 조성 의사를 물어보라고 하는 것이다. 셋째, 중국은 사회주의 시장경제 체제기 때문에 국가가 기업의 투자 의사, 입지를 결정하는 데 영향력을 행사할 수 있다. 적어도 국유 기업에 대해서는 영향력이 크다. 중국 공무원을 만나 보면 자연스레 한국 공무원도 한국 기업의 투자에 영향을 끼치리라 기대하고 있음을 알 수 있다. 그래서 한국 정부에게 한중 산업단지 조성을 요구하는 것이다.

그런데 중국 지방정부의 이 많은 한중 산업단지 설립 요구를 우리가 과연 다 수용할 수 있을까? 한국은 인구 5000만 명의 중소형 국가인데,

"

인간관계도 본인이 감당할 수 있는 수준에서
교류하는 것이 가장 현명하다.
중국 지방도시와의 한중 산업단지 설립도
할 수 있는 만큼만 하면 딱 좋다.

"

중국은 덩치가 크다. 중국은 인구가 14억 명이고, 직할시가 넷, 성이 스물셋, 자치구가 다섯, 특별행정구가 둘, 맹(盟)이 셋, 지급(地級) 도시가 287, 현급(縣級) 도시가 364개이며 한국의 군에 해당하는 현 이하 행성 단위만 해도 2,500여 개가 된다. 가령 2,500개 현이 한국의 군을 하나하나 찾아가 현-군 간 협력 단지를 만들고 한국 기업이 중국에 투자하게 해달라고 하면 한국의 기초 체력이 이를 버틸 수 있을까? 현을 떠나 도시만 해도 600개가 넘는다. 이 600개가 한중 산업단지를 조성하자고 하면, 혹은 광역 행정단위인 31개 성·시가 한중 산업단지를 조성하자고 하면 한국의 기업이 그 단지를 다 채워줄 수 있는가? 당연히 할 수 없다. 싱가포르도 쑤저우에서는 성공했지만, 제2차, 제3차 중-싱가포르 산업단지는 성공시키지 못하고 있다.

중국의 그 많은 한중 산업단지를 채우기 위해 한국 기업이 줄줄이 중국에 진출한다고 생각해 보자. 일단 국내에는 해외로 진출할 수 있는 역량을 가진 기업 수가 그렇게 많지 않다. 또 기업들이 떠나가면 국내의 생산 기반이 무너지고, 일자리 창출 능력이 떨어지고, 세수가 떨어지고 GDP가 떨어질 것이 불 보듯 뻔하다. 기초 체력이 안 되는 것이다.

따라서 중국 지방정부의 경쟁적인 한중 산업단지 조성 요구에는 일단 중국 중앙정부에게 교통정리를 해달라고 할 수밖에 없다. 무분별하게 한중 산업단지를 지정하기보다는 내실을 기하는 것이 필요하다고 이야기할 수밖에 없다. 양국 모두 한중 산업단지를 조성한다는 현판식을 거행하고 양국 정부에서 축사를 한 후 그것으로 끝나 버리기를 원하는 것은 아닐 것이다.

지방정부에게는 매번 이렇게 묻는다. "한중 산업단지로 지정되면 중국 정부는 어떤 특혜를 한국 기업에게 제공할 수 있습니까? 그 특혜와 장점을 보장해 준다면 한국 기업에게 홍보를 해주겠습니다." 특색 없는 한중 산업단지가 난립되는 것을 막기 위해 화장품이면 화장품, 식품이면 식품 등 특정 분야의 개념을 정립하고 이에 걸맞은 인센티브 체제를 갖추고 다시 이야기하자고 할 수밖에 없다. 중국 시장의 매력을 고려할 때 현지 진출을 통해 시장을 개척하는 것도 필요하기 때문이다.

중국 지방정부의 업무 추진력은 놀랍다. 목표를 달성하기 위해 도광양회(韜光養晦, 참고 기다린다는 뜻)하는 실력도 좋다. 이들은 한국을 방문하여 한국 기업을 직접 찾아다니고, 한국 기업이 그 지방을 방문하면 맛있는 음식에 비싼 백주에 고급스러운 중국 담배, 중국차를 대접한다. 중국을 잘 모르고 중국을 처음 찾은 기관과 기업은 흔들린다. 이 지방으로 와야 할 것 같은 심리적 부담을 느끼고 미안한 감정을 갖는다.

많은 한국인이 중국이라는 큰 시장의 매력에 흔들리고, 환대에 빠지고, 개인적으로 발마사지, 관광, 쇼핑 등의 매력에 빠지면서 지방 산업단지의 유혹에 흔들린다. 자본주의 역사를 놓고 보면 한국은 60여 년, 중국은 30년 정도다. 60대와 30대 이성 배우자의 만남이라고나 할까? 인간관계도 본인이 감당할 수 있는 수준에서 교류하는 것이 가장 현명하다. 중국 지방도시와의 한중 산업단지 설립도 할 수 있는 만큼만 하면 딱 좋다.

55
대국형 인재 vs
소국형 인재

상하이 근무 중에 만난 외국 상무영사 이야기를 먼저 꺼내 본다.

미국

미국 상무부 소속 상무영사는 다섯 명이다. 이들은 주 상하이 미국 총영
사관에 근무하지 않고 별도 사무실을 사용하며 미국 상공회의소 직원
등과 함께 미국 기업을 지원한다. 이들은 IT, 바이오 기술(BT), 지재권,
전통 산업, 농업 등 분야별로 담당을 지정하고 지역별로도 담당을 지정
하여 장쑤 성을 비롯한 화둥 지역 전체를 책임진다. 한국의 주재원 시스

템처럼 해외에 잠시 근무하고 본부에 복귀하는 게 아니라 전문 외교관 처럼 십수 년을 동일 공관에서 근무한다.

일본

일본 경제산업성(경산성) 출신 과장급 영사가 한 명 있다. 일본 영사관 전체로는 45명 이상의 영사가 근무하며, 경제영사의 수는 열 명 수준이다. 경제영사 숫자도 전체 영사 숫자도 한국 총영사관 인력의 두 배 수준이다. 한국 KOTRA에 해당하는 일본 정부의 수출 지원 기관인 제트로에 경산성 공무원 두 명이 추가로 근무하고 있어 경산성 공무원 세 명이 기업 지원 및 지방정부와의 협력 업무를 담당하고 있다.

싱가포르

싱가포르라는 도시국가의 특성상 해외 공관의 영사 수가 많지 않다. 상무영사는 수출 지원 기관과 함께 별도 상무 사무실을 사용하고 영사관 내에서는 근무하지는 않는다. 싱가포르 공무원들은 영어와 중국어에 능통하기 때문에 활동 범위가 상당히 넓다. 상무영사도 경제영사도 금융, 상무, 통관, 세무 등 다양한 업무를 소화한다. 화교 출신이다 보니 중국 정부와의 관계도 원활하다. 싱가포르 기업은 기본적으로 중국어가 가능한 화교 기업이라서 중국에서 비즈니스 어려움이 거의 없다고 한다. 부럽다.

각국 영사를 만나다 보면 재미난 점이 꽤 있다. 이들 공관의 기업 업무 담당자 수는 본국의 국토 면적, 인구, 경제 규모 등을 정확히 반영한다. 미국 상무 영사들은 숫자도 많고 담당자별로 전문 영역이 있어 전문성이 높다. 다만 본인의 업무 범위를 넘어서면 이야기가 달라진다. 전체적인 그림을 맞추는 능력은 일반 영사 차원에서는 잘 나오지 않는다. 업무 영역을 벗어나면 다른 영사를 소개시켜 주겠다고 한다. 오히려 모국의 영토 크기와 인구가 적어 해외 공관 근무자가 적을수록 중국과 중국 경제를 더 잘 이해하고 다양한 경험이 많고 넓은 안목과 문제 대처 능력을 가지고 있다. 아이러니하지만 사실이다.

혹시 국가 크기별로 원하는 인재의 정의나 인재에게 요구되는 자질과 임무가 다른 것이 아닐까 생각해 본다. 이를 지원하기 위한 시스템도 국가별로 다르다. 가령 싱가포르는 국가 크기가 작고 대학 수도 적고 그

> 혹시 국가 크기별로 원하는 인재의 정의나
> 인재에게 요구되는 자질과 임무가 다른 것이 아닐까
> 생각해 본다. 이를 지원하기 위한 시스템도
> 국가별로 다르다.

에 따라 엘리트도 적다 보니 사회 분야별로 네트워크가 거미줄처럼 형성되어 있다. 초·중·고 등 같은 학교를 나온 친구들이 총리실, 외교부, 정치권, 금융권, 은행 등 국가를 이끄는 각 분야에 진출해 있어, 엘리트 간, 분야 간 심리적 거리가 굉장히 가깝다. 반면 미국은 전문적으로 중국에서만 근무하다 보니 상무영사가 미국 재무부, 국무부, 심지어 모 부처인 상무부 직원들과도 거리감이 있어 보인다. 백악관, 의회, 언론과의 거리도 먼 편이다. 우리나라는 어떤 형에 속할까?

한국형 인재와 중국형 인재를 비교해 보기 위해서는 싱가포르 영사와 미국 영사를 비교해 보면 된다. 미국 영사는 전문성이 있고 싱가포르 영사는 국가 전체를 보는 시각을 가졌다. 겉보기에 미국 영사는 대부분의 시간을 연구하고 조사하는 데 보내고, 싱가포르 영사는 다양한 현장에 나타난다. 미국 영사는 전문성이 몸에 녹아나지만, 싱가포르 영사는 활기와 진취성이 몸에 녹아난다. 미국 영사는 자기 영역에서 필요한 건의를 하고 조정 역할은 누군가에게 기대한다. 싱가포르 영사는 대학 친구, 초등학교 친구에게 바로 연락할 수 있고, 국가의 정책 방향 설정에 가까이서 공헌한다. 한국형 인재는 중국형 인재에 비해서 엘리트 집단 간 심리적 거리가 조금 더 가깝다고 볼 수 있다. 심리적 거리가 가까우면 더 기민하게 정보를 모을 수 있고 국가 전체 의사결정에 기여할 수 있는 유리함이 있다.

한국과 중국을 비교해 보면, 국토 크기는 중국이 100배, 인구는 28배에 이른다. 1인당 GDP는 한국의 네 배에 가깝다. 한국이라는 나라가 국제사회에서 중국이라는 나라와 대등하게 협상을 주고받으려면 상상력과 미래에 대한 꿈을 100배로 크게 가지고, 28배 열심히 사람을 만나고 노력하면 된다. 하지만 실제로 28배를 노력하기는 어려우니 부분 간 정보 소통이 원활하고 의사결정이 효율적인 시스템을 만들어 두면 된다. 그리고 1인당 GDP는 네 배 가까이 높지만 국가 전체 GDP 규모는 작으니 우리는 네 배 더 겸손하게 행동하면 된다.

56
우상이
없습니다

우상(偶像)이란 일반적으로 종교계에서 부정적인 의미로 사용되지만, '우상이 없다'고 한다면 우리가 본받고 싶은 인물, 롤모델이 없다는 뜻으로 사용된다. 항저우 알리바바에서 정부 지원으로 인턴을 마친 한국의 젊은 대학생이 던진 한마디가 귓가를 맴돈다. 그는 중국 대학생 친구들에게 알리바바의 마윈, 텐센트 그룹의 마화텅 등 젊은 나이에 창업해서 짧은 시간에 글로벌 대기업을 완성시킨 우상이 있다는 사실을 부러워했다. 한국에는 아무리 둘러봐도 그런 우상이 없는 게 아쉽다고 했다. 또 중국 청년들은 성공한 CEO를 친구나 형, 삼촌이라도 되는 양 스스럼없이 대하는데 한국 사회에는 그 정도 친밀도를 가지고 다가갈 수 있는 CEO가 없었다. 한국 사회에서 롤모델 부족 현상이 나타나는 분야가 어디 경제뿐이겠느냐마는 젊은이에게 우상이 없다는 것은 희망이 없다는 표현으로도 들려 안타깝기 이를 데 없었다.

중국 젊은이에게 꿈과 희망을 주는 우상은 누구인가. 마윈은 항지우에서 여행 가이드와 영어 교사 일을 하다가 전자상거래 기업을 창업했고, 20년이 안 된 짧은 시간에 중국 제2의 갑부가 됐다. 마화텅 회장은 1971년생으로, 1998년 온라인 종합 서비스 제공 기업인 텐센트를 창업하여 중국 제3 갑부로 올라섰다. 중국에는 1980년대 이후 출생하여 갑부의 지위에 올라선 청년 갑부도 많다. DJI라는 드론 생산 기업을 창시하여 10년 내 4조 원이 넘는 부를 축적한 왕타오, 종합 IT서비스 기업인 한딩위여우인터넷의 왕치청 대표도 중국 젊은이에게 희망을 주는 아이콘이다.

자산 20억 위안(약 3600억 원) 갑부 중 최연소는 인터넷서비스 기업 모비스타의 창업자 웨이 두안으로서 그는 올해 32세에 불과하다. 한국은 남자의 경우 군을 제대하고 대학을 졸업하면 26~27세고, 부모님의 기대 또는 취업 준비를 위한 보험용으로 대학원에 진학한다면 29세가 되어서야 사회생활을 시작한다. 그런데 중국에는 30세에 이미 몇천억 원

"

청년 갑부라는 말도 청년이 창업해서 이를 수 있는
경지가 아니라 금수저를 타고 난 사람만이
누릴 수 있는 특권이 되어 버렸다.

"

대의 자산을 이룬 젊은 우상이 존재하는 것이다. 또 베이징의 부동산 여왕으로 불리며 자수성가하여 8조 원대의 자산을 축적한 천리화 푸화그룹 회장은 여성 기업인의 우상이다. 부럽기만 하다.

이런 현실 속 상하이에서 창업하여 성공 스토리를 써가고 있는 한국인을 보면 자랑스럽기 그지없다. 대기업의 여성복 판매 주재원으로 근무하다 자신의 특기를 살려 여성복 매장을 연 A 대표는 창업은 20대만 할 수 있는 게 아니라며 40대 창업의 진수를 보여 준다. 창업 3년이 안 되어 50개가 넘는 매장에서 200억 원대의 매출액을 올리고 있다.

온라인 의류 사업에서 시작해 알리바바의 우수 협력 업체로 성장하여 창업 6년 만에 연 매출 2000억 원대를 올리고 있는 B 대표와 전 세계인이 중국 물품을 사고 싶어 하고, 전 세계인이 중국에 물건을 팔고 싶어 하는 정보 격차를 이용한 무역업에서 성공을 거둔 C 대표, 또 24세에 중국 대학을 졸업하고 30세에 이르기까지 6년간 커피 한잔 마시지 않고, 친구를 만나지도 않고, 주말에 데이트 한 번 하지 않고 일만 했다는 온라인 앱 개발자 D 대표도 있다. D 대표가 만든 애플리케이션은 이미 1억 명 이상이 다운로드했고, 회원 가입자가 7000만 명이며 월 이용자가 500만 명이다. 지금은 상장을 준비하고 있다.

E 대표는 영어와 중국어에 능통하여 한국 대기업이 원하는 스펙을 가졌으면서도 넓은 중국의 게임 시장에 출사표를 던진 여성 창업자다. 모두 자랑스럽다. 미래 우리 젊은이의 우상으로 성장하기를 기원한다.

한국에는 최근 네이버, 다음 등 몇몇 IT 기업을 제외하고는 창업 기업에서 또는 중소기업에서 대기업으로 성장한 사례가 거의 없다. 1950~

1960년대 정부 주도 경제성장 시절에 창업하여 대기업을 이룬 기업이 오히려 많았다. 1960년대의 우상과 1970년대의 전설이 아직도 한국 사회를 지배하고 있다. 청년 갑부라는 말도 청년이 창업해서 이를 수 있는 경지가 아니라 금수저를 타고 난 사람만이 누릴 수 있는 특권이 되어 버렸다.

상하이의 창업 기업인 및 종사자는 한국 정부의 창업 지원 예산을 받아 상하이로 출장 오는 한국 창업자를 이렇게 평가한다. "5성급 호텔에 숙박하고 몰래 여자친구 데려오고 시간 나면 관광하고, 헝그리 정신 없이 어디 성공하겠어요?"

중국이라는 대륙에서 적수공권(赤手空拳, 맨손 맨주먹의 뜻)으로 본인의 열정과 노력만으로 매년 800만 명에 이르는 중국의 대학 졸업생과 경쟁하며 중국 시장을 개척하고 있는 우리 창업자들은 바로 우리 한국의 미래이고, 다음 세대의 우상이다.

57
한국 규제의 국제경쟁력은 몇 등?

　한국 공무원 및 공공기관 임원이 재직 중의 영향력을 바탕으로 민간 기업에 취직하고 다시 정부에 영향력을 행사하는 것을 제한하기 위하여 공공 분야 재취업 규제가 존재한다. 재취업 이후의 행위를 규제하는 것이 아니고 재취업 자체를 규제하는 것으로, 헌법상에 보장된 직업 선택의 자유를 침해한다는 지적도 있다. 헌법 소원을 낸 공무원은 없지만 헌법 소원을 낸다면 결과가 어떻게 될지 궁금하기도 하다.

　재취업 금지 대상 기업이 확대되고 있다. 최근에는 대형 로펌과 회계 법인까지 더해졌다. 그럼 A라는 유능한 공무원 또는 공공기관 임원이 한국에서 퇴직한 이후 중국의 화웨이, 알리바바에 취업하는 경우에는 어떻게 될까? 전문가들의 자문을 거쳐야 하겠지만 적어도 재취업 규제

리스트에 들어갈 리 만무하고, 외국에서 외국 기업에 재취업하는 것이라 제약은 없을 것이다.

정부 및 공공 부문에는 민간 부문이 갖지 못한 많은 정보가 집결된다. 중요한 의사결정을 하고 정책을 집행해야 하기 때문에 판단력과 추진력을 키우기에도 유리한 조직이다. 국민의 세금으로 양성시킨 전문성을 한국이라는 나라에서 공헌하는 것은 제약을 받고, 미국의 GM이나 중국의 창안자동차 등 외국 기업의 발전을 위해서는 기여해도 상관없다는 것은 아이러니한 부분이다.

기업 사례를 살펴보자. 한국의 IT서비스 기업이 자주하는 이야기다. 2010년대 초반 한국에서 카톡이 한창 유행하기 시작할 때, SNS 후발 주자였던 라인은 중국, 동남아 등 외국으로 진출했다. 중국에서 라인이 인기를 얻자 중국 정부는 라인서비스를 막았다. 중국에서는 카톡 사용도 불편하지만 라인은 아예 사용할 수가 없게 되었다. 그 자리를 채운 것이 바로 그 유명한 위챗이다. 지금 라인은 중국에서 IT서비스가 아닌 캐릭터 상품 판매로 인기를 얻고 있다. 라인은 중국이 아닌 일본 등지에서는 성공을 거두었고, 뉴욕, 도쿄 증시에 상장하여 현지에서는 인기가 대단하다.

한국의 IT 기업은 중국 정부의 외국 기업 규제가 얄밉기는 하지만 중국 정부로서는 잘하는 것이 아니냐고 반문한다. 자국 기업을 보호하기 위해 외국 기업을 막는 규제를 시행했다는 것이다. 그런데 한마디 더 붙인다. 한국의 규제는 중국의 규제와 달리 그 대상이 한국 기업이고, 외국 기업을 풀어 주는 규제라고.

한국의 신데렐라법, 셧다운 제도는 좋은 취지에도 불구하고 규제 적용 대상이 실질적으로 한국 기업이다. 해외에 서버를 둔 외국 기업에 한국의 셧다운제를 적용시킬 수 없다. 국가별로 시간도 다르다.

조금 다른 사례지만 규제의 국제적 적용에 관한 재미난 사례가 있다. 중국의 혁신 기업 아이콘인 알리바바 얘기다. 전자상거래 업체였던 알리바바를 지금의 거대 공룡 기업으로 키운 요인 중 하나는 자유로운 사업 영역의 확장이었다. 중국 시장을 놓고 경쟁하던 외국 기업이 수수료를 받고 전자상거래를 성사시켜 주었다면, 알리바바는 위어바오(餘額寶)라는 투자 상품을 통해 오히려 소비자에게 이자를 지급하고 거래를 성사시켰다. 이자율이 중국 최고 은행이라고 하는 중국공상은행 이자율보다 높았다. 이에 중국공상은행 등 은행권은 당연히 중국 정부에 IT 기업의 금융 진출을 규제해 달라고 했지만, 리커창 총리는 문제가 없다고 밝혔다. 또한 알리바바는 알리페이라는 결제 시스템을 장착하고, 신용 평가 시장, 여행업, 물류 사업에까지 진출하면서 중국 시장을 빠르게 석권하고 있다.

"

가장 우수한 의료 기술을 가진 한국의 대형 종합병원도
해외 진출에 있어서는 근본적으로 제약을 받는다.
영리 병원이 아니기 때문이다. 한국 사회는 규제라는
박스 안에 들어 있는 개구리 같다고 한다.

"

알리바바 측에서 해외 진출 사업의 일환으로 한국의 시장 환경을 둘러보고 내뱉은 첫마디는 "할 수 있는 게 없군요"였다고 한다. 알리바바는 적어도 인터넷 소액 금융(개미 금융) 서비스라도 할 수 있게 해달라고 요구하게 되었고, 결국 한국에서 최초로 선정된 인터넷 은행 중 하나인 K뱅크의 주주로 한국 금융시장에 진출하게 되었다. 규제가 없는 환경에서 성장한 혁신형 외국 기업이 한국에 진출하여 한국의 규제를 완화시켜 준 사례로 보인다. 한편, 이에 대해 한국 기업인은 한국의 규제는 우리 기업이 요구하면 안 열리고 외국 기업이 요구하면 열리는 것이냐며 불만을 토하기도 했다.

한국 사회에서 원격진료 문제가 이슈라고 한다. 한국의 뛰어난 IT를 활용하여 환자가 병원을 방문하지 않더라도 혈압, 맥박, 호흡 등을 자동적으로 체크하고 데이터를 병원으로 송부하여 건강 이상 여부를 체크하는 시스템이다. 그런데 원격진료서비스 허용을 놓고 의료계를 비롯하여 기득권이 반발하면서 원격진료가 표류하고 있다. 소비자 입장에서, 한국에 원격진료가 도입되지 않으면, 그냥 중국의 원격진료서비스를 이용하면 된다. 한국의 원격진료 규제가 미국과 중국의 IT서비스를 규제할 수는 없기 때문이다. IT서비스가 국경을 넘나드는 데는 2~3초도 걸리지 않는다. 높고 높은 규제가 이렇게 쉽게 우회된다.

한국 소비자는 외국의 의료서비스를 이용하면 되지만, 한국의 IT산업과 의료산업은 어떻게 될까? 가장 뛰어난 IT 능력을 지닌 한국의 IT 기업들은 다양한 서비스를 제공하고자 하였으나, 금융 규제, 물류 규제, 결제 시스템 접근 제한, 의료 규제 등에 묶여 글로벌 기업으로 성장하지 못하고 있다. 그렇다면 그 시간, 규제로 인해 기득권을 누린 금융업, 물류업, 의료산업은 세계적 경쟁력을 갖춘 산업, 기업으로 발전했나? 역시 외국 기업과의 경쟁 앞에서는 우물 안 개구리라는 지적이 있다. 가장 우수한 의료 기술을 가진 한국의 대형 종합병원도 해외 진출에 있어서는 근본적으로 제약을 받는다. 영리 병원이 아니기 때문이다. 한국 사회는 규제라는 박스 안에 들어 있는 개구리 같다고 한다.

중국이라는 거대 국가에서는 안 되는 서비스가 없다. 우리 소비자는 결제, 금융, 원격진료 등 중국의 서비스를 이용하면 된다. 소비자에 대해서는 걱정할 게 없는데, 기업은 조금 걱정이 된다. 중국이라는 나라가 자국 기업과 다국적기업에 적용하고자 하는 규제 기준이 편파적일 수 있기 때문이다. 한국에 들어가도 편파적 적용을 받기 때문에 그냥 중국이라는 큰 시장에서 차별을 감내하고 사업하는 게 낫다고 위안하는 기업도 있다. 또 걱정되는 부분은 어린 자녀를 둔 부모다. 아이들이 자라 한국 사회에서 직장을 구할 때쯤이면 양질의 청년 일자리가 더 줄어들 것 같기 때문이다.

58
"임금 인상 보장하지 않으면 중국으로 이직합니다"

대한항공 조종사의 노사 임금 협상 플래카드가 흥미롭다. "임금을 올려주지 않으면, 중국 항공사로 이직합니다." 대한항공 조종사의 연봉은 약 1억 4000만 원 수준인데, 숙련 조종사가 필요한 중국 항공사에서는 2억 5000만 원에서 3억 5000만 원을 보장한다. 사측은 1.9퍼센트의 임금 인상을 주장하는데, 조종사들은 29퍼센트의 임금 인상을 요구하는 이유가 여기에 있다. 실제 2015년 한 해에만 46명의 조종사가 중국으로 옮겨 갔다.

한국 기업인과 중국 기업의 경쟁력에 대한 논의를 시작하면 십중팔구 결론이 이렇게 난다. "한국의 기술자들이 중국 기업에 가서 기술을 다 전수하고 있다." 상하이 주재 외국 공관의 상무영사를 만나 이야기를 나누어 보아도 비슷한 어려움을 토로한다. 중국 기업의 기술 빼가기, 인력 빼가기로 자국 기업의 경쟁력이 약해지고 있다고 한다. 최근 언론에 보도된 독일-중국 사례도 비슷하다. 중국 자본이 독일의 핵심 기술 기업만 전략적으로 M&A하고 있어 독일 정부가 우려를 표하고, 독일-중국 간 외교적 문제로도 비화되고 있다고 한다.

한국 기술자들이 중국 기업에 근무하면서 기술을 전수하는 것은 어제오늘의 일이 아니다. 독일, 미국 등 외국 기업은 중국 기술 경쟁력의 급성장 이유를 한국 기술 인력이 중국으로 넘어간 데서 찾는다. 수주 절벽을 경험하고 있는 조선 분야가 대표적인 분야로 꼽힌다. 십수 년간 세계 1위를 차지하던 조선산업은 최근 1위 자리를 중국에 넘겼다. 많은 한국 조선 기술자가 한국에서 퇴직 전 임금의 2~4배를 받으며 중국에서 근무하고 있다. 기술 유출 사례도 많다. 조선, 자동차, 자동차 부품, 전자, 반도체 등 주력 제조업 전 분야에서 중국 기업에는 한국 기술자가 있다. 반도체 핵심 인력의 경우 한국 연봉의 다섯 배를 보장해 준다고 한다. 중국의 한 전자업체는 한국 경쟁 업체의 생산 라인 및 협력 업체 기술자 전체를 수입하여 통째로 근무시키고 있다. 기흥에는 중국의 반

우수한 인력이 내부에서 활용되지 못하고
지속적으로 외부로 유출된다면
기업이나 국가나 모두 위기를 겪을 수밖에 없다.

도체 기술 브로커가 상주하면서 한국 기업의 기술 유출 기회를 엿보고 있다.

한국 인력이 기술을 건네주는 분야는 주력 제조업 분야에 한정되지 않는다. 인삼 모조품을 생산하는 중국 기업은 한국의 흙을 가져가 인삼을 재배하는가 하면 한국의 농부를 데려가 인삼 재배 노하우를 배운다. 최근 한중 관계에서 문제가 되고 있는 서해 불법 어선의 경우에도 초기 단계에는 한국의 선장이 중국 배에 승선하여 필요한 기술을 모두 가르쳤다. 한때 한국의 캐시카우(Cash Cow, 수익원)였던 중동 등 해외 건설 수주가 줄어드는 것도 한국의 건설설계사 등 우수 인력이 중국으로 이동했기 때문이라는 설명도 들었다.

최근에는 문화 콘텐츠 분야, 화장품 등 차세대 성장동력 분야에서의 기술 인력 유출 및 영업 비밀 누설 사례가 많아지고 있다. 다수의 예능 프로듀서가 중국 지방 방송사에 근무하고 있으며, 화장품 기술자는 퇴직 후 중국 기업에서 일하는 것이 트렌드가 되어 버렸다. 중국의 유명 화장품 회사의 생산 라인에서는 스무 명 가까운 한국 화장품 기술 인력이 제품을 연구·생산하고 있다. 또 화장품 모조품 생산 및 유통에도 한국인이 관여한다. 참다못한 한국의 유명 화장품 회사는 비인간적이고 비인격적인 조치이기는 하지만 퇴직 기술 인력과의 접촉을 금지하여 이들이 신제품 제조법을 습득하는 원천을 차단하고 있다.

한국의 퇴직 기술 인력의 중국 이전은 여러 가지 복잡한 이슈를 동반한다. 개인의 직접 선택의 자유를 제한할 수 없다는 문제가 가장 크다. 또 퇴직 인력이 국내에서 무직으로 전전하는 것보다 외국에서 소득을 발생시키는 것이 국내 경제에는 더 큰 효과가 있을 수도 있다. 다만 안타까운 것은 중국 기업에 취직한 국내 기술 인력이 대부분은 계약직 등 비정규직으로 근무하게 되고, 필요한 기술을 이전한 후에는 약속한 임금도 받지 못하고 쫓겨나는 경우가 많다는 사실이다. 어디에 호소할 곳도 없고, 안타까운 현상이다.

한국 기업의 기술 인재 우대 정책에도 반성이 필요하다. 매년 수조 원의 영업이익을 남기는 핵심 반도체 기업의 유능한 기술자 연봉이 1억 원을 넘지 않는다. 중국 기업에서는 5억 원까지 받을 수 있다. 한국 기업은 재직 기술자에게 특허, 로열티 등 지재권을 인정하지 않는다. 본인의 노력으로 개발한 기술에 대해서도 본인에게 돌아오는 인센티브가 없으니 외국으로 옮기는 것이 합리적이다. 또 본인에게 지재권의 일부라도 돌아오지 않는다면 퇴직 후 국내에서 창업을 할 수도 없다. 기술 보유자의 창업을 위한 정책 환경도 우호적이지 않고 대기업은 창업 기업, 중소기업의 기술 개발 의지를 힘으로 누른다. 우수 기술자들이 그야말로 갈 곳이 없는 것이다.

이런 인재 유출 분야는 앞으로 더욱 확장되지 않을까 생각된다. 한국의 우수 기술자가 국내 국책 연구원에 머무를 이유가 없고, 우수 변호사도 굳이 한국의 로펌에 취직할 것이 아니라 중국의 대형 로펌에 취직할 유인이 생길 것이다. 한국의 공무원도 관피아법 등 각종 법률에 의하여 취직 제한을 받는다면 퇴직 후 외국 기업으로 옮겨 갈 수 있다. 우수한 인력이 내부에서 활용되지 못하고 지속적으로 외부로 유출된다면 기업이나 국가나 모두 위기를 겪을 수밖에 없다. 사람, 사람, 사람이 정답이다.

59
21세기
가장 유망한
직업군

한국의 인재 유출과 유사한 사례가 해외에도 있다. 중국의 개방과 함께 가장 큰 부를 축적한 사람은 화교들이다. 홍콩, 싱가포르, 대만의 화교 기술자가 중국에 취직하고, 기업이 중국에 진출하여 큰돈을 벌었다. 그런데 이들 나라의 국가 GDP는 성장하지 않았다. '부유해지는 개인, 왜소해지는 국가 경제'의 대표적 사례다. 재미난 현상은 미국 등 서구 기술자들은 중국 내륙 지방의 생활 조건을 견디지 못하기 때문에 동부 해안 지역의 중국 기업에서 일하는 반면, 대만과 한국 기술자는 주변의 시선이 부담스러운지 내륙 근무를 선호한다.

퇴직 인력이 외국 기업에 재취업하는 것과 기술을 고의로 유출하는 것은 서로 다른 행위다. 퇴직 인력의 외국 기업 재취업 문제는 헌법에서 보장하는 직업 선택의 자유와도 관련이 있다. 정당한 소득은 국내로 송금되어 국제수지에 기여하기도 한다. 정당한 기술 이전은 개별 기업 차원에서는 로열티 획득 등 새로운 부가가치 창출의 원천이 된다. 다만 정당한 거래가 아니라 기술을 불법으로 유출하는 것은 '절도 행위'로서 문제가 된다.

기술 보호에 대한 해외 트렌드가 흥미롭다. 미국에서 영업 비밀 및 핵심 기술 보호가 강화된 것은 일본 때문이다. 일본으로의 급격한 기술 유출을 우려하여 형사법, 연방법이 연달아 제정되었다. 최근 영국, 프랑스, 독일 등 해외에서 기술 유출에 대한 처벌이 강화되는 것은 중국 때문이다. 일본은 한국과 중국으로의 기술 유출을 우려하여 정책을 강화하고 있다. 중국은 반부정당경쟁법 등에서 영업 비밀 및 기술 유출 행위를 처벌하지만 아직 중국에서는 해외에서 기술을 도입해 오는 것이 우선시된다.

최근 한국 기업이 직면한 기술 유출 소송의 소가는 1조 원대였다. 이름만 대면 알 수 있는 유수한 기업이 외국 기업에게 기술 유출 소송을

> **"**
> 앨빈 토플러는 산업 스파이야말로
> 미래 유망 직종이라고 했다. 작은 기술 하나하나의 유출로
> 국가의 경제성장이 둔화되고, 글로벌 시장에서의
> 주도권이 넘어가고 있다.
> **"**

당해 합의 과정에서 몇천억 원을 배상금으로 지불했다. 배상 금액이 몇천억 원이면 영업이익 10퍼센트로 계산해서 매출을 몇조 원이나 더 올려야 회복할 수 있는 금액이 된다. 기술 유출의 경제적 가치를 엿볼 수 있는 부분이기도 하다.

최근 중국 자본이 국내 모바일 보안 앱 시장마저 점령했다고 한다. 국내의 모바일 보안 앱 분야 1, 2, 3위를 전부 중국 기업이 차지한 것이다. 이용자가 1000만이 넘는다. 중국 기업은 수십억 원의 마케팅비와 서비스를 저가로 제공하면서 자금력이 약한 토종 기업을 몰아내고 있다. 중국 기업의 특징은 서비스는 저가로 제공하지만 다양한 개인 정보를 요구하는 것이다. 아마 더 큰 중국 IT 기업이 한국 진출을 위해 기초 데이터를 축적하고 있는 것이 아닌가 생각된다. 기술 및 기술을 활용한 비즈니스 사업 모델 발굴에 익숙한 중국 비즈니스의 속성을 감안하면 가볍게만 볼 수 없는 사안이다.

인터넷이 세계적으로 유행하고, SNS가 떠오를 때 이스라엘 국가 전략 회의에서는 '인터넷 보안', 'SNS 보안'에 큰 경제적 가치가 있다고 결론을 내렸다. 이스라엘이라는 국가 전체와 해외 유대인 자본이 전 세계 보안 앱 기업을 찾아 투자하고 기술 개발에 적극적으로 나서면서 현재 세계의 보안 시장은 이스라엘 자본이 다 장악했다고 한다. 뛰어난 국가 미래 설계 능력은 우리도 배워야 할 점이다.

앨빈 토플러는 산업 스파이야말로 미래 유망 직종이라고 했다. 작은 기술 하나하나의 유출로 국가의 경제성장이 둔화되고, 글로벌 시장에서의 주도권이 넘어가고 있다. 개별 기업 차원에서도 영업 비밀 관리에 만전을 기하고, 특허 등 모든 보호 수단을 강구해야 한다. 핵심 기술자에 대한 대우도 높여 주고, 그들이 개발한 기술에 대해서 개인에게도 지재권을 부여하며 인센티브 시스템을 설계하여 이들이 해외로 나가는 유인을 줄여 주어야 한다. 그래야 이들이 퇴직하더라도 국내에서 창업을 한다.

국가가 할 일도 많다. 기술 유출에 대한 사회적 경각심을 높이고, 불법 기술 유출에 대한 처벌 조항을 강화할 필요가 있다. 국가의 핵심 기술 기업에 대한 해외 자본의 M&A를 민간 기업의 일로만 치부해서도 안 된다. 어차피 자본력 크기가 다르다. 우량 기업이 일시적 재무 어려움을 겪고 있는데 채권단이 좋은 값을 받고 우량 기업을 해외로 매각한다면 그 기업의 기술, 그 국가의 경쟁력이 넘어가기도 한다. 인재든 기업이든 기술이든 국내에 머무를 유인을 주어야 한다. 새들이 떠나간 숲은 적막하다. 핵심 인재가 떠난 기업은 경쟁력이 줄어든다. 부가가치를 생산하는 기업이 없는 국가 경제는 흔들린다.

60

**중국통상국
화둥통상
협력과를
허(許)하라**

2007년 MBC는 '중국산 제품(Made in China) 없이 살아 보기' 프로젝트를 통해 한·미·일 3국 시민의 중국 제품 의존도를 간접적으로 측량해 본 적이 있다. 대상 가정은 중국 제품 없이 한 달을 살아가야 했다. 대체 물품을 구매하는 것은 관계없지만 중국 제품은 사용하지 못하다 보니 우산이 없어 비닐을 쓰고 외출하는 등 온갖 에피소드가 속출했다. 일본 가정에서는 70퍼센트 정도 제품이, 미국에서는 80퍼센트가 중국산이었다. 컴퓨터 모니터를 사용하지 못하는 것은 물론, 인스턴트커피를 마시지 못하고, 게임을 하지 못하여 생활의 불편함이 대단했다.

국가 간 경제 의존도가 심해지고 다국적기업 자본이 더 빠른 속도로 국경을 해체하다 보니 우리가 한국 제품이라고 인지하는 제품에도 중국산 원재료, 부품, 중국의 노동력, 중국 포장지 등 중국 관련 그 무엇인가가 많이 들어 있다. 경제를 넘어서 일상생활을 들여다보면 중국 관련성은 더 커진다. 텔레비전 뉴스에는 연일 북한의 핵실험과 이에 따른 사드 배치 결정 및 중국의 대응이 나오고, 식당에 가면 조선족 동포가 있다. 문화·예술·예능계에서는 중국을 염두에 두고 한류를 외치며, 학생들은 너나없이 중국어 학원에 등록을 한다. 우리 인구의 10퍼센트가 넘는 500만 한국인이 매년 중국을 방문하고, 600만 명 이상의 중국인이 한국을 방문한다. 동대문, 명동, 강남, 그리고 제주도 상가는 중국인 관광객의 지갑이 닫힐까 노심초사한다. 논의를 좁혀 경제 분야에서, 더 좁혀 무역 분야에서 한국 대외 수출의 25퍼센트 이상이 중국으로 향하고 있다.

그렇다면 한국 사회에는 우리 삶의 큰 부분을 담당하는 중국에 상응하여 중국을 연구하고 중국에 대응하는 조직이 구성되어 있는지 물어보고 싶다. 대외무역 투자를 총괄하는 산업부를 보자. 산업부는 인력, 노사, 물류, R&D 등 기능을 담당하는 조직과 자동차, 조선 등 특정 산업을 담당하는 조직, 그리고 대외 통상 협력에서 지역을 담당하는 조직으로 구성되고, 산업부 본부에는 약 100여 개에 이르는 팀 및 과가 존재한다. 이 중 중국 업무를 담당하는 과는 '동북아통상과' 하나다. 동북아통상과는 중국뿐 아니라 일본, 대만, 몽고 (및 홍콩) 업무를 담당하기에 실제 중국을 담당하는 인력은 두세 명 정도에 불과하다. 중국이 한국에서 차지하는 중요성을 적게 보아 25퍼센트라고 가정해도 턱없이 부족한 인력이다.

무역 투자를 담당하는 산업부가 이럴진대, 거시경제정책을 총괄하는 기획재정부, 과학기술 및 미래산업을 담당하는 미래창조과학부, 농축수산물 수출입을 담당하는 농림축산식품부에서 중국을 담당하는 조직은 더 제한적일 것이다. 한국은행은 2016년에야 조그만 중국 팀을 신설했다. 이전까지는 중국계에서 한 명이 모든 업무를 맡았다. 공공기관은 어떨까? 해외 무역 개척 및 투자 유치를 담당하는 KOTRA의 여섯 개 본부 중 하나인 지역정보통상지원본부 안에 중국사업단이 존재하여 그나마 구색을 갖추고 있다. 그렇지만 중국사업단은 정보통상지원본부의 다섯 개 팀 중 하나에 불과하고 인력은 열 명이 안 된다. 기타 한국의 어느 정부 조직 및 공공기관에도 그럴듯한 중국 담당 조직이 없다. 경제 분야를 벗어난 사회부처, 공안부처는 말할 것도 없고, 더 위로 올라가 국무총리실, 청와대, 국회에도 중국이라는 프리즘으로 한국 사회를 들여다봐 줄 조직이 없다.

더 넓게 보아 학계에서는 중국이 몇 퍼센트 비율로 반영되는가? 중국 전문 대학원이 존재하는가? 제4부로서 막강한 영향력을 끼치는 언론사에도 중국에 대한 전문 조직이 있는지 질문을 던지고 싶다.

모든 정부 조직 및 공공기관을 지역 담당 조직으로 설계할 수는 없

> **"**
>
> 적어도 중국발 기회와 위기에 대응이 늦어
> 한국 경제가 위기를 겪고 난 후 뒤늦게 중국 대응팀을
> 만들겠다는 대책을 수립하는 일은 없어야 하겠다.
>
> **"**

다. 그러나 적어도 중국은 우리 일상에 깊이 들어와 있고, 우리 세대 및 다음 세대에 끼치는 영향이 너무나 클 것이기에 다르게 봐주기를 청하고 싶다. 산업부 등 대외무역 투자 조직에 동북아통상국이 설립되고 중국통상협력1과(중국화둥과), 중국통상협력2과(중국화베이과), 중국통상협력3과(중국화난·홍콩·마카오과), 일본과, 몽고·대만과가 설치될 날을 기다려 본다면 중국에 경도된 입장에서 나온 생각일까? 적어도 중국발 기회와 위기에 대응이 늦어 한국 경제가 위기를 겪고 난 후 뒤늦게 중국대응팀을 만들겠다는 대책을 수립하는 일은 없어야 하겠다.

참고로 중국 상무부 아주사(亞洲司)에는 다섯 개 처가 있고, 이 중 4처가 한국 및 북한, 몽고를 담당한다. 경제적 교역 규모 면에서 아주4처는 한국처(과)라고 볼 수 있다. 한편, 일본은 2010년 경제산업성에 한국실을 설치하였다. 항상 한국을 한 수 아래로 보던 일본은 한국이 경제·문화적으로 급성장하자 한국의 산업과 기술, 문화 콘텐츠를 연구하여 타산지석으로 삼기 위해 전담 조직을 설립했다. 한국의 대중국 대응 조직 설계와 관련하여 눈여겨볼 만한 해외 사례들이다.

61
특허관이
없습니다

지금은 많이 나아졌지만 2014년 상하이에 도착했을 때만 해도 여전히 중국은 짝퉁 천국이었다. 상하이만 해도 통양시장, 한성시장, 진주성, 과학기술관 지하상가, 인민광장 지하상가 등 관광객 밀집 지역에서 글로벌 브랜드의 모조 제품을 쉽게 구할 수 있었다. 지금은 중국 정부의 단속 강화 및 관광객을 제외한 중국 소비자의 무관심으로 하나둘씩 사라지고 있다.

모방 제품 시장이 사라지는 이유 중 하나는 지재권 보호와 경제 발전 단계와의 상관관계에 있다. 모방 제품 생산과 상표 도용은 경제 발전 초기 단계에는 자국의 기업 발전 및 경제 발전에 유리하다. 하지만 자국 기업의 브랜드 파워가 올라가기 시작하면 지재권이 보호되지 않는 현실

자체가 자국 기업이 성장하는 데 비용으로 다가온다. 한국도 과거에 그랬다. 가령 샤오미 휴대폰은 애플 모방 전략에 따라 초창기에는 큰 성공을 거두었다. 그러나 시간이 지나자 오히려 중국 국내에서 샤오미 휴대폰을 흉내 내는 휴대폰이 나오기 시작했다. 오히려 샤오미가 중국 내에서 대기업으로 성장하는 데 방해 요인이 되는 것이다. 또 샤오미 제품이 외국으로 나가려 하면 지재권 이슈가 발목을 잡는다. 지재권 도용의 사회적 비용이 이익을 초과하기 시작한 것이다. 당연히 중국 정부로서도 지재권을 보호하는 방향으로 설계를 할 수밖에 없는 것이다.

여전히 중국 진출 한국 기업의 가장 큰 애로 사항은 지재권 침해와 모조 제품이다. 삼성전자 휴대폰 같은 브랜드 제품, 바나나우유·아이스크림 같은 식품, 프랜차이즈, 의류 패션, 콘텐츠 기업뿐만 아니라 부품 소재에 있어서도 모조 제품들이 버젓이 온라인에 돌고 있다. 한 기계업체는 본사에서 가져와 중국에서 판매하는 특정 기계제품이 1년에 1,000개 수준인데, 중국 내 온라인에서 판매되고 있는 자사 도용 제품이 1만 개라고 했다.

중국 진출 한국 기업 중 상표, 디자인, 특허 등 지재권 이슈가 발생하

> 모든 영사관에 특허영사를 파견하기는 어렵지만,
> 지재권 분야도 사회적 인프라로 보아
> 선행투자가 필요할 것으로 보인다.

지 않는 기업이 거의 없다. 해외 진출 한국 기업의 지재권 분쟁 중 80퍼센트가 중국에서 발생한다. 서구 국가에서의 지재권 이슈와 달리 중국에서는 한국 기업이 침해를 입은 사례다. 해외지식재산센터(IP-Desk)가 설치된 다섯 개 무역관의 지재권 상담 건수는 2010년 1,165건에서 2014년 2,834건으로 2.5배가 늘어났다. 중국에서 상표 단속 세미나를 개최하면 참가 기업의 80퍼센트 이상은 상하이, 화둥에 진출해 있는 한국 기업이다.

그런데 상하이, 화둥 지역 한국 기업의 지재권 이슈를 담당할 특허영사가 없는 것이 더 큰 문제가 된다. 2015년 특허영사가 귀국한 이후 후임이 없다. 최근 중국에서는 특허 및 지재권 이슈에 주목할 만한 사례들이 계속 발생한다. 지금까지는 우리 기업이 중국에서 특허와 지재권이 침해되었다고 중국 기업을 제소하는 입장이었는데, 2016년 한국을 대표하는 기업인 삼성전자가 중국 화웨이로부터 이동통신 기술 관련 특허침해 소송을 당하는 사건이 발생했다. 과학기술 굴기를 앞세운 중국의 지재권 이슈를 다시 한 번 생각하게 하는 대목이다. 우리 기업의 피·침해만 문제가 되는 것이 아니라 우리 기업이 지재권을 침해한 데 대해 막대한 손해배상액을 청구한 대규모 소송이 제기된 것이다. 물론 삼성전자도 화웨이가 모바일 통신 시스템 관련 특허를 침해했다고 중국 법원에 맞소송을 제기했다. 귀추가 주목된다. 특허 전문 영사가 있다면 좀더 면밀하게 관찰하고 분석할 수 있을 텐데, 아쉬울 따름이다.

삼성전자에서 준비하고 있었는지는 잘 모르겠지만 사실 이런 사태는 미리 예견됐어야 했다. 중국은 이미 세계 1위의 출원 국가이며 국제 특허에서도 이미 세계 2~3위를 기록하는 출원 국가다. 이에 비해 한국은 중국 내 외국계 기업의 유효 특허 취득 비율에서 10퍼센트도 차지하지 못한다. 향후 경제 여건은 좋지 않고, 가공무역이 아닌 소비 시장 개척이 중요해진 시점에서 중국 진출 한국 기업은 중국 기업뿐만 아니라 외국 기업으로부터 특허 및 지재권 분쟁에 휘말릴 여지가 높다는 것을 분명히 기억해야 한다. 이 넓은 중국, 이 많은 한국 기업, 한국 경제의 대중국 의존도를 고려할 때 베이징, 광저우 두 곳의 특허영사가 전 중국의 한국 기업 문제를 관할하기가 쉽지 않아 보인다. 모든 영사관에 특허영사를 파견하기는 어렵지만, 지재권 분야도 사회적 인프라로 보아 선행 투자가 필요할 것으로 보인다.

중국 내 외국계 기업의 유효 특허 취득 비율

	한국	일본	미국	독일	프랑스	계
유효 특허 수(단위 : 개)	46,412	238,880	123,852	52,800	21,839	582,796
외국인 유효 특허 취득 비율 (2012년)(단위 : %)	8.0 (8.3)	41.0 (43.7)	21.3 (19.6)	9.1 (8.7)	3.7 (3.5)	100

– 특허청 발표 자료(2015)

특허청 사업 중에는 외국의 지재권 담당 공무원을 초청하는 프로그램이 있다. 중국의 공상국, 법원의 지재권 담당자를 초청하여 지재권 이슈에 대한 세미나를 개최하고, 지재권 담당자 간 교류도 활성화하고, 주요 기업도 방문하는 프로그램이다. 지재권 침해 사례로 중국 공무원을 찾을 때, 한국 초청 프로그램에 다녀온 공무원을 만나면 업무가 그렇게 부드러울 수 없다. 중국 공상국, 공안 및 법원이 나서 줘야 지재권 침해에 대한 단속이 이루어지는 실정을 고려한다면 정말 좋은 프로그램이라고 생각한다. 굳이 지재권 분야 공무원 초청 프로그램뿐만 아니라 상무, 농식품, 해관, 통관, 공안 및 사건·사고, 법무 및 비자 등 각 분야에서 중국 공무원 초청 사업이 많이 설계되고 반영되면 기업에게 큰 도움이 될 것이다.

이번 주에도 한국의 아이스크림 기업이 중국 진출 이후 상표 침해를 받았다는 민원이 들어왔다. 특허영사는 아니지만 기업 담당 영사로서 다음 주에 면담을 하기로 했다. 물론 여느 때처럼 민원 해결을 위해 내가 할 수 있는 모든 걸 하겠지만, 특허영사가 있으면 보다 구체적으로 도울 수 있을 것이라는 생각에 안타까운 마음이 드는 게 사실이다.

62
중국에서
일본을 보다

일본 영사와 기업인들을 만난다. 한·중·일 복잡한 정치·경제구조 속에서 중일 간의 경제 관계에는 나름의 의미가 있다. 중국 정부도 일본과 거리를 유지하면서 실질적인 경제 협력에서는 일본을 많이 필요로 한다. 상하이 한국 총영사관이 장쑤 성, 저장 성, 안후이 성, 상하이의 네 개 지역을 담당하는 데 비해 일본 영사관은 장시 성까지 한 개 성을 더 관리한다. 진출 기업 수는 2만 개가 넘는다. 장시를 제외한 상하이, 화둥 지역에 진출한 한국 기업 수가 5,600여 개이니 일본 기업 수가 얼마나 많은지 알 수 있다. 물론 식당 등 자영업자가 많아 그렇다고는 한다. 교민 수는 한국 교민 수와 비슷하다. 하지만 일본 영사관의 본부 파견 영사 수는 한국 영사관의 약 두 배 수준이다.

일본 영사관, 일본 기업과의 접촉을 통해 잠시나마 그들의 관심사와 전략을 엿보았다. 몇 가지 단적인 장면, 수치지만 생각할 점이 있다.

투자소득수지

투자소득수지는 투자로 발생한 소득, 즉 주식배당금, 채권이나 대출에 의한 이자소득에 대한 금액을 말한다. 한국 기업이 중국 진출 이후 배당금 소득이 발생하거나 자금을 대출해 주고 받은 이자소득을 합한 금액이다. 최근 대중국 수출액이 감소하고 무역 흑자 폭이 줄어들자 일각에서 소득수지 확대를 꾀할 필요가 있다는 주장이 나왔다. 한국의 대중국 투자소득수지는 진출 초기인 1990년대 초반에만 해도 약 2~3억 달러 수준에 불과했다. 그러나 2015년에는 그 금액이 50억 달러 수준으로 올라왔다. 한발 앞서가는 일본은 어떨까? 대중국 투자소득수지가 한국의 네다섯 배 수준에 이른다고 한다.

군이 상품을 제조해서 팔아 그 영업이익을 남길 필요 없이 자본 투자, 금융 대출 등을 통해 돈을 벌 수 있다면 이것보다 더 좋은 게 어디 있을까? 다만, 일본도 세계 무역시장에서 경쟁력이 떨어지고 2011년 동일본 대지진 이후 원전 중단 등으로 해외 에너지 수입이 늘어나면서 무역수지 적자가 발생하자 투자소득수지 개선을 통해 경상수지를 보전하고자 소득수지 확대를 추진했다.

차이나 플러스 원

일본 역시 아베 정부 출범 이후 댜오위다오 문제 등을 놓고 중국 정부와 대립각을 세웠다. 연일 일본 영사관 앞에서 시위가 이어지고 일본 제품 불매 운동 등이 이어졌다. 동일본 대지진 이후 해외 진출을 적극 모색하던 일본 기업으로서는 큰 타격이 아닐 수 없었다. 이때 일본 정부와 기업이 마련한 대응 전략이 바로 '차이나 플러스 원'이었다. 그 이후 많은 일본 기업이 베트남, 태국, 인도네시아, 말레이시아 등 전통적으로 일본이 우위에 자리하는 지역으로 생산 설비를 분산시켰다. 투자 포트폴리오를 구성할 때 투자 종목 수가 많을수록 위험이 줄어드는 것과 같은 원리다. 최근 사드 배치 결정 이후 어려움을 겪는 한국 기업에서 차이나 플러스 원을 연구하자는 이야기가 나온다. 이래저래 일본은 한국보다 5~6년은 앞서 있다.

1980년대에는 '일본을 배우자',
'일본을 따라잡자'라는 구호가 사회를 흔들었다.
우리는 너무 빨리 일본을 잊은 게 아닐까?

정밀기계, 최첨단 부품·소재

최근 중국 진출 한국 대기업이 어려움을 겪고 있어 그 대응책 마련에 분주하다. 한국 휴대폰이 상위 순위에서 사라진 지 1~2년이 넘었고, 자동차도 상승세가 꺾였다는 분석이다. 조선은 중국발 수주는 하나도 없이 수주 절벽에 마주쳤고, 철강도 막강한 중국의 공급력에 전 세계가 공급 과잉을 겪고 있다. 혹시 비슷한 시나리오에 몇 년 전 어떤 나라가 속상해하지 않았던가?

1990년대 후반 이후 한국의 거센 도전에 일본의 주력 산업이 흔들리기 시작했다. 대표적인 분야가 일본의 전자산업 분야였다. 1980년대 소니 신드롬을 불러일으키며 당시 G1이었던 미국을 긴장시켰던 소니, 파나소닉 등 조립 완성형 전자산업들이 1990~2000년대에 이르러 한국의 추격에 명멸해 갔다.

도요타, 혼다, 미쓰비시 등 일본을 대표하는 자동차산업도 '글로벌 빅3'를 위협하던 명성에 비해 지금은 초라한 모습이다. 그사이 현대자동차그룹은 글로벌 강자로서 이름을 굳히며 러시아, 터키, 인도, 중국, 미국 등 전 세계로 생산 법인을 확대해 갔다.

그러면 과연 일본의 대표적인 브랜드를 한국이 침몰시켰다고 평가해도 되는가? 전문가들은 여기에 아니라고 답한다. 여전히 한국은 대일본 무역수지 적자를 벗어나지 못하고 있다. 일본의 대기업뿐만 아니라 중소·중견기업들의 최첨단 부품·소재, 반도체 장비, 정밀기계 등 기술력을 바탕으로 한 제품의 경쟁력을 한국은 극복하지 못했다. 한국이 대중국 수출을 늘릴수록 일본의 정밀기계 및 부품·소재에 대한 의존도는 높아져만 갔다. 매년 발생하는 대일 무역 적자 200억 달러는 좁혀질 듯 좁혀질 듯 좁혀지지 않는다. 한국과 중국의 미래 경제 관계에서 교훈을 얻을 수 있지 않을까?

플랫폼 경쟁력 및 공동체 의식

한국의 기업 문화는 독특하다. 기업 내에서는 개인보다 조직을 우선시하는 단체주의 문화를 가지고 있지만, 기업 간 협력 및 산업 내 협력이 많지는 않다. 고독한 파이터처럼 중국 시장을 두드린다. 업종 내의 한국 기업이 중국에서 동일한 실패를 반복하고 있지만, 실패의 경험은 개별 기업 단위에만 축적되고 공유되지 않는다. 근데 일본 기업은 매뉴얼에 익숙하고, 업종별로, 단체별로 실패의 경험을 축적하고 공유한다. 일본 기업 간의 실패 공유 경험은 많은 한국 기업이 부러워하는 모습이다. 대사관 등 공관이 주최하는 회의에는 대기업 지·상사, 업종별 단체 및 특파원까지 모두 참여하여 일본 기업의 미래를 논한다. 특파원이 가지고 있는 정보력과 혜안도 국가 전체의 발전 방향을 위한 밑거름으로 사용된다. 또 일본 기업은 조금 비싸더라도 일본 선사, 일본 포워딩 업체를 사용하지만, 한국 기업은 단가 인하를 위해 한국 포워딩 업체를 사용할 마음이 없어 보인다. 일본 기업은 한국 식당에서 회식을 하지 않지만, 한국 기업은 일본 식당에서 맥주를 마신다. 아직도 한국 경제라는 배는 일본 경제라는 배의 운항 기법을 참고할 부분이 있다.

1980년대에는 '일본을 배우자', '일본을 따라잡자'라는 구호가 사회를 흔들었다. 초·중·고 시절 수업 시간에도 선생님들은 일본에서 배워야 한다고 귀에 못이 박히도록 말씀하셨다. 지금 중국 기업에게 질문을 던지면 똑같은 대답을 한다. 중국은 아직 멀었고, 일본 기업에게 배울 점이 많다는 것이다. IMF 시절 샴페인을 너무 일찍 터뜨렸다는 이야기가 한국 사회에 유행했다. 우리는 너무 빨리 일본을 잊은 게 아닐까?

63
조선족,
재중 한민족
동포

『조선족 3세들의 서울 이야기』라는 책을 읽고 있다. 조선족의 역사를 어린 소녀에 비유한 글을 읽고 눈물을 흘렸다. 한 어린 소녀가 있다. 부모의 이혼으로 소녀는 홀어머니 아래 성장해서 홀어머니를 남겨 두고 시집을 간다. 시집살이는 고되다. 시댁에서는 시집온 이상 이제는 시댁 사람이라며 친정에 갈 시간을 주지 않는다. 그렇다고 시댁의 온전한 구성원으로 대우해 주는 것도 아니다. 친정에서는 시집가더니 친정은 생각도 않는다고 서운하게 생각한다. 우리 조선족 동포는 이 여인을 본인들의 상황이라고 이해한다.

일제강점기 정치·경제적으로 어려운 국내 생활 때문에 동북 3성으로 이민해 간 우리 한민족이 많았다. 이들이 우리 조선족 동포 1세대다. 일제 시절 이역만리 타국 땅에서 숱한 어려움을 겪으며 살아왔다. 그중에는 국내에서 독립운동이 어려워 중국 땅으로 갔던 선각자들도 있었다. 이들 및 이들 후손 중에는 신중국 건설 과정에 헌신한 사람도 많다. 신중국 건설 이후 지금도 중국 동포들은 높은 교육열과 우수한 두뇌로 중국 내에서 다른 소수민족에 비해 인정받고 있다.

재중 동포 수는 200만 명 정도다. 인구로 따지면 중국 55개 소수민족 중 10위권이다. 젊은이들이 일자리를 찾아 대도시로, 해외로 떠나 있어서 동북 3성에 거주하는 조선족 동포 수는 점차 줄어들고 있다. 현재 재중 동포 수는 약 150만 명 정도다. 그나마 절반 이상은 동북 3성을 떠나 베이징, 상하이, 광저우, 선전 등에서 활약하고 있다.

어떤 이는 한중 수교 이후 한국 기업들이 중국으로 진출할 때 전략적으로 동북 3성으로 진출했으면 동북 3성의 조선족 동포 사회가 유지될 수 있었을 것이라고 분석한다. 한국 기업의 중국 투자가 상하이, 광저우 등 남부 대도시로 집중되면서 조선족 동포들의 이산(離散)이 빨라졌다는 것이다. 조선족 동포 정책과 외국인 투자 정책이 연계되지 못한 점을 아쉬워하는 이도 있다.

조선족 동포는 경제적으로 한국 경제에 공헌한 부분이 있으며 앞으

“

오늘날 중국에서 살아가는 우리는 누구인가?
상하이에 거주하는 7~8만 명의 한민족은 누구일까?

”

로 공헌할 수 있는 부분도 있다. 함축적 의미를 여러 분야에서 살펴보았다.

한국 기업 중국 진출 안내

일본이 중국과 수교를 맺은 것은 1972년의 일이다. 한국은 20년 후인 1992년에야 중국과 수교를 맺었다. 그런데 교역 규모 면에서 한국은 20년 만에 일본을 다 따라잡았다. 조선족 동포의 역할이 컸다. 일본 기업이 부러워하는 것 중 하나가 조선족 동포의 존재다. 사실 중남미 국가에서 일본 기업이 건재한 이유 중 하나는 남미에 있는 일본인 후손 2~3세대가 일본 제품을 견인하기 때문이다. 적어도 중국에서는 한국이 일본보다 유리한 위치에 있다.

개인적으로 생각하기에 중국 경제가 세계의 생산 공장에서 세계의 소비 시장으로 변해 가는 시점에서 우리 조선족 동포들의 역할은 앞으로 더욱 커질 것으로 본다. 제조 공장 시기에는 언어적 우월성을 바탕으로 통역과 경리, 관리 업무를 지원해 왔지만, 소비 시대에는 유통 채널을 뚫기 위한 네트워크와 중국 소비문화에 대한 이해를 바탕으로 한국 기업을 도울 수 있다. 소비재 시장을 개척하기 위해서는 유통 채널로 들어가야 하는데, 조선족 동포 및 동포 기업은 유통에 비교적 쉽게 접근한다. 신창타이 시대 중국 시장 진출을 위해서는 조선족 동포와의 전략적 제휴가 필요하다고 보아야 할 것이다. 또한 의료, 미용, 보건, 법률 등 서비스 시장 진출에 있어서도 조선족 동포의 역할은 더욱 커질 것이다.

소비 확대

조선족 동포의 수는 200만 명이다. 그 자체가 한국 제품의 소비자군이다. 동일한 언어를 사용하고 김치나 된장국 등 동일한 음식을 먹는다. 한복이라는 동일한 의상을 입는다. 관혼상제 등 유사한 생활문화를 가지고 있다. 따라서 한국 제품에 대한 거부감이 적다. 이들은 끊임없이 한국과 중국을 오가며 양국 간 문화를 연결하는 채널을 제공해 준다. 이들이 입고 사용하는 한국 제품 자체가 또 홍보 효과를 가져온다. 이들이 한족 등 중국인과 결혼하고 가정을 이루더라도 한국 제품의 소비 성향은 쉽게 사라지지 않는다.

성공한 조선족 동포 기업인

현재 조선족 동포 기업인들은 주로 무역업, 개인사업, 전문직 서비스, 프랜차이즈 등에 종사하고 있다. 최근에는 그 분야가 문화 콘텐츠, 창업 기업, 제조업 인수, 온·오프라인 연계 사업(O2O) 등으로 빠르게 확장하고 있다. 한국 사회 내의 대형 로펌 변호사, 학계, 대기업, 컨설팅 회사에서 맹활약하는 동포 3세대도 많다. 한국의 중소기업이나 개인사업자가 중국에 진출하면 중소기업 매출을 늘리거나 식당 하나를 잘 운영하기도 벅차지만, 조선족 동포 기업인은 20여 개의 식당, 프랜차이즈 가맹점을 소유하고, 중국 기업이나 한국 기업을 인수해서 사업 영역을 빠르게 확장하는 경우도 많다. 한국의 대표적인 유아복 브랜드인 아가방도 중국 대리상을 하던 조선족 동포가 모기업 자체를 인수한 사례다. 최근에는 한국의 프랜차이즈 사업이 중국에 진출하여 성공을 거둔 경우가 적다. 음식점, 커피숍, 아이스크림 등 수십여 개의 가맹점을 운영해 본 우리 조선족 동포에게 노하우를 배우든지, 그들을 총경리로 임용하든지, 공동투자를 하든지 여러 가지 방법을 시도해 볼 만하다.

민족자본 금융 진출

조선족 동포 및 일부 한국 교민을 중심으로 향후 우리 조선족 동포들이 개척하고 진출해야 할 분야로 금융을 이야기하는 의견이 있다. 중국에서 이미 은행 등 금융업의 규모가 너무 커져서 진출이 쉽지 않은 부분이 있을 것이다. 그러나 유대인들이 오랜 역사에서 박해를 받으면서도 견뎌 왔고 현재에도 서구 자본주의 사회에 끼치는 영향이 큰 것은 금융의 역할을 잘 이해해고 전략적으로 금융업에 종사해 왔기 때문이기도 하다. 얼마 안 되는 자본이지만, 대출 대상이 비록 제약적일 수는 있지만, 한국 기업과 조선족 동포가 함께 노력해 볼 만한 분야기는 하다. 그런 면에서 한국의 하나금융그룹이 중국 길림성 길림은행의 1대 주주라는 것은 의미가 있다.

조선족 동포로서 일본에서 오랫동안 생활해 와 한국어, 중국어, 일본어 세 개 언어를 모국어처럼 구사하는 김문학 교수님은, 조선족 동포가 노벨문학상을 수상할 수 있는 유리한 위치에 있다고 설명한다. 먼저, 구성원이 200만 이상 되고 역사도 100년 이상 된 커뮤니티에서는 적어도 하나의 문화가 형성되는데, 그런 면에서 조선족이라는 하나의 정체성 있는 문화가 분명 형성되었다는 것이다. 또 조선족 동포는 두 가지 이상의 언어와 문화를 자연스레 습득하여 문화적 비교성과 감수성을 지닌다. 노벨문학상 수상에 요구되는 '보편성'과 '특수성'에 대한 이해가 높다. 김 교수님의 기대대로 한국 사회에서 아직 나오지 않은 노벨문학상을 우리 조선족 동포가 먼저 수상하는 날을 상상해 본다.

오늘날 중국에서 살아가는 우리는 누구인가? 상하이에 거주하는 7~8만 명의 한민족은 누구일까? 주재원과 조선족 동포를 제외하고 장기 거주 한국인을 생각해 보자. 미국 교포는 자랑스럽게 미국 시민권이 있다고 자랑한다. 친척 중 미국에 사는 사람이 있으면 그 집안은 뭔가 잘된 집안 같고 신분상승이라도 한 것처럼 보인다. 이에 반해 중국 진출 기업인은 스스로를 교민이라 칭하지 않고, 중국에서 사업을 한다는 정도로만 소개한다. 그러나 삶의 뿌리가 상하이, 화둥에 있고 자제들이 중국에서 학교를 다니고 중국이 주는 경제적 기회 등의 이유로 쉽게 한국으로 귀국하지 못한다. 일본이라는 나라에서 재일 동포들이 여러 가지 차별과 제약 요인에도 불구하고 일본에서 경제적 터전을 가꾸어 간 것과 마찬가지다.

그렇다면 우리는 21세기의 신(新)조선족이 아닐까? 매일 중국이라는 화두로 살아가고 영원히 중국이라는 주제를 떠나지 못할 우리 주재원들, 그리고 동북 3성을 벗어나 새로운 시대적 환경에서 살아가는 우리 조선족 동포들, 마지막으로 중국과 커다란 영향을 서로 주고받는 우리는 모두 신조선족이다.

64

아시아의 네 마리 용을 아십니까?

　아시아의 네 마리 용. 초중고 시절 학교에서 매일 듣던 표현이다. 한국, 싱가포르, 대만, 홍콩 등 과거 제국주의 열강의 통치를 받았으나, 1970~1980년대 이후 고도의 경제성장을 이루면서 선진국에 뒤지지 않는 국가로 성장해 간 나라를 가리키는 말이다. 홍콩은 정식 국가로 보기에는 부족한 면이 있고, 대만의 국가로서 자격에 대해서도 논란이 있지만 어쨌든 1980년대에는 식민지 지배에서 벗어나 경제적 부흥을 이룬 나라는 이들 나라밖에 없다는 공통된 인식이 있었다.

　최근 아시아 네 마리 용이 추락하고 있다는 기사가 나온다. 2015년 한국, 대만, 싱가포르, 홍콩 등 4개국의 평균 GDP 성장률은 1.95퍼센트로, 일본을 제외한 아시아 성장률 6.1퍼센트를 크게 밑돌았다. 한국은

2.6퍼센트, 대만은 0.8퍼센트, 싱가포르는 2.0퍼센트, 홍콩은 2.4퍼센트 성장했다. 중국(6.9%), 베트남(6.7%), 인도(7.3%), 필리핀(5.8%), 말레이시아(5.0%) 등이 모두 5퍼센트 이상의 높은 성장세를 보인 것과 대조된다. 그나마 홍콩은 전년도 마이너스 성장을 이룬 기저효과 뒤의 성장률이어서 그 의미가 크지 않다.

올해 전망도 밝지 않다고 한다. 올해도 다들 3퍼센트에 못 미치는 성장에 이를 것으로 예상된다. 외신은 네 마리 아시아 용의 추락 이유로 글로벌 경기 둔화, 해당 국가의 부동산 버블 붕괴, 중국의 자국 생산 증가를 들었다. 이들 국가는 모두 중국의 성장에 크게 의존하는 경제구조를 가지고 있어 중국의 경기가 둔화되고 중국 내 생산이 늘어 공급과잉이 발생하면서 이들 국가로부터의 수입을 크게 늘릴 것 같지 않다는 이유에서다.

이들 국가의 경쟁력 저하는 우선 국가 내부에서 원인을 찾는 게 맞다. 그러면서 밀접한 국제 경제 관계 속에서 좀 더 다른 시각으로 볼 수도 있을 것이다. 만약 이 모든 것들이 누군가의 기획에 의해 전개되었다면? 중국 음모론의 시각에서 이야기하자는 것이 아니라, 훌륭한 미래

"

중국 경제는 아시아 네 마리 용을 여전히 인지하고
하나하나 넘어서고 있다. 알파고 같은
기획력과 만리장성을 축조하는 엄청난 실행력을 바탕으로.

"

예측력을 가지고 멋있게 기획을 해내고 실행해 낸 사람에 감탄을 하고 싶은 것이다. 아래 몇 가지 관점에서 아시아 네 마리 용에 대해 생각해 보자.

부유해지는 개인, 가난해지는 국가 경제

상하이 와이탄에는 대만인이 소유주인 건물이 많다. 상하이 부동산 가격이 20~30년간 수백 퍼센트 상승한 것을 감안하면 얼마나 큰돈을 벌었을지 쉽게 알 수 있다. 장쑤 성 화이안 시에는 대만 기업 전용 단지가 있다. 1,000여 개 대만 기업이 진출했다고 한다. 중국 기업의 총경리 중에는 대만인이 꽤 많다. 동일 핏줄, 동일 문화, 동일 언어에 서구 자본주의를 앞서 경험했고 같은 중국인 관리에도 뛰어나서 대만인 채용에 대한 수요가 많다고 한다. 같은 사례는 아니지만, 한국의 퇴직 기술자 또는 현직 기술자도 중국 기업에 채용되어 중국 기업의 경쟁력 강화에 공헌했다. 대표적인 분야가 조선이었고, 자동차, 철강, 반도체 등 주력 산업의 경쟁력이 중국으로 넘어가는 데 한국인이 많은 공헌을 했다. 최근 그 추세는 식품 기업, 콘텐츠, 문화, 건축 디자인 등 다양한 업종으로 확장되고 있다. 이런 현상을 한마디로 어떻게 표현하면 좋을까? '부유해지는 개인, 가난해지는 국가 경제'라고 표현하고 싶다.

중국이라는 거대 시장이 열리면서 홍콩, 싱가포르, 대만, 한국인 개인이 돈을 번 경우가 정말 많다. 그 개인이 모국의 발전을 위해 공헌했더라면 모국의 경쟁력이 이렇게 쉽사리 무너지지 않았을 수도 있다. 우수한 개인이 중국에 와서 개인의 경제적 부를 축적하며 중국 기업과 경제 발전에 기여하는 동안 그 나라의 국가경쟁력은 조금씩 약해지고 있었던 것이다.

블랙홀 이론, 진공청소기 이론

홍콩에서는 일찍이 중개무역이 발달했고, 상업 및 관광이 발달했다. 동시에 홍콩은 아시아 금융의 중심지다. 중국 정부는 중국 본토 내에 홍콩의 금융, 상업 기능을 능가하는 도시를 만들고 싶어 했다. 대표적인 도시가 상하이다. 상하이 양산심수항을 개발하면서 중개무역을 빨아들였고, 자유무역지역 금융 개혁을 주도하면서 홍콩의 금융 중심 기능을 이전시키고 있다. 홍콩 옆에 광저우 등 경제 거점을 육성하여 홍콩을 능가하는 경제력을 이식시키고 있다. 당연히 아시아 금융 및 중개무역 중심지로서 홍콩의 위상은 축소될 수밖에 없다.

대만은 어떨까? 중국 곳곳에 대만 기업 전용 단지를 만들고, 대만 기업의 생산 법인을 이주시키면서 대만의 GDP는 감소하기 시작했다. 대만 앞 푸젠 성 샤먼 시 등에는 대만 본토민의 문화 박물관, 음식점 등 관광지를 발전시키면서 대만으로 가는 관광객의 발길을 중국 본토에 잡아두고 있다.

이는 베트남 등 중국 인접 국가가 조선, 오토바이 등 특정 산업을 발전시키고자 하면 국경 지역에 더 큰 조선소, 오토바이 공장을 설립하여 인재와 산업을 빨아들이는 전략과 관계가 있다. 시장을 무기로 일종의 진공청소기 같은 역할을 하면서 주변국과 유사 산업 발전 전략을 추진하여 주변국들의 인재와 사업을 본토로 불러들이는 것이다. 한국도 마찬가지다. 한국의 주력 산업은 전부 중국의 주력 산업이다. 한국의 주력 산업이 그대로 복사된 지역이 산둥, 장쑤 성 등 한국과 가장 인접한 성·시인 것도 유사한 원리이리라.

아시아 네 마리 용을 따라잡아라

현대 중국을 설계한 덩샤오핑 전 지도자는 1992년 그 유명한 남방순행(남순강화)을 하면서 광둥 성에 이런 지시를 내린다. "20년 내 아시아 네 마리 용을 따라잡아라." 그래서인지 중국 성·시별 GDP 통계에서 항상 광둥 성이 1위를 달린다. 여담으로 장쑤 성이 근소한 차이로 2위를 기록하는데, 사실 많은 이들은 장쑤 성이 실질적인 1위를 차지해야 하지만, 현 시진핑 주석의 아버지인 시중쉰이 중국 개혁·개방 당시 광둥성 성장, 서기로서 재직했기 때문에 그 인연으로 광둥 성이 여전히 GDP 1위를 달리는 거라고 말한다.

광저우, 둥관, 주하이, 선전, 산터우 등 개혁·개방 당시 가장 먼저 문호를 개방하고 해외 자본을 유치하고 공업을 육성했던 도시가 전부 광둥 성에 있다. 광둥 성은 상하이, 장쑤 성과 함께 중국의 개혁·개방을 선도해 왔고 가장 빨리 경제를 성장시켰다. 그 결과 광둥 성의 GDP는 1998년 싱가포르를 넘어섰고, 2003년에는 홍콩, 2007년에는 대만을 넘어서기에 이르렀다. 2015년 광둥 성의 GDP는 72,813억 위안(약 1조 1000억 달러)이었다. 전년 대비 14.4퍼센트 성장한 수치다. 2014년에는 7.8퍼센트 성장하였다.

광둥 성 입장에서 단 하나 남은 목표는 바로 한국이다. 이미 광둥 성의 GDP는 한국을 턱밑까지 추격하였다. 현재 발전 추세를 보건대 한국을 따라잡는 것은 시간문제다. 참고로 2015년 한국의 GDP 성장률은 2.5퍼센트였다. 즉, 중국 경제는 아시아 네 마리 용을 여전히 인지하고 하나하나 넘어서고 있다. 알파고 같은 기획력과 만리장성을 축조하는 엄청난 실행력을 바탕으로.

1인당 GDP

아시아 네 마리 용의 1인당 GDP는 얼마일까? 싱가포르는 2015년 5만 3,000달러로 한국의 두 배 가까운 수치를 기록하며 세계 7위를 기록했다. 홍콩은 매년 4만 달러를 넘긴다. 2015년 기준 한국은 2만 7,000달러로 세계 29위, 대만은 2만 2,000달러로 33위를 기록했다. 안타까운 것은 일본, 독일 등 대부분의 선진국이 1인당 GDP 2만 달러를 기록하고 3만 달러로 올라서는 데 평균 4.6년이 걸렸던 반면 한국은 2008년 2만 달러를 넘어선 이후 10년이 지난 시점에도 3만 달러로 올라서지 못하고 있다는 사실이다.

한 중국 경제학 교수의 강의에서 한국 학생이 단골 질문인 중국 경제 경착륙에 대한 시각을 물어보았다. 그 교수님은 자신 있게 중국 경세가 여러 가지 해결하기 힘든 난제를 가지고 있지만 아시아의 네 마리 용이 든, 네 마리 호랑이든 네 개 국가에 비해서는 훨씬 높은 성장률을 구가하고 있다고 답했다.

2016년 9월 항저우에서 열린 G20를 계기로 열린 한중 정상회담의 중국 정상 배석자 명단에 눈길을 끄는 사람이 있었다. 중국 주석이 바뀌어도 계속해서 주석의 책사 자리를 유지하고 있는 푸단대 출신 왕후닝이었다. 장쩌민 주석의 3개 대표론을 만드는 데도 기여했고, 후진타오 주석의 과학적 발전관 제시에도 큰 기여를 했으며 시진핑 주석의 국정지도 이념 수립을 총괄하는 왕후닝은 아시아 네 마리 용에 대해서도 식견이 깊은 것으로 알려져 있다. 4개국 경제 발전사를 연구한 이후 경제 발전 과정에는 중앙집권이 필요하다는 '신권위주의 이론'을 발표하면서 국가주도 경제 발전 이론의 정당성을 제공하였다.

네 마리 용에 대해 깊이 연구한 전문가로서 왕후닝은 (광둥 성 입장에서) 아시아 네 마리 용 중 마지막 남은 한국 정상과의 배석 자리에서 무엇을 읽고 무엇을 느꼈을까?

정리하는 의미에서 질문을 던져 본다. 업종별로 중국 진출 한국 기업의 현황은 어떠하고 앞으로 전망은 어떠한가? 최근 한중 관계를 감안하여 한국 기업에게 당부하고 싶은 내용은 무엇인가? 앞으로 한중 경제 관계 전망은 어떠한가?

업종별 진출 현황 및 전망

제조업부터 보면, 상황이 어려워졌다. 중국 기업의 기술 수준은 이미 글로벌 기업 수준으로 올라와 있고, 인건비 등은 여전히 한국, 일본에 비해 저렴하기 때문이다. 중국 정부의 홍색공급망 확대 등 자국 제품 장려 정책이 외국 기업을 어렵게 하고 있다. 중국은 제조업 2025 정책에서 볼 수 있듯이 자국산 소재·부품 비율은 2025년까지 70퍼센트 수준으로 끌어올릴 계획이고, 이를 위해 1년에 약 240조 원의 연구 개발 비를 투자하고 있다. 중국 정부의 자국 기업 보조금 정책이 WTO에 위배된다는 지적도 있지만, 국제적 공조가 필요한 부분이다. 우리 기업으로서는 중장기적으로 확실한 기술 우위를 확보해 나가야 하고, 중국 기업과의 탄탄한 협력 관계를 구축해야 할 것이다. 미국, 독일, 일본 등 선진국 기업도 달라진 환경 분야에 맞춰 중국 진출 전략을 생산 기지에서, 소비 시장 개척으로 바꾸고 있다. 우리 기업도 제조업 분야에서 살아남기 위해서는 제품 수리, 디자인 및 유통 채널 확보, 문제 해결 상담 등 선진 서비스를 끼워 팔 수 있어야 한다. 중국 기업과의 브랜드 경쟁보다 중국 기업이 세계적 기업으로 성장하는 데 필요한 핵심 기술 및 부품을 공급하는 B2B 제조업 기업으로 변모하는 것도 방법이다. 제조업은 중국과의 교역에서 대부분을 차지하는 분야이고 한국의 경쟁력이 가장 뛰어난 분야인 만큼 너무 쉽게 제조업은 끝났다고 말해서는 안 될 것이다.

엔터테인먼트, 게임 등 콘텐츠 분야의 미래는 전망이 밝은 분야였는데 최근 한중 관계에 따라 영향을 많이 받고 있다. 다만 한류가 활성화될 때도 방송 및 엔터테인먼트 등 콘텐츠 진출 시에 성급한 계약 및 중국 시장에 대한 이해 부족 등으로 문제가 발생하는 경우가 있었다. 게임 등의 분야에서는 아직도 규제가 존재하여 외국 기업으로서는 불리하다.

화장품, 식품 등의 미래는 여전히 희망적이라고 본다. 중국 소비자의 미(美)와 깨끗한 먹거리에 대한 관심은 자연스러운 현상이기 때문이다. 연관 산업도 발전할 수 있다. 용기업체, 포장지, 원재료 등도 효과를 공유한다. 다만, 최근 한중 간 이슈로 인해 그동안 한류, 한국 콘텐츠에 기대어 성장한 중국 진출 소비재 기업들이 다소 어려움을 겪고 있다. 잠시 한국의 색채를 피하되 너무 위축되지 말고, 중장기적으로 소신 있게 준법 경영과 제품 자체 경쟁력을 키우는 것이 중요하다. 기술력 제고, 제품 자체의 스토리 개발, 안전성 등을 확보하여 중국 소비자에게 제품의 브랜드 신임도(信任度)를 높이는 등 장기적인 접근이 필요하다. 또한 관련 분야에는 상표, 디자인 출원 선점 등 지재권에 대한 쟁점이 존재하므로 미리 전문가의 상담을 받고 박람회에 참가하거나 중국 시장을 노크할 필요가 있다. 소비재의 미래는 유통 전략 확보와 밀접한 관련을 가진다. 온라인 및 오프라인 유통 전략 마련이 중요하다.

금융, 의료, 교육, 문화·예술 및 서비스 분야에도 우리가 개척할 여지가 많다. 새로운 시도도 많이 나오고 있고 성공 스토리도 확대되고 있다. 한국 정부의 규제 개선 및 해외 진출 지원 등 적극적인 지원이 필요하다. 관광, 콘텐츠 수출, 항공·해운서비스 등 전통적인 효자 서비스 품목들은 최근 한중 관계 등으로 어려움을 겪고 있어 대응 방안 마련이 필요하다.

한국 기업에 대한 당부

최근 한중 관계의 어려움을 거치는 이 시점을 우리 기업들은 중국 사업을 점검하는 계기로 활용해야 할 것이다. 준법, 정도 경영을 일상화하고 가장 중요한 기술 개발 노력도 게을리해서는 안 된다. 문화에 영향을 받는 소비재들은 표적이 되지만 중국 경제성장에 필요한 핵심 기술 및 부품은 여전히 영향을 받지 않고 성장하는 트렌드를 보면 이해가 될 것이다. 또 소나기를 피해 간다는 심정으로 잠시 한국 기업이라는 색채를 흐릿하게 만드는 것도 방법이 된다. 브랜드 제품보다는 부품·소재 경쟁력을 바탕으로 하는 B2B 거래를 준비하고, 유통점 입점, 마케팅 전략을 마련하는 데 있어 가랑비에 옷 젖듯이 은근하게 간접적으로 알릴 수 있는 방법을 생각해 보자. 외국 기업이나 중국 기업, 또는 화교 기업과 공동으로 사업을 개시하여 리스크를 줄이는 것도 방법이다. 인지도가 높은 해외 기업을 M&A하여 중국에 간접 진출하는 것도 방법이다.

중국을 가볍게 여기고 이해하지 못하며 무시하면 중국 사업은 필패이고, 중국을 이해하고 미리 준비하고 사랑하면 성공할 가능성이 높다. 한국에서 너무나 당연하게 생각하는 것들이 중국에서는 너무나 당연하지 않다. 이 점을 이해해야 한다. 체면(미엔즈) 및 관계(꽌시) 등 중국 문화도 이해해야 하고, 중국 공무원 시스템도 이해해야 한다. 가령 우리 기업은 중국 지방정부의 개발구 관리위원회가 얼마나 중요한 곳인지 모르는 경우가 많다. 또 주재원을 단기 순환시킴으로써 전문성과 네트워크가 축적되지 못하고, 단기적인 실패를 회사의 소중한 경험과 자산으로 활용하지 못하는 점도 반성해야 한다. 중국의 비즈니스 사이클은 우리가 생각하는 것보다 빠르고, 그러면서도 중국인은 장기적인 시각으로 바라보고 있다는 점도 인식해야 한다. 중국인들이 인식하는 시간 감각은 한국인의 시간과 다르다.

중국 인재를 활용하고 싶으면 중국 회사와 같은 인센티브 시스템을 설계해야 한다. 또 중국을 1, 2선 도시로만 보면 안 된다. 3, 4선 도시만 타깃화해서 성공한 기업도 많다.

또 한국 기업의 CEO에게 연말에 상하이와 중국을 방문하여 '상하이 구상'을 해보시기를 권한다. 1970~80년대 한국의 CEO들은 연말이면 일본 동경을 방문하여 다음 해 비즈니스 구상을 했다고 한다. 그래서 '동경 구상'이라는 단어가 유행하기도 했다. 한국보다 경제발전 단계가 높은 일본의 소비 동향, 신상품, 새로운 서비스를 보면 다음 해에 한국에서 시작할 비즈니스를 구상할 수 있었던 것이다. 지금 한국의 기업들은 어디에서 사업 구상을 해야 할까? 재밌는 것은 많은 중국 기업들이 한국에서 다음 해 사업 구상을 한다는 점이다. 사업 아이템을 발굴하기도 하고, 한국의 프랜차이즈를 도입하기 위해 고민하고, 한국의 서비스 개념을 가져와서 중국 시장을 성장시킬 구상을 하는 것이다.

CEO뿐만 아니라 청년들도 연말이면 상하이 등 중국에서 사업 구상을 해보기를 권한다. 휴대폰, IT, 금융, GPS, 물류 및 교통 기술이 결합된 서비스의 진수를 맛보아야 한다. 교통카드를 충전기에 대고 직불카드를 옆에 있는 카드 리더기에 올리면 내 통장에서 교통카드로 현금이 흘러들어 가고, 식당에서는 휴대폰으로 음식을 주문하면 종업원은 음식만 날라 주고 다시 결제는 휴대폰으로 하고, 주차장에서는 차량 앞에 바코드가 비추고 있어 휴대폰으로 스캔하면 주차 요금이 지불되고, 길거리에서는 공유 자전거로 내가 원하는 곳까지 싸고 편하게 이동할 수 있고, 전자상거래 사이트들이 국영 은행보다 높은 이자율을 제공하는, 이런 서비스를 느껴볼 것을 권한다. 글로벌 기업들은 어떻게 중국을 바라보고, 누구와 함께 투자하고, 어떤 인센티브 시스템을 가지고 있는지도 배울 수 있다. 중국의 지하철에서, 나이트클럽에서, 서민 식당에서, 배낭 여행객 숙소에서 중국 젊은이들의 꿈과 애환이 무엇인지를 느끼는 것이 중국 사업의 성공적인 안착을 위해서는 무엇보다 중요하다.

한중 경제 관계 전망

2014년부터 2016년까지 상무영사로 근무한 지난 3년간 한중 관계가 건국 이후 가장 우호적인 시점도 경험했고 한반도 정세를 둘러싼 이견 차이로 급격히 냉랭해지는 과정도 경험했다. 아마 가장 우호적인 시점에서만 3년을 근무하고 돌아왔다면 국제 관계에 대한 인식, 중국에 대한 인식이 단편적이었을 것 같다. 온탕, 냉탕을 경험하고 보니 한중 관계, 더 넓게는 한국이라는 나라가 마주친 냉정한 국제 현실을 오히려 더 객관적으로 볼 수 있게 되었다.

현재의 한중 관계를 바라보면 안타까운 심정이 든다. 이 책에서는 경제·경영을 다루려 했기 때문에 외교안보 관련 언급은 최대한 자제했지만, 정치적 관계에 의해 비즈니스가 영향을 받는 사례를 많이 보았다. 이 책 전반에서 중국인의 시간 및 역사 인식, 식사 및 '체면' 문화, 시스템에 대해서 많은 부분을 할애한 것은 우리 기업이 중국의 문화와 시스템을 이해하지 못했기 때문에 실패한 사례를 많이 보았기 때문이다. 양국이 상호 문화를 충분히 이해하고 있었다면 정치·외교 분야에서 현재와 같은 긴장이 조성되지 않았을 것이다. 역으로 지금과 같은 시점에 기저 부분에 해당하는 경제 협력이 지속적으로 유지되고 있어야만 한중 우호 및 공동 발전이라는 밝은 미래가 가능해질 것이다.

한중은 동일 문화권에 속하고 역사적으로도 밀접하게 연관되어 있기 때문에 향후에도 경제 협력의 여지가 크다. 적어도 다른 어떤 나라보다 한국이 중국에서 경제적으로 가장 유리한 위치에 있다. 유럽을 생각해 보자. 유럽 국가 간에는 동질성이 존재하지만 인종, 언어, 문화, 종교, 역사가 다른 우리 아시아 국가들과 유럽 국가 간에는 일종의 거리감이 존재할 수밖에 없다. 유럽 기업이 중국에서 생존하는 것보다 한국 기업이 중국에서 생존하기가 훨씬 유리한 이유다. 한국의 「런닝맨」이 유럽의 예능 시장을 바꾸지는 못하지만 중국의 예능 시장은 바꿀 수 있듯이 말이다. 중국의 경제적 부상은 위협 요인이기도 하지만 분명 기회 요인이기도 하다.

연암 박지원은 1780년 44세의 나이에 사촌 형을 따라 연경 및 현재의 동북 3성 지역을 여행하고 한국으로 귀국해서 『열하일기』를 저술한다. 연암 박지원은 명나라가 망하고 청나라가 건국된 지 한참이 지난 시점에도 조선 사회에 가득했던 북벌론이라는 명분, 허구를 통렬히 비판하고 선진 기술의 수입을 통한 국민 복지 증진을 강하게 설파하였다. 이로부터 100년이 지난 1881년 조선 고종은 일본의 선진 문명과 기술을 받아들이기 위해 일본으로 '신사유람단'을 파견한다. 2016년 21세기 초반을 살아가는 우리들은 어떤 시각으로 중국을 바라보고 있는가? 1970년 대 이후 우리는 한반도 역사상 최초로 '중국보다 한 수 위'인 시대를 살 아간다고 자평했다. 우리 선조가 누리지 못하고 우리 자손도 누리지 못 할 우위를 누렸다고 평가했다. 그리고 지금은 그 끝자락이지만 아직도 우리가 중국에 가르쳐 줄 것이 조금 있다고 평가하며 살아간다. 혹시 현 재의 이 믿음이 명분과 허구가 아닐까 되돌아본다. 이 시점에 필요한 것 은 연암 박지원의 실용정신이다. 국가의 미래를 위해서라면 신사유람단 이라도 구성해서 우리 이웃 국가들을 찾아다녀야 하는 것 아닌가 생각 해 본다.

내가 만났던 많은 중국인들은 한국을 아끼고 사랑하고 존경했다. 한 국의 아름다운 경치를 좋아하고, 한국의 화장품과 패션을 좋아하고, 한 국 가수를 좋아했다. 한국 축구 대표팀이 중국 대표팀을 이기는 원인 을 물어 오고 한국의 여자 골프가 강한 이유도 물어 왔다. 한국에 여당 과 야당이 존재하고 선거에 의해 정권이 바뀌는 것도 신기하다고 하였 다. 우리 한국인은 대단한 저력을 가진 국민이다. 제2차 세계대전 이후 피식민 국가에서 정치적 민주화를 이룩하여 안정된 나라도 몇 없고, 역 시 제2차 세계대전 이전에 경제 대국이 아니었던 나라가 이후 경제적으 로 선진국의 문턱에 들어선 나라도 거의 없다. 서구가 근대 문명을 주도 한 이후 문화적 변방 국가에서 한류라는 문화적 현상을 일으켜 드라마 와 노래를 해외로 수출할 수 있는 나라도 물론 별로 없다. 한국 여성들 은 문화, 스포츠, 과학기술 등 다방면에서 전 세계적인 저명인사로 성장하고 있다. 많은 중국인이 여전히 한국의 강점과 한국인의 저력을 부러워하며 장기적인 협력과 공동 발전을 원한다. 한국인의 슬기로운 지혜와 노력으로 더 나은 한중 관계, 동북아 번영을 만들어 나갈 수 있다고 믿는 이유다.

中國一覽

지은이 | 정경록

초판 1쇄 인쇄일 2017년 4월 14일
초판 1쇄 발행일 2017년 4월 21일

발행인 | 한상준
편집 | 김민정 · 윤정기
마케팅 | 강점원
표지 디자인 | 조경규
본문 디자인 | 김성인
종이 | 화인페이퍼
제작 | 제이오

발행처 | 비아북(ViaBook Publisher)
출판등록 | 제313-2007-218호(2007년 11월 2일)
주소 | 서울시 마포구 월드컵북로6길 97 2층(연남동 567-40)
전화 | 02-334-6123 팩스 | 02-334-6126 전자우편 | crm@viabook.kr
홈페이지 | viabook.kr

ⓒ 정경록, 2017
ISBN 979-11-86712-42-9 03320